总 策 划：郁云峰
总 监 制：静 炜　夏红卫

编　　著：杨玉玲
视频点评：杨玉玲
视频录制新手教师：
　　　　　胡天航　杨倩兰　乔照蕊　崔思彤　黄雨婷　田晓妍
　　　　　郭宇航　徐静雯　靳浩楠　潘宇华　王曼茜　赵雪婷
视频录制留学生：
　　　　　叶　可　李清照　沙　地　伊　文　伊　菲
视频摄制：况　山　王逸之
项目管理：邓晓霞
责任编辑：宋　瑞　邓晓霞

国际中文教育中文水平等级标准
CHINESE PROFICIENCY GRADING STANDARDS FOR INTERNATIONAL CHINESE LANGUAGE EDUCATION

语法教学手册
GRAMMAR TEACHING HANDBOOK

杨玉玲 编著

教育部中外语言交流合作中心 审定

图书在版编目 (CIP) 数据

国际中文教育中文水平等级标准. 语法教学手册：初等. 上册 / 杨玉玲编著. —— 北京：北京大学出版社，2025.1. —— ISBN 978-7-301-35490-2

Ⅰ. H195.3

中国国家版本馆 CIP 数据核字第 2024L1K198 号

书　　　名	《国际中文教育中文水平等级标准》语法教学手册（初等）　上册 《GUOJI ZHONGWEN JIAOYU ZHONGWEN SHUIPING DENGJI BIAOZHUN》YUFA JIAOXUE SHOUCE (CHUDENG)　SHANGCE
著作责任者	杨玉玲　编著
责 任 编 辑	宋　瑞　邓晓霞
标 准 书 号	ISBN 978-7-301-35490-2
出 版 发 行	北京大学出版社
地　　　址	北京市海淀区成府路 205 号　100871
网　　　址	http://www.pup.cn　新浪微博：@北京大学出版社
电 子 邮 箱	zpup@pup.cn
电　　　话	邮购部 010-62752015　发行部 010-62750672　编辑部 010-62752028
印 刷 者	北京中科印刷有限公司
经 销 者	新华书店 889 毫米 × 1194 毫米　16 开本　33.75 印张　813 千字 2025 年 1 月第 1 版　2025 年 1 月第 1 次印刷
定　　　价	198.00 元（含配套资源）

未经许可，不得以任何方式复制或抄袭本书之部分或全部内容。
版权所有，侵权必究
举报电话：010-62752024　电子邮箱：fd@pup.cn
图书如有印装质量问题，请与出版部联系，电话：010-62756370

前言

要想成为一名优秀的国际中文教师，不仅要在语法方面具有扎实的功底，做到知其然且知其所以然，还要洞察二语学习者在某个语法上容易出现的偏误，做到防患于未然。在此基础上设计出优质的教学方案，将抽象的语法知识掰开、揉碎，化抽象为具体，化枯燥为生动，以"润物细无声"的方式传授给学生，做到"心中有剑，手中无剑"。为了帮助大家解决从理论语法到教学语法的转化问题，也为了对标《国际中文教育中文水平等级标准》（以下简称《等级标准》），我们编写了这套语法教学手册。

本书特点

1. 精准对标，具有普适性

从《等级标准》初等语法项目中精选出 128 个核心语法项目，能够与海内外多种教材轻松对接。

2. 既见树木，又见森林，具有系统性

《等级标准》中一个语法项目下辖多个用法，本书的做法是在第一次出现该语法项目时进行宏观系统的介绍，此后不再赘述。如在第一次出现"把"字句时，系统介绍"把"字句的句法、语义等特点，在后面其他"把"字句的教学设计中不再系统介绍。

3. 内容设计从"是什么"到"怎么教""怎么练"再到"怎么考"，具有学理性

每一个语法项目均包括本体知识—常见偏误—教学提示—教学案例—课堂活动—课后练习六大板块。本体知识和常见偏误重知识的把握，而教学提示、教学案例和课堂活动重技能的提高，课后练习则意在对教学效果的检验。从课前到课中再到课后，从知识到技能再到练习，做到了知识和技能的密切结合。

4. 教学环节清晰凝练，具有可模仿性

导入—讲解—操练—活动四个教学环节形成一个语法教学操作模式，拿来便可使用。教学设计遵循"精讲多练""不讲语法而教语法""防患于未然"等原则。

5. 视频微课重在真实再现课堂，具有示范性和预警性

和以前诸多"完美"示范课不同，本书配套视频希望尽量呈现真实的汉语二语教学课堂，参与录制的新手教师在理解了纸本教学案例的基础上来完成教学过程，学生均为初级汉语水平的留学生。这样的设计虽然看起来会出现很多"小问题"，比如学生的发音问题，需要教师有纠音意识，

正常上课出现的各种"意想不到"都会在视频微课中出现，教学时间自然会比反复彩排过的"完美"示范课长一点，但我们希望新手教师能够看到这些真实课堂以及对这些问题的处理，能够做到防患于未然。在每一个教学视频后均附有杨玉玲老师针对该教学片段的点评。我们希望通过这种微格教学点评的形式引导新手教师看到该教学片段中的优点，也看到问题和不足，审视和反思自己的教学，提高教学水平。

6. 教学案例典型、丰富、生动，具有可选择性

尽量考虑到教师性格、教学环境的不同而设计不同的教学案例，力求丰富、生动，可供不同需求的教师选择。

7. 以点带面，由个案到类案，具有全面性和典型性

我们希望以点带面，通过个案教学使读者掌握同一类语法项目的教学方法和技巧。语法项目配套视频微课也遵循以点带面的原则，同类语法项目一般选择其中最为典型的进行录制，如结果补语仅选择了本书中最基础的结果补语1和抽象程度更高的结果补语4。我们相信通过典型案例的教学，读者朋友可以触类旁通，最终实现教学能力的全面提升。

8. 纸数结合，立体配套，图文并茂，具有时代性和便捷性

除了纸质内容外，128个语法项目均有配套的课件，方便教师上课直接使用。课件内容设计丰富，教师可根据教学时间等因素选择删减。我们从这128个语法项目中选择最有代表性的80个语法项目进行了视频微课录制。这些立体化多模态资源的配备方便读者自主学习和使用。

适用对象

本书适用对象为海内外的国际中文教师、国际中文教育志愿者，以及相关专业的本科生和硕士研究生。本书可用于专业课教学（特别是案例分析）、教师培训或者自学。教学视频也可用于汉语二语学习者自学汉语语法。

使用说明

1. 模块的设置及其内容

每个语法项目均包括以下板块：

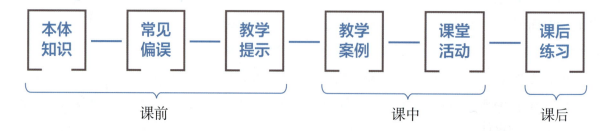

本体知识： 用通俗易懂的语言把每个语法点在语法、语义和语用上的特点等描述清楚，举出适合该阶段的足够多的例句，帮助教师在真正走进教室之前对该语法点有一个全面的掌握。

常见偏误： 使教师特别是没有教学经验的教师能够预见学生在该语法点上可能出现的偏误及其原因，做到防患于未然。

教学提示： 指出教师在备课和上课过程中应注意的问题，帮助教师准确地抓住教学重点。

教学案例： 每一个教学案例按照教学流程可以分为导入、讲解和操练，但其配合不是固定的，教师可以根据教学环境、教学对象和自己的教学特点等情况灵活组合。

课堂活动： 在讲解之后，每一个语法点至少提供一种课堂活动，不仅使教师的教学"寓教于乐"，还可帮助学生顺利实现从语言学习到语言运用的过渡。

课后练习： 包括听、说、读、写四类练习，帮助学生掌握该语法点，教师也可直接用于教学。

2."课中"具体环节及其目的

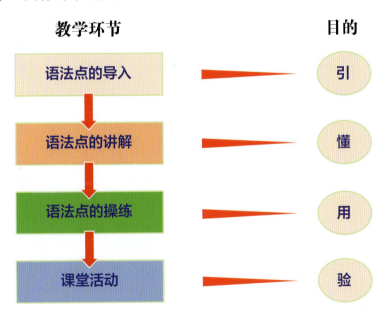

3.注意

有的教学设计为了方便对比，会把偏误率较高的相关语法点放在一起，但大家切忌不考虑自己的教学时间、教学阶段完全照搬。比如"不"和"没"，本是两个语法点，但为了体现二者的不同，我们把"不"和"没"的教学放在了一起，通过五个教学案例来呈现：案例1和案例2是"不"的教学，案例3和案例4是"没"的教学，案例5是二者区别的教学。

所有教学设计均遵循"精讲多练""不讲语法而教语法""防患于未然"等原则。教学案例的设计不是为了让读者单纯地模仿，而是希望读者如身临课堂，在模仿中逐步提高自己的教学技能。

特别感谢

参与本书教学设计和视频录制的新手教师是：胡天航、杨倩兰、乔照蕊、崔思彤、黄雨婷、田晓妍、郭宇航、徐静雯、靳浩楠、潘宇华、王曼茜、赵雪婷。

参与视频录制的留学生是：叶可、李清照、沙地、伊文、伊菲。

本套立体教材受教育部中外语言交流合作中心项目"基于《国际中文教育中文水平等级标准》的初等语法多模态教学资源建设研究"（YHJC21YB-131）和"北京高校高精尖学科建设项目"、北京语言大学研究生教育教学改革项目"面向汉语二语教学的研究生案例语法教学和案例库建设研究"（2024YJGKC07）的资助。在此一并表示感谢！

希望本书能够帮助读者朋友提高教学技能，开启教学智慧，体验汉语教学的极大乐趣。由于作者的学术水平和教学经验都很有限，书中瑕疵在所难免，敬请读者朋友批评指正。

目 录

词类

01 方位词：上、下、左、右、前、后、里、外（一级） ······ 1

02 动词：能愿动词：会（一级） ······ 11

03 动词：能愿动词：能（一级） ······ 19

04 动词：能愿动词：会（一级）VS 能（一级） ······ 27

05 动词：动词重叠（二级） ······ 36

06 动词：离合词（三级） ······ 46

07 形容词：形容词重叠（二级） ······ 55

08 数词：半（一级） ······ 65

09 量词：个、本、杯（一级） ······ 71

10 量词：辆、条、件、层、封、位（二级） ······ 81

11 量词：把、架（三级） ······ 90

12 量词：双、对（三级） ······ 97

13 量词：量词重叠（三级） ······ 101

14 副词：不（一级）VS 没（一级） ······ 110

15 副词：也（一级） ······ 117

16 副词：都（一级） ······ 126

17 副词：正、在、正在（一级） ······ 136

18 副词：常常（一级） ······ 142

19 副词：再（一级） ······ 147

20 副词：再（一级）VS 又（二级） ······ 153

21 副词：还（二级） ·· 158

22 副词：有（一）点儿（二级） ·· 165

23 副词：刚（二级） ·· 172

24 副词：已经（二级） ·· 178

25 副词：必须（二级） ·· 184

26 副词：差不多（二级） ·· 189

27 副词：一定（二级） ·· 195

28 副词：才（二级） ·· 201

29 副词：就（二级）VS 才（二级） ·· 209

30 副词：本来（三级） ·· 215

31 副词：曾经（三级） ·· 221

32 副词：始终（三级） ·· 228

33 副词：从来（三级） ·· 234

34 副词：往往（三级） ·· 242

35 副词：并（三级） ·· 251

36 副词：到底（三级） ·· 258

37 副词：反正（三级） ·· 265

38 副词：简直（三级） ·· 273

39 副词：千万（三级） ·· 279

40 介词：从（一级）VS 离（二级） ·· 286

41 动态助词：了（一级） ·· 295

42 动态助词：过（二级） ·· 304

43 动态助词：着1（动作的持续）（二级） ···································· 313

44 动态助词：着2（状态的持续）（二级） ···································· 320

45 语气词：了（一级） ·· 331

句子成分

01 定语：名词、形容词、数量短语作定语（一级） ········ 338

02 方式状语：形容词作状语（一级） ········ 346

03 时间状语：时间名词（一级） ········ 354

04 处所状语1：在 + 处所 + V（一级） ········ 362

05 处所状语2：从 + 处所 + V（一级） ········ 369

06 对象状语：跟（一级）/ 给（二级）/ 对（二级）+ O + V ········ 375

07 结果补语1：V + 完 / 对 / 错 / 干净（二级） ········ 384

08 结果补语2：V + 懂 / 好 / 见 / 清楚（二级） ········ 391

09 结果补语3：V + 住 / 走（三级） ········ 398

10 结果补语4：V + 到（三级） ········ 407

11 趋向补语1：简单趋向补语的基本用法（二级） ········ 417

12 趋向补语2：复合趋向补语的基本用法（三级） ········ 425

13 状态补语1：V + 得 + Adj（二级） ········ 433

14 动量补语1：V + Num + 动量词（二级） ········ 441

15 动量补语2：动量补语和宾语共现（三级） ········ 449

16 时量补语1：动作持续的时间（三级） ········ 456

17 时量补语2：动作结束后经历的时间（三级） ········ 464

18 可能补语1：V + 不 / 得 + V/ Adj（三级） ········ 471

19 可能补语2：V + 不 / 得 + 了（三级） ········ 480

20 程度补语1：Adj/ V$_心$ + 得很 / 极了 / 死了（三级） ········ 490

参考答案 ········ 498

听力文本 ········ 516

词 类

01 方位词：上、下、左、右、前、后、里、外（一级）

本体知识

汉语中，表示位置的名词叫方位词，如"上、下、左、右、前、后、里、外、东、西、南、北"等。主要的方位词有：

	上	下	左	右	前	后	里	外	东	西	南	北
~边	上边	下边	左边	右边	前边	后边	里边	外边	东边	西边	南边	北边
~面	上面	下面	左面	右面	前面	后面	里面	外面	东面	西面	南面	北面

汉语的方位词在句中可以作主语、宾语和定语。作主语和宾语时，方位词前常带有定语。如：

（1）北边有一家超市。
（2）银行在电影院的南面。
（3）右边的桌子很大。
（4）银行南边是超市。

本教学设计仅涉及"上、下、左、右、前、后、里、外"。

格式：

1 N + 在 + ……边 / 面

银行在北边。

2 N1 + 在 + N2 + 的 + ……边 / 面

银行在邮局的北边。

3 ……边 / 面 + 有 + Num + N

左边有一个小孩。

4 N1（+ 的）+ ……边 / 面 + 是 / 有 + N2

书架的上面有很多书。

常见偏误

1 * 小时候我总喜欢趴在妈妈的膝盖，听她讲故事。
   改为：小时候我总喜欢趴在妈妈的膝盖上，听她讲故事。

   * 在飞机我们经常听到这样的话。
   改为：在飞机上我们经常听到这样的话。
   分析："膝盖""飞机"是普通名词，如果要表示处所，后面要加方位词"上"。

2 * 在北京里有很多外国人。
   改为：在北京有很多外国人。
   分析：国家名、城市名等后面一般不用"里"。只有把一个地方当成一个容器时才用"里"。

3 * 我的词典在上面桌子。
   改为：我的词典在桌子上面。
   分析：方位词作中心语时应放在名词的后面。

4 * 以后下课我去找你。
   改为：下课以后我去找你。
   分析：方位词作中心语时应放在动词的后面。

教学提示

1. 国家名、地名等后面不加"里"。如：* 在中国里、* 在北京里。
2. "里边/面""上边/面""前边/面"与名词结合时，"边/面"常省略。
3. 普通名词表处所时，后面要加方位词，如：在桌子上。
4. "……边"偏口语，"……面"偏书面语，但在此阶段没必要过于区分。

教学案例

📖 案例 1：实物道具法

▶ **第一步：学习"N1 + 在 + N2 + 的 + ……边/面"**

1. 导入和讲解

师：（先用动作简单教给学生"上、下、左、右、前、后、里、外"等：指着头顶表示"上"，指着地下表示"下"；伸出左手表示"左"，伸出右手表示"右"；指着前面表示"前"，指着后面表示"后"；手放在口袋或书包里表示"里"，从口袋或书包里拿出来表示"外"。可带学生一起做动作）

"上"也可以说：上边、上面（领读）　　　　"下"也可以说：下边、下面（领读）
"左"也可以说：左边、左面（领读）　　　　"右"也可以说：右边、右面（领读）
"前"也可以说：前边、前面（领读）　　　　"后"也可以说：后边、后面（领读）
"里"也可以说：里边、里面（领读）　　　　"外"也可以说：外边、外面（领读）
（在这个阶段不必过于强调"……边"和"……面"的区别）

师：（把杯子放在桌子上）老师的杯子在哪儿？
生：（可能会说）老师的杯子在上面桌子。
师：应该说：老师的杯子在桌子的上边 / 面。（板书，齐读）
生：老师的杯子在桌子的上边 / 面。
师：（把杯子放在桌子下面）老师的杯子在哪儿？
生：老师的杯子在桌子的下边 / 面。（板书，齐读）
师：（把杯子放在桌子左边）老师的杯子在哪儿？
生：老师的杯子在桌子的左边 / 面。（板书，齐读）
师：（把杯子放在桌子右边）老师的杯子在哪儿？
生：老师的杯子在桌子的右边 / 面。（板书，齐读）
师：（把杯子放在书包前边）老师的杯子在哪儿？
生：老师的杯子在书包的前边 / 面。（板书，齐读）
师：（把杯子放在书包后边）老师的杯子在哪儿？
生：老师的杯子在书包的后边 / 面。（板书，齐读）
师：（根据例句总结格式）

　　　N1 + 在 + N2 + 的 +……边 / 面

2. 操练

操练 1：一问一答

你的书包、词典、本子、钱包……在哪儿？
谁在你的前边、后边、左边、右边？

操练 2：找东西（或看图找东西）

一个学生问，其他学生回答。
如：课本在哪儿？
　　西瓜在哪儿？

操练 3：排队游戏

学生全体起立，迅速排成几队。然后每个人用这节课学的句子说出自己的位置。

操练 4：接龙问同学的位置

师：托尼，大卫在哪儿？

托尼：大卫在安娜的前边、马克的后边、丁兰的左边、玛丽的右边……

托尼：马克，安娜在哪儿？

马克：安娜在……

▶第二步：学习"N1（＋的）……边/面＋是/有＋N2"

1. 导入和讲解

（复习：N1＋在＋N2＋的＋……边/面）

师：（出示一个盒子，盒子里边有一个本子，外边有一本书）本子在哪儿？

生：<u>本子在盒子的里边/面</u>。（板书）

师：书呢？书在哪儿？

生：<u>书在盒子的外边/面</u>。（板书）

师：（随便变换本子的位置：盒子的上边、下边、左边、右边、前边、后边、里边、外边，然后通过问答的形式，引导学生复习各种方位词）

盒子里边有什么？

生：（可能会说）里边盒子有本子。

师：我们应该说：<u>盒子里边有一个本子</u>。（板书，齐读）

生：盒子里边有一个本子。

师：盒子的外面是什么？

生：<u>盒子的外面是一本书</u>。（板书）

师：（随便变换书的位置，引导学生学习各种方位词）

（根据例句总结格式）

N1（＋的）＋……边/面＋是/有＋N2

2. 操练

你问我答

学生和教师根据教室里的情况进行问答。

如：书包里面有什么？

黑板上面有什么？

桌子下面有什么？

你的前边、后边、左边、右边是谁？

案例 2：图片法

▶ 第一步：学习"N1＋在＋N2＋的＋……边/面"

1. 导入和讲解

师：（先用手势和词卡简单学习方位词）

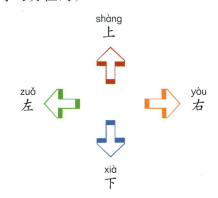

"上"也可以说：上边、上面（领读）　　　　　　"下"也可以说：下边、下面（领读）
"左"也可以说：左边、左面（领读）　　　　　　"右"也可以说：右边、右面（领读）

"前"也可以说：前边、前面（领读）　　　　　　"后"也可以说：后边、后面（领读）

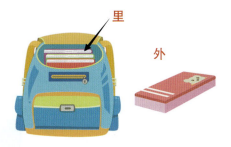

"里"也可以说：里边、里面（领读）　　　　　　"外"也可以说：外边、外面（领读）
（在这个阶段不必过于强调"……边"和"……面"的区别）

师：（出示图片）这是我们学校附近。大家看，银行在哪儿？

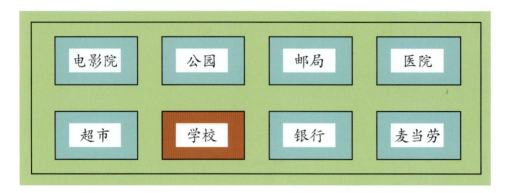

生：（可能会说错）银行在右边学校。

师：我们应该说：<u>银行在学校的右边/面</u>。（板书，齐读）

生：银行在学校的右边/面。

师：公园在哪儿？

生：<u>公园在邮局的左边</u>。（板书，齐读）

师：超市在哪儿？

生：<u>超市在学校的左边</u>。（板书，齐读）

师：（根据例句总结格式）

　　N1 + 在 + N2 + 的 +……边/面

2. 操练

操练1：看图说话

①

②

③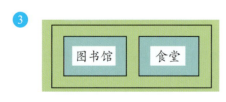

④

⑤

⑥

操练 2：说一说猫在哪儿

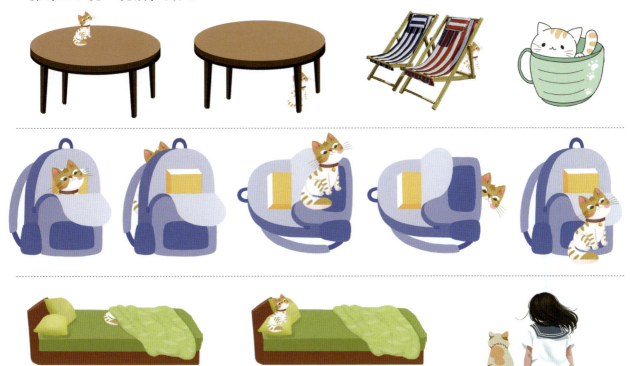

▶ **第二步：学习"N1（+的）+……边/面+是/有+N2"**

1. 导入和讲解

（复习：N1 + 在 + N2 + 的……边/面）

师：（出示图片）猫在哪儿？

生：猫在书包的上边/面。（板书）

师：书呢？书在哪儿？

生：书在书包的里边/面。（板书）

师：（出示不同位置图片：上边、下边、左边、右边、前边、后边、里边、外边，然后通过问答的形式，引导学生复习各种方位词）

师：书包上边有什么？

生：（可能会说）上边书包有猫。/ 上边书包有一只猫。

师：我们应该说：书包上边有一只猫。（板书，齐读）

生：书包上边有一只猫。

师：书包的里边/面是什么？

生：书包的里边/面是一本书。（板书）

师：（出示不同图片，引导学生学习各种方位词）

（根据例句总结格式）

N1（+的）+……边/面+是/有+N2

2. 操练

猜一猜

教师在书包里面/书包后面/桌子后面藏一个东西，让学生猜是什么。

师：书包里面是什么？

生：书包里面是……

课堂活动

1 指东向西

全班学生排排站，教师发出"向上/下看""向左/右转"的指令，学生先熟悉指东向东，再练习指东向西。

2 找生词

教师把本课的生词卡片贴在黑板上。学生四人一组，A 说出一个生词 X，B 找出这个词的位置，C 说出一个贴在这个词周围的生词 Y，D 说出"X 在 Y 的……边"。

3 看看他在哪儿

每个学生用"XX 在……的……边"和"XX 的……边是……"这样的句子来描述一个同学的位置。如：

A：山本在安娜的左边。

B：乔治在大卫的右边。

4 城市设计

教师提前准备好一些城市设施的图片或词卡，如：医院、公园、商场、体育馆、学校、操场、图书馆、餐厅、小区等。让每个学生安排这些设施的位置，并给大家介绍。如：

A：小区的左边是医院，小区的右边是学校，操场在学校的里面……

也可以让每个学生设计好后，两人一组，一个学生描述自己的设计，另一个学生根据描述在黑板上放置相应的图片或词卡。

5 **语言寻宝**

教师偷偷把自己的一件东西藏到某处，学生轮流向教师提问："……在……边/面吗？"教师根据实际情况回答"在"或"不在"，先猜出来的学生获胜。注意每个学生都要开口。

课后练习

一、填空。

（　　）　（　　）　　　（　　）　（　　）

（　　）　　　　　（　　）

（　　）

（　　）

二、听一听，选一选。

1. A. 学校在公园的南边。　　　B. 学校在公园的北边。
   C. 学校在公园的东边。　　　D. 学校在公园的西边。

2. A. 学校的东边是一家银行。　B. 学校的东边是一家超市。
   C. 学校的西边是一家银行。　D. 学校的南边是一家银行。

3. A. 麦当劳的东边是一家银行。B. 麦当劳的左边是一家银行。
   C. 麦当劳的西边是一家银行。D. 麦当劳的西边是一家超市。

4. A. 邮局的北边是一家银行。　B. 银行的南边是邮局。
   C. 银行在邮局的北边。　　　D. 邮局在银行的北边。

5. A. 公园的东边是一家电影院。B. 公园的西边是一家电影院。
   C. 公园的北边是一家电影院。D. 公园的南边是一家电影院。

三、看图，填写位置。

床	前	明	月	光
你	是	学	生	吗
我	不	想	跑	步
汉	语	很	好	听

1. "学"在"想"的_____。　　2. "你"在"是"的_____。
3. "吗"在"光"的_____。

四、把所给词语放在合适的位置。

1. A 图书馆 B 有 C 很多书 D。　　　　　　　（里边）
2. A 教室 B 教学楼 C 里面 D。　　　　　　　（在）
3. A 他的 B 宿舍 C 有很多行李 D。　　　　　（外面）
4. A 317 教室 B 在 C 217 教室 D。　　　　　（上边）

五、根据实际情况回答问题。

1. 你的笔在哪儿？　　　　　　2. 你的手里有什么？
3. 银行在哪儿？　　　　　　　4. 食堂在哪儿？
5. 食堂东边是什么？　　　　　6. 图书馆西边是什么？
7. 你桌子上有什么？　　　　　8. 你的手机在哪儿？
9. 你的电脑在哪儿？　　　　　10. 你家南边是什么？

词 类

动词：能愿动词：会（一级）

本体知识

能愿动词"会"主要有以下几种用法：

1. 表示通过学习掌握了某技能。如：

    她很聪明，不但会唱歌，还会跳舞。

2. 表示有可能。如：

    A：你觉得他会不会同意？

    B：我觉得他会同意。

3. 表示在某方面做得很好。

    他很聪明，会写会画还会说。

"能"和"会"有同有异，语义有交叉，二者的主要区别见"会VS能"。本教学设计仅涉及"会"的第一、二种用法。

格式：

1 肯定形式：会 + V

他会开车。

2 否定形式：不会 + V

我不会打太极拳。

3 疑问形式：会 + V + 吗？

你会用筷子吗？

会不会 + V？

你会不会写毛笔字？

常见偏误

1 * 他的胳膊好了，可是他暂时还不会游泳。

改为：他的胳膊好了，可是他暂时还不能游泳。

分析：表示恢复某种能力，用能愿动词"能"，不用"会"。

2 * 下午我会用你的书吗？

改为：下午我能用你的书吗？

分析：表示环境、条件或情理上允许，只能用能愿动词"能"，不能用"会"。

3 * 你会说不说汉语？

改为：你会不会说汉语？

分析：带能愿动词的正反疑问句应该用能愿动词的肯定和否定形式来表达。

4 * 我不能打网球，你能教教我吗？

改为：我不会打网球，你能教教我吗？

分析：表示通过学习掌握了某种技能，用能愿动词"会"而不用"能"。

5 * 这个难题被我会解决的。

改为：这个难题会被我解决的。

分析：能愿动词应该放在介词"被"之前。

教学提示

1 "会"和"能"是两个语法点，不宜一次集中教学。

2 "会"的几种不同用法也不宜一次集中教授给学生。

教学案例

▶ 学习表示通过学习掌握了某技能的"会"

案例 1：情景举例法

1. 导入和讲解

师：马上就要运动会了，我们来选运动员吧。玛丽，<u>你会跳绳吗？</u>（板书）

玛丽：（可能会说）我跳绳。

师：我们应该说：<u>我会跳绳。</u>（板书，齐读）

生：我会跳绳。

师：安娜，<u>你会不会跳绳？</u>（板书）

安娜：（可能会说）我会不跳绳。

师：我们应该说：<u>我不会跳绳。</u>（板书，齐读）

生：我不会跳绳。

师：尼克，你会游泳吗？

尼克：我会游泳。

师：爱丽，你呢？你会游泳吗？

爱丽：我不会游泳。

师：大卫，你会打太极拳吗？

大卫：我不会打太极拳。

师：山本，你会打太极拳吗？

山本：我会打太极拳。

师：安娜呢？安娜会吗？

安娜：我会打太极拳。

师：（根据例句总结格式）

会＋V

不会＋V

会＋V＋吗？

会不会＋V？

2. 操练

操练1：看图说话

① 用筷子

② 跳绳

③ 游泳

④ 做饭

⑤ 说日语／英语／韩语……

⑥ 下象棋

⑦ 弹钢琴

⑧ 打篮球

操练2：我的特长

教师给出提示词，学生轮流说出自己会什么，不会什么。

提示词：

运动：篮球、羽毛球、乒乓球、排球、太极拳、跳绳、游泳……

艺术：画画、唱歌、跳舞、弹钢琴、弹吉他、拉二胡、剪纸、编中国结……

案例2：图片法

1. 导入和讲解

师：（出示图片）

师：大卫，上面这些语言，你会说哪种？

大卫：英语。

师：我们可以说：大卫会说英语。（板书，齐读）

生：大卫会说英语。

师：大卫，你会不会说韩语？（板书）

大卫：（可能会说）我不说韩语。

师：我们应该说：大卫不会说韩语。（板书，齐读）

生：大卫不会说韩语。

师：刚来中国的时候，你们会说汉语吗？（板书）

安娜：我不会说汉语。

师：现在呢，你们会不会说汉语？（板书）

生：我们会说汉语。

师：（根据例句总结格式）

会 + V

不会 + V

会 + V + 吗？

会不会 + V？

2. 操练

操练1：以前和现在

学生轮流说出自己从前和现在是否具有某种技能，教师可以给出提示词。

提示词：画画、唱歌、跳舞、弹钢琴、弹吉他、拉二胡、剪纸、编中国结、开车……

如：以前我不会游泳，现在我会游泳。

操练2：我会的更多

教师一张一张出示图片，如果图片上的内容学生会，学生要快速站起来，然后说"我会……"，最后统计谁会的最多。

▶ **学习表示可能性的"会"**

案例3：图片法

1. 导入和讲解

师：（出示图片）大家看这天气，可能下雨吗？我们想知道可能下雨吗，就可以问：
<u>会下雨吗？</u>（板书，齐读）

生：会下雨吗？

师：那大家觉得，会不会下雨呢？

生：很可能要下雨。

师：我们觉得很可能下雨，可以说：<u>我觉得会下雨</u>。（板书，齐读）

生：我觉得会下雨。

师：天气不好，<u>明天的运动会会不会取消呢？</u>（板书）

大卫：<u>我觉得会下雨，运动会肯定会取消。</u>（板书）

师：其他人觉得呢？

安娜：（可能会说）我觉得运动会会不取消。

师：我们应该说：<u>我觉得运动会不会取消</u>。（板书，齐读）

生：我觉得运动会不会取消。

师：大卫觉得怎么样？

生：大卫觉得会下雨，运动会肯定会取消。

师：安娜觉得呢？

生：安娜觉得运动会不会取消。

师：（根据例句总结格式）如果要表达自己认为有没有可能性，可以说：

会 + V

不会 + V

会 + V + 吗？

会不会 + V？

2. 操练

操练 1：说一说

教师给出语境，学生根据语境说出可能会发生什么，注意要用到今天学习的语法点。

语境：

（1）安娜不喜欢历史课。

（2）玛丽淋雨了。

（3）安娜逃课被老师发现了。

（4）大卫的自行车被偷走了。

（5）大卫计划出门，可是下大雨了。

如：今天有历史课，安娜不喜欢历史课。

生1：安娜会不会来上课？

生2：安娜不会来上课了。

生3：安娜会来上课。

操练 2：默契大比拼

教师给出情景，学生说出自己的同桌可能会做什么，同桌评价对方是否了解自己。

情景：雨天、周末、下课后、讨厌的课上、见男朋友/女朋友时、约会时……

如：雨天

大卫：我觉得玛丽会在家待着，不出门。

玛丽：你不了解我。

大卫：那你会干什么？

玛丽：我会出去玩。

课堂活动

1 卡片游戏

学生轮流抽教师提前准备的卡片，根据卡片上的内容造句，并且用同样的话题问自己的同桌。

卡片内容：太极拳、跳舞、说汉语、写汉字……（"会"的第一种用法）

旅游场景、自己不喜欢的课、逃课后果、谁会参加运动会……（"会"的第二种用法）

如：太极拳

大卫：我会打太极拳，玛丽，你会不会打太极拳？

玛丽：我不会打太极拳，但是我会打乒乓球。

如：自己不喜欢的课

大卫：我不会去上我不喜欢的课。玛丽，你会去上你不喜欢的课吗？

玛丽：我会上我不喜欢的课，因为我不会逃课。

2 快乐旅游

学生一起讨论旅游中可能出现的情况，制订完美的旅游计划。注意要用到今天学习的语法点，教师可给出提示词。

提示词：去哪儿、天气、衣服、水、交通工具、吃饭……

如：衣服

玛丽：穿卫衣会热吗？

安娜：会热。

玛丽：穿短袖会冷吗？

安娜：一定不会冷，我们穿短袖吧。

3 小调查

根据教师给出的提示词，调查每个学生的情况。

提示词：跳舞、跳绳、说汉语、写汉字、打太极拳、生气、逃课、吃东西、哭、化妆……

如：你会跳舞吗？

你会跳绳吗？

你会说汉语吗？

你会不会写汉字？

你会不会打太极拳？

什么情况下你会生气？

如果不喜欢历史课，你会不会逃课？

你会吃自己不喜欢的东西吗？

你会在很多人面前哭吗？

你会每天化妆吗？

……

课后练习

一、听一听,判断对错。

1. 刚来中国时,玛丽会说汉语。　　　　　　　　　　　(　　)
2. 现在,玛丽会写一些汉字。　　　　　　　　　　　　(　　)
3. 安娜来中国以前就会说汉语。　　　　　　　　　　　(　　)
4. 安娜会写汉字。　　　　　　　　　　　　　　　　　(　　)
5. 安娜想学会写汉字。　　　　　　　　　　　　　　　(　　)

二、根据实际情况回答问题。

1. 你会说汉语吗?
2. 你会说英语吗?
3. 你会编中国结吗?
4. 你会跳舞吗?
5. 你会做饭吗?
6. 你会做中国菜吗?
7. 下雨天你会出门吗?
8. 跑步时你会听歌吗?

三、连词成句。

1. 不　说　会　汉语　我

　_____

2. 会　做　不　饭　会　你

　_____

3. 会　不　我　雨天　出门

　_____

4. 游泳　我　会

　_____

5. 写　我　汉字　会

　_____

6. 跳　我　会　不　舞

　_____

词 类

03 动词：能愿动词：能（一级）

本体知识

能愿动词"能"主要有以下几种用法：

1. 表示环境、条件、情理上许可。如：
   （1）这里不能停车，你快点儿下去。
   （2）喝酒后不能开车。

2. 表示有能力或有条件做某事。如：
   （1）只要有一个手机，很多事情就都能解决了。
   （2）只有他能帮你。

3. 表示有某种用途。如：
   这种药不能治流感。

4. 表示很会做事情；善于做某事。如：
   （1）我们这几个人里，数他最能写。
   （2）这个小伙子可真能说。

5. 表示有可能。如：
   （1）今天的天气这么好，哪能下雨？
   （2）他那么生气，能原谅你吗？

"能"和"会"有同有异，语义有交叉，二者的主要区别见"会 VS 能"。
本教学设计仅涉及"能"的第一、二种用法。

格式：

1 肯定形式：能 + V
今天我们能完成任务。

2 否定形式：不能 + V
我今天喝酒了，不能开车。

3 疑问形式：能 + V + 吗？
你能帮我买点儿东西吗？

能不能 + V？
你能不能参加这次活动？

常见偏误

1 * 吃药不解决体质差的问题。

改为：吃药不能解决体质差的问题。

分析：能愿动词"能"缺失，表示有某种用途，需要用"能"。

2 * 要爱惜花草，不会随意践踏。

改为：要爱惜花草，不能随意践踏。

* 明天我会来和你一起做作业吗？

改为：明天我能来和你一起做作业吗？

分析：表示环境、条件或情理上允许只能用"能"，不能用"会"。

3 * 安娜是新同学，还不能说中文。

改为：安娜是新同学，还不会说中文。

分析：句子意思为安娜没有经过学习，不具备"说中文"的技能。"不会"强调某种技能的缺乏，"不能"应改为"不会"。

教学提示

1. "会"和"能"是两个语法点，不宜一次集中教学。
2. "能"的几种不同用法也不宜一次集中教授给学生。

教学案例

▶ 学习表示许可的"能"

案例 1：情景举例法

1. 导入和讲解

师：马上就要期末考试了，大家准备好了吗？

生：准备好了。

师：考试的时候，我们能看同桌的吗？（板书）

生：（可能会说）不看同桌的。

师：我们可以说：考试的时候我们不能看同桌的。（板书，齐读）

生：考试的时候我们不能看同桌的。

师：考试的时候能不能用手机？（板书）
生：考试的时候不能用手机。
师：考试的时候能提前交卷吗？
生：（可能会说）我会提前交卷。
师：我们可以说：考试的时候能提前交卷。（板书，齐读）
生：考试的时候能提前交卷。
师：考试的时候能商量吗？
生：……
师：（根据例句总结格式）表示让不让做某事，我们可以说：

能＋V

不能＋V

能＋V＋吗？

能不能＋V？

2. 操练

操练1：看图说话

操练2：讨论

教师提供使用场合，学生说出在该场合下，能做什么，不能做什么。

场合：教室，考试时，开会时，森林，操场，上课时……

如：在教室里，我们不能抽烟。

在开会的时候，我们不能吃饭，我们能喝水。

案例 2：图片法

1. 导入和讲解

师：我们明天去北海公园玩，大家准备好了吗？

生：准备好了！

师：我们要提前注意，在北海公园，什么能干，什么不能干。

师：（出示图片）<u>我们能开车进公园吗？</u>（板书）

生：（可能会说）我们不开车进公园。

师：我们可以说：<u>我们不能开车进公园。</u>（板书，齐读）

生：我们不能开车进公园。

师：（出示图片）我们能骑车进公园吗？

生：我们不能骑车进公园。

师：（出示图片）我们能带宠物进公园吗？

生：（可能会说）我们带宠物进公园。

师：我们可以说：<u>我们能带宠物进公园。</u>（板书，齐读）

生：我们能带宠物进公园。

师：（出示图片）<u>我们能不能在公园里游泳？</u>（板书）

生：我们不能在公园里游泳。

师：（出示图片）我们能在公园里划船吗？

生：我们能在公园里划船。

……

师：（根据例句总结格式）表示让不让做某事，我们可以说：

能 + V

不能 + V

能 + V + 吗？

能不能 + V？

2. 操练

交际练习

（1）我们能在公园里遛狗吗？

（2）我们能在公园里开车吗？

（3）我们能在森林里抽烟吗？

（4）我们能在图书馆大声说话吗？

▶ 学习表示有能力、有条件的"能"

案例 3：情景举例法

1. 导入和讲解

师：你们觉得教一门语言难吗？<u>不会说英语的人能当英语老师吗？</u>（板书）

生：不能。

师：是的，我们可以说：<u>不会说英语的人不能当英语老师。</u>（板书，齐读）

生：不会说英语的人不能当英语老师。

师：会说普通话就能当中文老师吗？

生：会说普通话不一定能当中文老师。

师：那你们觉得什么样的人能当好一个老师？

生：有耐心的人。

师：我们可以说：<u>有耐心的人能当好一个老师。</u>（板书，齐读）

生：有耐心的人能当好一个老师。

师：还有呢？什么样的人能当好一个老师？

生1：有知识的人能当好一个老师。

生2：喜欢孩子的人能当好一个老师。

生3：……

师：（根据例句总结格式）表示有没有能力、条件做某事，我们可以说：

能 + V

不能 + V

能 + V + 吗？

2. 操练

操练1：讨论

（1）根据你的性格，你觉得你能做什么样的工作？不能做什么样的工作？

（2）一分钟你能打多少汉字？

（3）你能当什么老师？

（4）如果你一只手受伤了，你觉得你还能骑车吗？

（5）你能吃特别辣的火锅吗？

操练 2：看图说话

说出以下情况下，他们能干什么，不能干什么。

案例 4：情景举例法

1. 导入和讲解

师：马上要开运动会了，我们来选选运动员吧。

生：好的。

师：跳绳，大卫，你一分钟能跳多少个？

大卫：70 个。

师：我们可以说：<u>我一分钟能跳 70 个。</u>（板书，齐读）

生：我一分钟能跳 70 个。

师：安娜，你一分钟能跳多少个？

安娜：我一分钟能跳 90 个。

师：很好，<u>大卫一分钟能跳 90 个吗？/ 大卫一分钟能不能跳 90 个？</u>（板书）

生：（可能会说）大卫一分钟不会跳 90 个。

师：我们可以说：<u>大卫一分钟不能跳 90 个。</u>（板书，齐读）

生：大卫一分钟不能跳 90 个。

师：非常好。那我们选安娜去参加跳绳比赛。那游泳呢？山本，你会游泳吗？

……

师：（根据例句总结格式）表示有没有能力、条件做某事，我们可以说：

能 + V

不能 + V

能 + V + 吗？

能不能 + V？

2. 操练

选体育标兵

学生轮流说出自己的运动能力，注意要用到今天所学的语法点。

运动项目：跳远、跳高、游泳、跑步……

课堂活动

1 "麻烦"的客人

两个学生一组,一个学生扮演服务员,一个学生扮演"麻烦"的客人。客人要用今天学到的语法点问服务员问题,服务员根据实际情况回答。

客人:你们的饭店宠物能进来吗?

服务员:请问是什么宠物?

客人:是猫。

服务员:猫能进来。

客人:那我家的蛇能进来吗?

服务员:(吓一跳)蛇不能进来!

客人:我能把鞋子脱了吗?

服务员:……

客人:你能帮我喂孩子吗?

服务员:……

2 我很倒霉

学生轮流说出自己曾经遇到的很倒霉的事,说出在那种情况下,能做什么,不能做什么。

手机坏了,不能打电话,但是可以发短信。

腿瘸了,不能参加比赛。

下雨了,不能出去玩。

钱被偷了,不能买东西了。

3 能赢吗

全班分为两组,每组分别派出在某方面最厉害的组员进行PK,看看谁能赢。

如:骑车比赛

大卫:我一分钟能骑50米。

山本:我一分钟能骑100米。

课后练习

一、听一听，判断对错。🎧

1. 我们能在公园里游泳。　　　　　　　　　　（　）
2. 我们能在学校的游泳馆游泳。　　　　　　　（　）
3. 大卫不能参加游泳比赛了。　　　　　　　　（　）
4. 大卫一分钟能游 50 米。　　　　　　　　　（　）
5. 山本一分钟能游 50 米。　　　　　　　　　（　）

二、根据实际情况回答问题。

1. 你觉得什么样的人能当汉语老师呢？
2. 你觉得教室里能做什么？不能做什么？
3. 你一分钟能走多远？
4. 你最快几天能看完一本书？
5. 你觉得下雨天能出去玩吗？
6. 你觉得你能赢得最近的比赛吗？
7. 你觉得你能通过汉语考试吗？

三、连词成句。

1. 能　好老师　我　认为　一定　成为　我
   _____

2. 一分钟　我　50 米　能　游
   _____

3. 考试　我　能　这次　通过　一定
   _____

4. 不　参加　能　这次　比赛　了　我
   _____

5. 五天　我　完　看　一本书　能
   _____

词 类

04 动词：能愿动词：会（一级）VS 能（一级）

本体知识

"能"和"会"在语义上多有交叉，比如表示具备某种能力时，有时可以互换，但"会"往往程度更高一些。如：

（1）孩子会走路了。

（2）孩子能走路了。

二者的主要区别如下：

1. 表示通过学习具备某种能力，一般用"会"；表示没有某种能力，用"不会"。表示能力达到一定的程度、水平或效率，用"能"；表示恢复了某种能力也用"能"。如：

（1）我姐姐会游泳。（通过学习具备某种能力）

（2）她一分钟能跑50米。（能力达到一定的程度、水平或效率）

　　*她一分钟会跑50米。

（3）他的胳膊好了，又能跳绳了。（恢复了某种能力）

　　*他的胳膊好了，又会跳绳了。

2. 都可以表示某种可能性。"能"表示客观上的可能性，"会"则表示估计或推测有某种可能性，并不强调客观条件。对比如下：

（1）他知道很多这方面的知识，他能帮你。

（2）他今天有时间，一定会帮你的。

3. 表示某人在某方面有特长，善于做某事的时候，"能"和"会"都可以，但表达的意思略有不同："能"侧重从量上强调具有的能力，"会"更强调技巧。对比如下：

（1）这人可真能说啊，说了半天也不觉得累。

（2）咱们办公室只有他会说，所以一般都是他去调解矛盾。

格式：

1 肯定形式：

会 + V

我会打太极拳了。

能 + V

他的胳膊恢复了，又能跳绳了。

2 否定形式：

不会 + V

我还不会开车。

不能 + V

他今天喝酒了，不能开车。

3 疑问形式：

会 / 能 + V + 吗？

你会用筷子吗？

你能去吗？

会不会 / 能不能 + V？

你会不会写毛笔字？

你能不能参加？

常见偏误

1 *我的胳膊已经好了，又会跳绳了。

改为：我的胳膊已经好了，又能跳绳了。

分析：表示能力的恢复，用"能"不用"会"。

2 *他当然能说汉语，他学了小半年呢。

改为：他当然会说汉语，他学了小半年呢。

分析：表示通过学习而掌握某种技能，用"会"不用"能"。

3 *他一顿饭会吃三碗面。

改为：他一顿饭能吃三碗面。

分析：表示能力达到一定的程度、水平或效率，只能用"能"，不能用"会"。

4 *你会跳舞不跳舞？

改为：你会不会跳舞？

分析：带能愿动词的正反疑问句应该用能愿动词的肯定和否定形式来表达。

5 *他不喜欢参加活动，应该不能来。

改为：他不喜欢参加活动，应该不会来。

分析：估计某种可能性应用"会"，不用"能"；"能"表示客观上的可能性。

词 类

教学提示

1 表示具备某种能力的"能"和"会"在英语中都是"can",所以留学生经常容易混淆,在教学中需要特别注意,一定要通过鲜明的对比让学生明白:"会"表示通过学而后会,"能"重在表示有能力或有条件做某事。对比如下:

(1)我的一个朋友会说好几种语言。
(2)你会开车吗?
(3)他不会做饭。
(4)现在爷爷能下床了吗?
(5)他胳膊受伤了,不能拿重东西。

2 "会"和"能"是两个语法点,不宜一次集中教学。在讲解二者的区别时也应根据课文中出现的义项进行辨析,不可瓢泼大雨式"倒"给学生。

教学案例

▶ **学习表示具备某种能力的"会"和"能"**

案例1:视频法、图片法

1. 导入和讲解

师:(出示视频)大家看,这个小宝宝之前会走路吗?

生:(可能会说)不走路。

师:我们可以说:<u>她不会走路。</u>(板书,齐读)

生:她不会走路。

师:(出示视频)现在呢,她会走路了吗?

生:(可能会说)她走路了。

师:我们可以说:<u>她现在会走路了。</u>(板书,齐读)

生:她现在会走路了。

师:(出示图片)他的腿受伤了,他还能走路吗?

生:(可能会说)不会走路。

师:我们应该说:<u>他的腿受伤了,不能走路了。</u>(板书,齐读)

生:他的腿受伤了,不能走路了。

师:(出示图片)大家看,现在他的腿好了,现在能走路吗?

生:能走路了。

师:我们可以说:<u>他的腿好了,又能走路了。</u>(板书,齐读)

生:他的腿好了,又能走路了。

师：大卫，你一分钟能走多远呢？

大卫：50米。

师：我们可以说：我一分钟能走50米。（板书，齐读）

生：我一分钟能走50米。

师：（出示图片）大家觉得这个宝宝一分钟能走多远呢？

生：他一分钟能走10米。

师：（总结）

　　"会"强调通过学习掌握某种知识、技能。如：我会用筷子。

　　"能"表示能力达到一定的程度、水平或效率。如：他一分钟能跑50米。

　　表示恢复某种能力也应用"能"。如：大卫的脚好了，又能踢球了。

2. 操练

回答问题

你会跳绳吗？一分钟能跳多少个？

你会游泳吗？一分钟能游多远？

你会包饺子吗？一分钟能包几个？

你会剪纸吗？一分钟能剪几个双喜？

你会开车吗？你能连续开多久的车呢？

他能踢足球吗？

他能游泳吗？

他能跳绳吗？

▶ 学习表示某种可能性的"能"和"会"

📖 案例 2：情景举例法

1. 导入和讲解

师：大卫和玛丽约好要一起去吃饭，但是大卫突然生病了，大卫能去吗？
生：不去。
师：我们可以说：<u>大卫生病了，不能和玛丽一起去吃饭了</u>。（板书，齐读）
生：大卫生病了，不能和玛丽一起去吃饭了。
师：如果大卫第二天身体好多了，大家觉得他会去吗？
生1：他能去。
师：我们应该说：<u>我觉得他会去</u>。（板书，齐读）
生：我觉得他会去。
师：其他人呢？你们觉得他会去吗？
生2：<u>大卫需要休息，我觉得他不会去</u>。（板书）
师：（总结）"能"和"会"都可以表示某事的可能性。
　　"能"表示客观上的可能性。如：大卫生病了，不能和玛丽一起去吃饭了。
　　"会"则表示估计或推测有某种可能性，并不强调客观条件。如：我觉得他不会去。

2. 操练

操练1：交际练习

两个学生一组，对下面的情况进行交流，一问一答确定谁会来谁能来。

（1）明天我的生日聚会　　　　　（2）明天的会议
（3）明天的历史课　　　　　　　（4）明天的体育比赛
（5）过几天去爬长城　　　　　　（6）雨天的踏青活动
（7）明天吃烤鸭　　　　　　　　（8）明天的汉语考试

操练2：选词填空

　　　　　　　　　　能　　　会

（1）大卫的腿受伤了，不（　　）去参加比赛了。
（2）安娜不喜欢运动，明天的运动会她一定不（　　）来。
（3）大卫那么讨厌吃快餐，他不（　　）来的。
（4）只有他有那么多的书（　　）借给你。
（5）他很喜欢京剧，明天他（　　）来的。

（6）他人很好，（　　）帮你这个忙的。

（7）玛丽对历史不是很感兴趣，明天的讲座她不（　　）来的。

（8）他很喜欢这支笔，你弄丢了，他肯定（　　）生气。

（9）他的车坏了，不（　　）来参加面试了。

（10）今天学校放假，她（　　）来学校吗？

（11）我明天有事，不（　　）和你一起去逛街了。

▶ 学习表示在某方面有特长、善于做某事的"能"和"会"

📖 案例3：图片法

1. 导入和讲解

师：（出示图片）他说了两个小时还在说，大家觉得他说的时间长吗？

生：很长。

师：我们可以说：他真能说，说了两个小时也不觉得累。（板书，齐读）

生：他真能说，说了两个小时也不觉得累。

师：（出示图片）大家看，他们怎么了？

生：他们吵架了，一直不说话。

师：（出示图片）大卫去劝他们了。他们现在怎么样呢？

生：他们和好了。

师：我们可以说：大卫真会说，在他的劝说下，吵架的人终于和好了。（板书，齐读）

生：大卫真会说，在他的劝说下，吵架的人终于和好了。

师：（总结）表示某人在某方面有特长，善于做某事的时候，"能"和"会"都可以，但表达的意思仍有不同：

"能"侧重从量上强调具有的能力。如：他真能说，说了半天也不觉得累。

"会"更强调技巧。如：他真会说，在他的劝说下，矛盾双方终于握手言和了。

2. 操练

操练1：讨论

下面的情况应该派什么样的人去呢？

（1）俩人吵架　（2）劝解别人　（3）跑步比赛　（4）游泳比赛　（5）唱歌比赛

操练 2：夸夸我的同桌

学生依次夸自己的同桌。

如：我的同桌很会唱歌，他唱得比周杰伦都好听。

课堂活动

1 找共同点

学生两人一组，说出自己的爱好、生活技能等，看看两个人有多少共同点。教师可给出提示词。

提示词：

爱好：打篮球、游泳、下棋、唱歌、跳舞……

生活技能：做饭、做中国菜/韩国料理、打扫卫生……

A：你好，你会唱歌吗？

B：我会唱歌，我们可以一起唱歌，你会跳舞吗？

A：我不会跳舞。

B：我也不会。

A：你会做饭吗？

B：我会做饭，我会做很多国家的美食。

2 能录取我吗

学生角色扮演，一名为面试官，一名为面试者，面试者需要说出自己会做什么，自己能做什么，面试官确定是否要录取面试者。如：

A：我能加入你们吗？我会打篮球。

B：我们组是京剧组，您会唱京剧吗？

A：我不会。

B：不好意思，您不符合我们的条件，我们需要会京剧的同学。

3 我来唱反调

学生两人一组，一个学生说一句话，另一个学生马上说出意思相反的话。如：

A：我会说韩语。

B：我不会说韩语。

A：办公室谁都能进去。

B：校长办公室谁都不能进去。

A：每个公园都不能开车进去。

B：马路上都能开车。

A：教室里不能吸烟。

B：吸烟室能吸烟。

4 猜猜他是谁

学生用今天学到的语言点描述某个明星,其他人来猜猜这个人是谁。如:

大卫:他会说汉语和韩语。

安娜:他是中国人吗?

大卫:他是中国人,他会踢足球,他会打篮球。

安娜:他会唱歌吗?

大卫:他很会唱歌。

5 吹牛比赛

学生两人一组,每人分别说出自己具有的某些技能或者在某些情况下会怎么做,可以夸大其词。比如一人说"我会……我每分钟能……",另一人说"我比你厉害,我也会……我每分钟能……"。如:

我会跳绳,我一分钟能跳 300 个。

明天考试,我不会来参加。

我很能说,我能连续说三天三夜。

课后练习

一、听一听,判断对错。🎧

1. 大卫一分钟能跑 200 米。　　　　　　　　　　　　　　　(　　)
2. 山本能参加跑步比赛。　　　　　　　　　　　　　　　　(　　)
3. 山本唱歌不好听。　　　　　　　　　　　　　　　　　　(　　)
4. 全班同学都会打太极拳。　　　　　　　　　　　　　　　(　　)
5. 全班只有玛丽会打太极拳。　　　　　　　　　　　　　　(　　)

二、根据实际情况回答问题。

1. 你平时会视频聊天吗?
2. 你一分钟能跑多少米?
3. 你会做中国菜吗?你会做什么菜?
4. 你会打乒乓球吗?
5. 如果你喝酒了,还能开车吗?
6. 你觉得你们班谁最会唱歌?
7. 你觉得你的朋友中谁最能说?
8. 学校的运动会你会参加吗?

9. 如果你腿受伤了，还能去别人家做客吗？

10. 你会接受什么样的人成为你的另一半？

三、选词填空。

能　　会

1. 他今天喝酒了，不（　　）开车。

2. 除了我妹妹还没学，我们全家都（　　）开车。

3. 大卫腿骨折了，最近不（　　）去打球。

4. 你（　　）下象棋吗？

5. 我们班所有人都（　　）说汉语。

6. 他每分钟（　　）跑500米。

7. 大卫讨厌出门，明天的聚会他不（　　）来的。

8. 他很（　　）唱歌，我觉得我们班唱得最好的就是他了。

9. 他很（　　）说话，他总是（　　）安慰好别人。

10. 他很（　　）说，都说了半个小时了。

词 类

05 动词：动词重叠（二级）

本体知识

当说话人想表达动作持续时间短、反复次数少或尝试做某个动作时，可以使用动词重叠。使用动词重叠时，往往带有一种轻松的语气，一般只用于口语。有时也会表达一种礼貌、委婉的语气。如：

（1）你想去外面走走吗？（动作持续时间短）
（2）你闻闻，这是什么味道？（动作反复次数少）
（3）你尝尝这道菜。（尝试做某个动作）
（4）周末我们去逛逛街吧！（说话人语气轻松）
（5）老师，您能帮我讲讲这道题吗？（说话人表达礼貌、委婉的语气）

动词重叠后语法功能和原动词不同，主要表现在三个方面：

1. 原动词可带补语，但动词重叠之后不能带补语。如：

　　看清楚　　　　　　看一天　　　　　　　看一下
　　*看看清楚　　　　 *看看一天　　　　　　*看看一下

2. 原动词可作定语，但动词重叠之后不能作定语。如：

　　看的同学举手　　　　参观的时候
　　*看看的同学举手　　 *参观参观的时候

3. 原动词可带定指和不定指宾语，但动词重叠之后只能带定指宾语，如：

　　听一首歌　　　　　听这首歌
　　*听听一首歌　　　 听听这首歌

格式：

1 单音节动词：

　　AA：看看、听听
　　A一A：看一看、听一听
　　A了A：看了看、听了听（表示动作已完成或发生）

2 双音节动词：

　　ABAB：休息休息、研究研究

3 离合词：

　　AAB：洗洗澡、帮帮忙

词 类

常见偏误

1 * 小丽最近经常加班，回家回回得很晚。
改为：小丽最近经常加班，回家回得很晚。

* 请你把这个问题说说清楚，好吗？
改为：请你把这个问题说清楚，好吗？

* 考完试，我要好好玩玩几天。
改为：考完试，我要好好玩几天。

* 我想用用一下你的词典。
改为：我想用用你的词典。/ 我想用一下你的词典。
分析：动词重叠后不能再带补语。

2 * 听听几首轻松的流行歌曲，可以让心情好一些。
改为：听听轻松的流行歌曲，可以让心情好一些。
分析：动词重叠后带宾语时，宾语前如有数量词作定语，这个数量词应该是定指的，即不能是不确定的量，否则动词就不能重叠。

3 * 直接毕业的话没有时间想想自己的未来。
改为：直接毕业的话没有时间想自己的未来。
分析：有没有时间做某事说明做某事的时间不短，和动词重叠的语法意义矛盾。

4 * 我试试衣服的时候钱包丢了。
改为：我试衣服的时候钱包丢了。
分析：动词重叠不能作定语。

5 * 我看见她的时候，她正在和朋友聊聊天。
改为：我看见她的时候，她正在和朋友聊天。
分析："正在、一直、总是"等不与动词重叠共现。

6 * 爸爸和妈妈鼓励鼓励我，让我放心。
改为：爸爸和妈妈鼓励我，让我放心。

* 现将本季度的生产销售情况分析分析如下。
改为：现将本季度的生产销售情况分析如下。
分析：这两个例句并无时间短、轻松、尝试之意，不适合用动词重叠。

37

教学提示

1. 注意并非每个动词都可以重叠,有些表示人们无法自己控制的动作的动词就无法重叠,如"死、懂、忘记、病"等。另外,有些表示无法持续进行的动作的动词也不能重叠,如"结婚、成立"等。

2. 讲授动词重叠时,要向学生强调动词重叠的使用环境多为口语,且用在语气较为轻松的时候。

3. 注意离合词的重叠形式是AAB。

教学案例

案例1:文化体验法

▶ **第一步:学习单音节动词重叠**

1. 导入和讲解

师:中国有很多城市,非常美丽。老师请你们<u>看看</u>这些地方。(板书)

师:(出示图片)你们知道这是哪个城市吗?
请你们<u>猜一猜</u>。(板书)

生:北京。

师:你们很棒!猜对了,这是中国的首都——北京。你们<u>看</u>的时间、<u>猜</u>的时间长吗?

生:不长。

师:(根据例句总结格式)表示动作时间短,很轻松的时候,我们可以用:

AA、A一A

动作已经发生,我们可以说:A了A

师:北京有很多好玩的、好吃的,你们想做什么?

听

胡同

逛

长城

爬

京剧

生：听听/听一听京剧；逛逛/逛一逛胡同；爬爬/爬一爬长城。

师：好的，还有其他城市，看看我们能做什么。（出示图片）

成都

哈尔滨

杭州

生1：成都：看看大熊猫，吃吃火锅。

生2：哈尔滨：滑滑雪，看看冰灯。

生3：杭州：喝喝茶，看看西湖。

师：你们还想做什么？

生：……

师：大卫，刚才，我们在北京/成都/哈尔滨/杭州做了什么？

大卫：我们在北京听了听京剧，逛了逛胡同，爬了爬长城……

2. 操练

师生问答

提示词：买、逛、看、试、听……

师：这个周末你打算做什么？上个周末你做什么了？

生1：上个周末我看了看电影，买了买东西……

生2：……

▶ 第二步：学习双音节动词重叠

1. 导入和讲解

师：玩了这么长时间，你们累吗？

生：累。

师：大家都累了。我们要——？

生：休息。

师：对，累了，那我们休息休息吧！（板书，齐读）

生：那我们休息休息吧！

师：（根据例句总结格式）"休息"是两个字，我们要用 ABAB 的形式。

　　　AB——ABAB

2. 操练

师生问答

师：我们现在玩累了，要做什么？

生：我们现在要休息休息。

师：休息的时候，你想做什么？

打扫　　　吃饭的地方

商量　　　房间

复习　　　语法知识

生：打扫打扫房间，商量商量吃饭的地方，复习复习语法知识。

▶第三步：学习离合词重叠

1. 导入和讲解

师：休息结束。我们继续出去玩。除了去城市的景点，我们也能做其他事情。来中国旅游，有很多中国人。我们可以和中国人———？（出示图片）

生：（可能会说错）聊天聊天。

师："聊天"是特殊的词，我们应该说：我们可以和中国人聊聊天。（板书，齐读）

生：我们可以和中国人聊聊天。

师：（出示图片）还可以和朋友做什么？

生：（可能会说）走路。

师：我们可以和朋友散散步。（板书，齐读）

生：我们可以和朋友散散步。

师：（根据例句总结格式）像"聊天、散步、睡觉、帮忙、见面、唱歌、跳舞、游泳、跑步、爬山"是离合词。这种词重叠时我们应该说：聊聊天、散散步……格式是 AB——AAB

2. 操练

看图说话

师：（出示图片）周末他一般做什么？

生：散散步，睡睡觉，跑跑步。

师：我们还可以做什么？

生：参观参观博物馆，听听音乐，爬爬山……

📖 案例 2：情景举例法

▶ 第一步：学习单音节动词重叠

1. 导入和讲解

师：大卫，你周末会做什么？

大卫：我周末会看书，听音乐，看电视。

师：你是一天都在看书吗？一天都在听音乐，看电视吗？

大卫：不是。我看一会儿书，听一会儿音乐，看一会儿电视。

师：我们可以说：<u>大卫周末会看看书，听听音乐，看看电视。</u>（板书，齐读）

生：大卫周末会看看书，听听音乐，看看电视。

师：安娜，你昨天做了什么？

安娜：我昨天看了电影，洗了衣服。

师：我们可以说：<u>安娜昨天看了看电影，洗了洗衣服。</u>（板书，齐读）

生：安娜昨天看了看电影，洗了洗衣服。

师：（根据例句总结格式）表示动作时间短，很轻松的时候，我们可以用：

AA、A一A

动作已经发生，我们可以说：A了A

2. 操练

操练1：你问我答

两人一组，问问你的朋友周末会做什么，他的家人周末会做什么。之后请分享一下。

操练2：我做你猜

两个学生一组，一个学生做动作，另一个学生猜。

▶第二步：学习双音节动词重叠

1. 导入和讲解

师：课间的时候，你们想做什么？

生：（可能会说一些单音节动词的重叠式）

师：老师知道了，你们是想休息。所以可以说：<u>我们想休息休息。</u>（板书，齐读）

生：我们想休息休息。

师：<u>你们还可以运动运动。</u>（板书，齐读）

生：我们还可以运动运动。

师：（根据例句总结格式）两个字的动词重叠，我们要用 ABAB 的形式。

　　AB——ABAB

2. 操练

选词填空

> 准备　　收拾　　复习　　介绍　　整理

（1）A：听说这个考试很难。

　　　B：那我们得好好_____。

（2）A：这是哪里？

　　　B：这是我的家乡，我来给你_____。

（3）A：我现在可以出去玩吗？

　　　B：等等，你的房间太乱了。先去_____房间吧！

（4）A：你可以帮我_____文件吗？

　　　B：好的，没问题。

（5）A：今天的作业很难，我不会做。

　　　B：没关系，你可以先_____上课的内容，然后做作业。

▶第三步：学习离合词重叠

1. 导入和讲解

师：周末你们想和朋友见面吗？

生：想。

师：我们可以说：<u>周末我们想和朋友见见面。</u>（板书，齐读）

生：周末我们想和朋友见见面。

师：两个人见面可以做什么？（引导学生说出"聊天"）

生：聊天。

师：我们可以说：我们可以聊聊天。（板书，齐读）

生：我们可以聊聊天。

师：（根据例句总结格式）汉语里有一种特殊的词，比如"聊天、散步、睡觉、帮忙、见面、唱歌、跳舞、游泳、跑步、爬山"，它们重叠时要用AAB的格式。我们一起变一下：

AB——AAB

2. 操练

操练1：接龙问答

师：这周末天气很好。大卫，这个周末你打算做什么？

大卫：我打算……安娜，这个周末你打算做什么？

安娜：……

操练2：抽卡片，找朋友

教师准备一些卡片，上面是周末打算做的事情。学生相互问一问，找一找谁和自己打算做的事情一样。

课堂活动

1 制订旅游计划

教师准备中国的几个城市及城市的特色游玩项目，如北京：逛胡同、听京剧；成都：看大熊猫、吃火锅等。还可以给出旅游时间、交通工具等信息。学生四人一组，一起规划旅游路线及每天的行程。

2 猜一猜（适合低龄学习者）

教师准备一些生活中常见的东西，比如笔、牙刷等，放在箱子或者包里面（东西的数量等于学生的组数）。学生两人一组，一人指示同伴做什么，比如闻闻是什么气味，摸摸是圆的还是方的，是软的还是硬的等，另一人按照指示操作，最后看哪一组先猜出来是什么东西。

课后练习

一、听一听，选择正确答案。🎧

1. A. 玛丽借我用了用她的笔。　　　B. 我想用用玛丽的笔。
   C. 玛丽想用用我的笔。　　　　　D. 我用了用玛丽的笔。

2. A. 我周末会听一听音乐。　　　　B. 我昨天听了听音乐，洗了洗衣服。
   C. 我周末会洗洗衣服。　　　　　D. 我周末会听听音乐，洗洗衣服。

3. A. 儿子想打打篮球。　　　　　　B. 儿子想打打游戏。
   C. 儿子想跑跑步。　　　　　　　D. 儿子想出去看看。

4. A. 他们先商量商量。　　　　　　B. 他们想问问老师。
   C. 他们先商商量量。　　　　　　D. 他们要商量一商量。

二、看图回答问题。

1. 他们想怎么解决问题？

（1）

（2）

2. 中国人过年会做什么？

（1）

（2）

（3）

3. 明天他们打算做什么？

（1） 　　　　　　　　（2）

_____　　　　_____

三、选择正确的答案。

1. A：晚上一起看电影吗？
   B：我_____告诉你。
   A. 想　　　　　　B. 想了想　　　　　　C. 想一想　　　　　　D. 想了

2. 工作六小时了，我想_____。
   A. 休息一休息　　B. 休息休息　　　　　C. 休休息息　　　　　D. 休息了休息

3. 这个包子很好吃！你_____一口！
   A. 尝尝　　　　　B. 尝了尝　　　　　　C. 尝一尝　　　　　　D. 尝

4. 你最好帮妈妈_____房间。
   A. 打扫打扫　　　B. 打扫一打扫　　　　C. 打打扫扫　　　　　D. 打扫了打扫

5. 这次考试好像很难。你要好好_____。
   A. 准备一准备　　B. 准备准备　　　　　C. 准备了准备　　　　D. 准准备备

词 类

06 动词：离合词（三级）

本体知识

一、定义和分类

离合词是一类特殊的词，一般由一个动词性成分和一个名词性成分、动词性成分或形容词性成分构成，从词汇意义的角度看，它们很像一个词，但从语法的角度看，中间可以插入其他成分。

离合词可以分两类：

1. 动宾式离合词：由一个动词性成分和其所支配的名词性成分组成的离合词。常见动宾式离合词如：

散步、睡觉、游泳、起床、鼓掌、唱歌、跳舞、见面、洗澡、帮忙、结婚、订婚、离婚、握手、请客、请假、操心、听话、道歉、告状、吵架、打架、发火、生气、报仇、上当、吃亏、沾光、毕业、鞠躬、发愁、打赌、聊天、保密、拜年、接吻、建交

2. 动补式离合词：由一个动词性成分和一个补充性成分组成的离合词。如：

打开、看见、提高、离开、完成

本教学设计仅涉及动宾式离合词。

二、动宾式离合词的语法特点

1. 动宾式离合词一般不带宾语，其涉及的另一对象通常需要通过介词引入。如：

（1）我下午要和她见面。　　（2）我们都为他鼓掌。

（3）你应该跟她道歉。

2. 离合词中间可插入其他成分，比如动态助词（着、了、过）、动量补语和时量补语等。如：

（1）他睡着觉呢。　　（2）我们昨天见过面。

（3）这周我游过两次泳。　　（4）睡了一会儿觉。

3. 离合词的重叠形式和一般动词不同。一般动词的重叠形式是ABAB，如：

（1）你快休息休息吧！　　（2）这个问题我们应该好好研究研究。

而离合词的重叠形式是AAB，如：

（1）我们明天见见面再说吧！　　（2）周末我喜欢散散步、聊聊天。

4. 离合词带时量补语、动量补语时，要么重复其前面的动词性成分，要么把时量补语、动量补语放在中间。如：

（1）他跑步跑了半个小时。　　　（2）我们散了半个小时步。
（3）她结了三次婚，但都不幸福。

5. 离合词带状态补语时，要重复其前面的动词性成分。如：
（1）我聊天聊得忘了吃饭。　　　（2）他跑步跑得满身是汗。

格式：

1 V + 着 / 了 / 过 / T$_{段}$ / ……次 / Sb 的 + O
（1）聊着天　　　　　　　　　（2）散了一会儿步
（3）见过两次面　　　　　　　（4）帮你的忙

2 VV + O
（1）散散步　　　　　　　　　（2）聊聊天
（3）帮帮忙

3 A + 向 / 和 / 跟 + B + VO
（1）我向你道歉。　　　　　　（2）她和小张结婚了。
（3）他想跟老师见面。

常见偏误

1 * 我见面朋友的时候很高兴。
　　改为：我和朋友见面的时候很高兴。

* 我帮忙你，别担心。
　　改为：我给你帮忙，别担心。

* 小王和他的朋友道歉她。
　　改为：小王和他的朋友给她道歉。
　　分析：离合词通常不能带宾语，涉及的另一对象要通过介词引入。介词和引入对象要放在动词前面。

2 * 我跟他一起去北京，跟我们以前的一个老朋友见面了。
　　改为：我跟他一起去北京，跟我们以前的一个老朋友见了面。

* 我们拍照了很多。
　　改为：我们拍了很多照。
　　分析：动态助词"着、了、过"位置放错，应放在离合词中间。

3 * 我们出去散步散步吧。
　　改为：我们出去散散步吧。
　　分析：重叠形式有误，离合词重叠形式应为 AAB。

4 * 考试完以后我给你们打电话。
　　改为：考完试以后我给你们打电话。
　　分析：结果补语位置有误，应放在离合词中间。

5 * 我想减肥一下。

改为：我想减一下肥。

* 他们一天一次洗澡，我们一天两次洗澡。

改为：他们一天洗一次澡，我们一天洗两次澡。

分析：动量补语位置有误，应放在离合词中间或者重复动词性成分。

6 * 我跟妈妈吵架得很厉害。

改为：我跟妈妈吵架吵得很厉害。

分析：离合词带状态补语时应重复动词性成分，确保补语紧跟动词。

7 * 这两只羊在桥中间打架起来了，最后掉到河里淹死了。

改为：这两只羊在桥中间打起架来了，最后掉到河里淹死了。

分析：离合词和趋向补语"起来"共现时，离合词和"起来"都要分开使用。如"生起气来、鼓起掌来、发起火来、发起烧来、聊起天来"等。

教学提示

1 离合词宜采取语法词汇化的方法进行教学，即把离合词的相关语法知识分散到一个个离合词教学中去。当学生接触到若干离合词（如"见面、睡觉、帮忙、散步、游泳、聊天"等）以后，教师再做总结。

2 用格式化的办法强化离合词可以分开使用的特点，如：

见面：A＋和/跟＋B＋见面　　　　帮忙：A＋给＋B＋帮忙

见＋了/过＋面　　　　　　　　　帮＋了/过＋忙

见＋了/过＋……次＋面　　　　　帮＋了/过＋……次＋忙

见＋Sb的＋面　　　　　　　　　帮＋Sb的＋忙

见见面　　　　　　　　　　　　帮帮忙

教学案例

📖 **案例 1：图片法**

学习离合词：见面

1. 导入和讲解

师：（出示图片）玛丽很高兴，因为她要和朋友见面。（板书，齐读）

生：玛丽很高兴，因为她要和朋友见面。

师：你现在最想和谁见面？

安娜：我最想和一个中国朋友见面。

大卫：我最想和……见面。

师：安娜，今年你们见过面吗？（板书）

安娜：（可能会说）今年我们见面过。

师：（引导正确表达）今年我们见过面。（板书）

师：安娜，今年你们见过几次面？（板书）

安娜：今年我们见过两次面。（板书）

师：安娜和这个中国朋友见过几次面？

生：他们见过两次面。

师：安娜，见了面你们一起做什么？（板书）

安娜：见了面我们一起逛街，一起打游戏。

师：现在天气很好，也不太忙，所以我们要和朋友多见见面。（板书，齐读）

生：我们要和朋友多见见面。

师：（根据例句总结格式）

    A＋和/跟＋B＋见面

    见＋过/了＋……次＋面

    见＋过/了＋面

    见见面

2. 操练

操练1：看图说话，说一说和朋友见面会一起做什么

操练2：顶真问

生1：你和朋友一年见几次面？见了面一起做什么？

生2：我和朋友……你和朋友一年见几次面？见了面一起做什么？

生3：……

案例 2：图片法

学习离合词：睡觉

1. 导入和讲解

师：（出示图片）他在做什么？

生：他在睡觉。

师：对，他在睡觉。用我们以前学的"着"怎么说？

生：（可能会说）他睡觉着呢。

师：（引导正确表达）我们应该说：他睡着觉呢，大家别打扰他。（板书，齐读）

生：他睡着觉呢，大家别打扰他。

师：他晚上 12 点睡觉，早上 7 点起床，他睡觉睡了多长时间？（板书）

生：（可能会说错）他睡觉了 7 个小时。

师：（引导正确表达）应该说：他睡了 7 个小时觉。/ 他睡觉睡了 7 个小时。（板书，齐读）

生：他睡了 7 个小时觉。/ 他睡觉睡了 7 个小时。

师：（出示图片）他昨天没睡觉，现在很累，他应该做什么？
（做睡觉的动作）

生：他应该睡觉。

师：对，我们也可以说：他应该睡一觉，睡一觉就好了。（板书，齐读）

生：他应该睡一觉，睡一觉就好了。

师：老师平时特别累，周末就想睡睡觉、唱唱歌、休息休息。（板书）老师周末喜欢做什么？
你们呢？

生：老师周末喜欢睡睡觉、唱唱歌、休息休息。我周末……

师：（根据例句总结格式）

睡 + T段 + 觉

睡觉 + 睡了 + T段

睡着觉

睡一觉

睡睡觉

2. 操练

看图说话

①

②

③

案例 3：图片法

学习离合词：毕业

1. 导入和讲解

师：（出示图片）他们今天很高兴，为什么？

生：（可能有人说错）因为他们毕业大学了。

师：我们应该说：<u>他们大学毕业了，所以他们很高兴。</u>
（板书，齐读）

生：他们大学毕业了，所以他们很高兴。

师：你们大学毕业了吗？

生：我大学毕业了。/ 我还没大学毕业。……

师：（找毕业的同学）<u>你是（从）哪所大学毕业的？</u>（板书）

生：（可能会说错）我是毕业从剑桥大学。

师：噢，你是（从）剑桥大学毕业的。

师：<u>毕了业你还跟同学们见面吗？</u>（板书）

生：毕了业我还跟同学们见面。

师：（找没毕业的同学）<u>毕了业，你想做什么？</u>（板书）

生：毕了业，我想当老师。

师：（根据例句总结格式）

  Sb + 小学 / 中学 / 大学 + 毕业

  （从 +）XX 学校 + 毕业

  毕了业

2. 操练

两两对话或者接龙练习

师：你们什么时候小学毕业的？什么时候中学毕业的？什么时候大学毕业？

生：……

师：你毕了业想做什么？

生：我毕了业想……

案例 4：情景举例法

> 学习离合词：请假

1. 导入和讲解

师：（根据实际情况）安妮请假了，你们知道吗？

生：知道。

师：她请了多长时间？

生：（可能会说错）她请假了一个星期。

师：应该说：<u>她请了一个星期假。/ 她请假请了一个星期。</u>（板书，齐读）

生：她请了一个星期假。/ 她请假请了一个星期。

师：她去干什么？

生：她回国看家人。

师：<u>她请了假回国看家人。</u>（板书，齐读）

生：她请了假回国看家人。

师：（根据例句总结格式）

请 + T$_{段}$ + 假

请假 + 请了 + T$_{段}$

请了假

2. 操练

小组问答

生1：你请过假吗？请了多长时间？请了假去做什么？

生2：我请过假……你请过假吗？请了多长时间？请了假去做什么？

生1：……

课堂活动

1 我的昨天和明天

教师提前准备一些词卡，正面是学生学习过的常用的离合词，如：

见面　帮忙　散步　洗澡　游泳　唱歌　跳舞……

反面是数字，如：

1　2　3　4　5　6　7　8　9

让学生选择几个自己喜欢的数字，然后用选到的词语来说明自己做没做过，做过几次，昨天做了什么，明天打算做什么，周末打算做什么，放假喜欢做什么……

2 砸金蛋（适合低龄学习者）

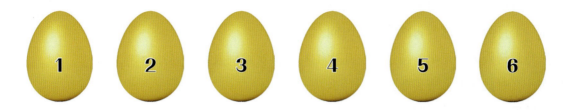

金蛋里是今天学习的词语，砸开金蛋后用里面的词语造句。有一个金蛋里是炸弹，抽到炸弹的人给大家唱首中文歌。

3 小调查

游泳	唱歌	跳舞	上网	洗澡

问一问自己的熟人，有没有做过表格中这些事，做过几次（每天的次数/每月的次数），每次多长时间……并用今天学的句子写出来。

课后练习

一、请从下列词语中选出离合词。

帮助　　请假　　游泳　　热闹　　喜欢
聊天　　准备　　道歉　　回答　　见面

二、看图说话。

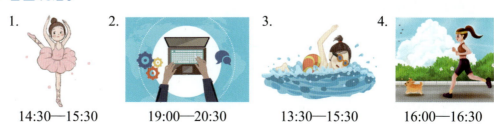

1. 14:30—15:30
2. 19:00—20:30
3. 13:30—15:30
4. 16:00—16:30

三、根据实际情况回答问题。

1. 你道过歉吗？向谁道歉？为什么道歉？

2. 你一个月游几次泳？每次游多长时间？

3. 你经常帮别人的忙吗？帮过朋友几次忙？你喜欢给别人帮忙吗？

4. 你什么时候毕业？毕了业打算干什么？

5. 你最近和家人聊天了吗？聊了多长时间？

四、把所给词语放在合适的位置。

1. 打电话的 A 时候，她正 B 睡 C 觉 D 呢。　　（着）

2. 她吃 A 饭就去 B 逛 C 街 D。　　（完）

3. A 我和她聊 B 过 C 天 D。　　（两次）

4. 我 A 给 B 她 C 帮 D 忙。　　（过）

五、判断下面的句子对不对，如果不对，请改正。

1. 我们吃完晚饭会去散步散步。

2. 我想见面一个朋友。

3. 我们毕业北京大学了。

4. 她没有帮忙我们。

5. 她游泳过两次。

6. 我昨天睡觉了 6 个小时。

词 类

07 形容词：形容词重叠（二级）

汉语中有一些形容词可以重叠，重叠后可以表示程度加深、加强描写，或者带有喜爱、亲切的感情色彩。

单音节形容词的重叠形式是"AA 的"。不管第一个 A 是什么声调，第二个 A 一律读原调。口语中有些单音节形容词重叠后第二个音节可以儿化。如：

好好儿（hǎohāor）、慢慢儿（mànmānr）、早早儿（zǎozāor）

双音节形容词的重叠形式为 AABB，重叠后第二个音节可以读轻声。如：

干干净净（gāngan jìngjìng）、大大方方（dàda fāngfāng）、
整整齐齐（zhěngzheng qíqí）、漂漂亮亮（piàopiao liàngliàng）

形容词重叠通常可以充当谓语、定语、状语、补语。

格式：

1 S + AA/AABB + 的

她的眼睛大大的。
她的房间永远干干净净的。

2 AA/AABB + 的 + N

她长着一张圆圆的脸，有一双大大的眼睛。
这是一个干干净净的房间。

3 AA/AABB + 地 + V

他们早早地来到了教室。
他这次顺顺利利地通过了考试。
我们痛痛快快地玩了一晚上。

4 V + 得 + AA/AABB 的

她写得大大的。
她打扫得干干净净的。

常见偏误

1. *长达一个月的实习结束了,虽然没拿到多少钱,但我心里暖!

   改为:长达一个月的实习结束了,虽然没拿到多少钱,但我心里暖暖的!

   分析:单音节形容词作谓语通常有对比的意味,否则就应该加"很",如果表示程度加深,应该用重叠形式。

2. *她打扫得很干干净净。

   改为:她打扫得干干净净。

   *他跟同学们一起玩得那么痛痛快快。

   改为:他跟同学们一起玩得痛痛快快。

   *她洗得干干净净极了。

   改为:她洗得干干净净。

   分析:形容词的重叠形式不能跟表示程度的"很、非常、有点儿、那么、极了"等共现。

3. *时代自自然然改变,而且新观念的主人就是年轻一代,……

   改为:时代自然改变,而且新观念的主人就是年轻一代,……

   分析:并不是每个形容词都能重叠,带有明显书面语色彩的形容词一般不能重叠。

4. *她个子高高,头发长长。

   改为:她个子高高的,头发长长的。

   分析:形容词重叠式作谓语时后面一般要有"的"。

5. *他们痛痛快快吃了一顿。

   改为:他们痛痛快快地吃了一顿。

   分析:形容词重叠式作状语时后面一般要有"地"。

6. *这个房间比我们宿舍干干净净。

   改为:这个房间比我们宿舍干净多了。

   分析:形容词重叠表示程度加深,不能用于"比"字句。

教学提示

1. 并不是每个形容词都可以重叠,一般带有口语色彩、褒义色彩的形容词可以重叠,大多书面色彩比较浓的形容词都不可以重叠,如:伟大、崇高、美丽等。

2. 并不是每个双音节形容词的重叠形式都是AABB,状态形容词的重叠形式是ABAB,如:通红通红、笔直笔直、冰凉冰凉、金黄金黄等。

3. 形容词重叠式作谓语和定语时,后面一般要加"的";形容词重叠式作状语时,后面一般要加"地"。

4. 形容词重叠后本身就表示程度加深,不能受程度副词修饰,不能带程度补语,也不能用于"比"字句中。

词 类

教学案例

📖 案例 1：图片法

▶ **第一步：学习形容词重叠作谓语**

1. 导入和讲解

师：（出示图片）同学们，你们认识它吗？它是什么？

生：大熊猫。

师：对啦，这是大熊猫。你们喜欢大熊猫吗？

生：我们喜欢大熊猫。

师：老师也喜欢大熊猫。大熊猫很胖，很可爱，我们可以说：<u>大熊猫胖胖的</u>。（板书，齐读）

生：大熊猫胖胖的。

师：它的头很圆，肚子很大，我们可以说：<u>它的头圆圆的，肚子大大的</u>。（板书，齐读）

生：它的头圆圆的，肚子大大的。

师：大熊猫很可爱，它的耳朵和眼睛很黑，头和肚子很白。可以怎么说呢？

生：<u>它的耳朵黑黑的，眼睛黑黑的，头和肚子白白的</u>。（板书）

师：（出示图片）大家看这个房间怎么样？

生：很干净，很漂亮。

师：那我们可以说：<u>这个房间干干净净的，漂漂亮亮的</u>。（板书，齐读）

生：这个房间干干净净的，漂漂亮亮的。

师：（根据例句总结格式）如果一个人或者一个东西很可爱，你很喜欢，我们可以说：

S + AA / AABB + 的

2. 操练

看图说话

每张图用"S + AA / AABB + 的"说三个句子。

▶第二步：学习形容词重叠作定语

1. 导入和讲解

师：（出示图片）我们刚才说大熊猫的头怎么样？

生：它的头圆圆的。

师：我们还可以说：它有一个圆圆的头。（板书，齐读）

生：它有一个圆圆的头。

师：那肚子呢？

生：它有一个大大的肚子。（板书，齐读）

师：那它有什么颜色的耳朵？什么颜色的肚子？

生：它有一双黑黑的耳朵，一个白白的肚子。

师：（出示图片）这个房间怎么样？

生：这个房间干干净净的。

师：这个房间干干净净的，还可以说：这是一个干干净净的房间。（板书，齐读）

生：这是一个干干净净的房间。

师：（根据例句总结格式）如果一个人或者一个东西很可爱，你很喜欢，我们可以说：

AA/AABB + 的 + N

2. 操练

看图说话

每张图用"AA/AABB + 的 +N"说三个句子。

▶第三步：学习形容词重叠作状语

1. 导入和讲解

师：（出示图片）图书馆里面非常安静，我们可以怎么说？

生：图书馆里面安安静静的。

师：大家都在很安静地看书、学习，我们可以说：大家都在静静地看书。/大家都在安安静静地学习。（板书，齐读）

生：大家都在静静地看书。/ 大家都在安安静静地学习。

师：（出示图片）老人在非常高兴地看电视，我们可以说：他们在高高兴兴地看电视。（板书，齐读）

生：他们在高高兴兴地看电视。

师：（根据例句总结格式）AA/AABB＋地＋V

2. 操练

句型转换

用"AA/AABB＋地＋V"来表达相同的意思。

（1）孩子们非常开心地玩游戏。

（2）他非常安静地躺在床上。

（3）弟弟很高兴地回来了。

（4）他很重地摔在地上。

▶ 第四步：学习形容词重叠作补语

1. 导入和讲解

师：（出示图片）这个桌子乱吗？

生：很乱。

师：（出示图片）老师打扫了一下，现在呢？

生：现在很干净。

师：那我们可以说：老师打扫得干干净净的。（板书，齐读）

生：老师打扫得干干净净的。

师：（出示图片）她在叠衣服，叠得怎么样？

生：她叠得整整齐齐的。（板书，齐读）

师：这些衣服洗得很软，很舒服，我们可以说：这些衣服洗得软软的。（板书，齐读）

生：这些衣服洗得软软的。

师：（根据例句总结格式）

做一件事，想说做得怎么样或想表示程度很高的时候，我们可以说：

V＋得＋AA/AABB＋的

2. 操练

看图说话

用"V + 得 + AA/AABB + 的"说句子。

案例 2：情景举例法

▶第一步：学习形容词重叠作谓语

1. 导入和讲解

师：（用班里学生喜欢吃的东西，比如酸辣汤、苹果汁、糖醋里脊等导入）大卫，上周我们一起出去吃饭，有一个菜你特别喜欢，那个菜叫什么？

大卫：我最喜欢糖醋里脊。

师：为什么你喜欢吃糖醋里脊？什么味道？

大卫：糖醋里脊有点儿甜，有点儿酸，很好吃。

师：<u>大卫觉得糖醋里脊很好吃，酸酸的，甜甜的。</u>（板书，齐读）

生：大卫觉得糖醋里脊很好吃，酸酸的，甜甜的。

师：我们的教室干净吗？

生：干净。

师：我们可以怎么说？

生：<u>我们的教室干干净净的。</u>（板书）

师：（根据例句总结格式）如果一个人或者一个东西很可爱，你很喜欢，我们可以说：

S + AA/AABB + 的

2. 操练

快速回答问题

用"S + AA/AABB + 的"来回答问题。

（1）你喜欢吃什么水果？这种水果什么味道？

（2）你有宠物吗？你最喜欢什么动物，它长得怎么样？

（3）你的男朋友、女朋友、同屋、好朋友长得怎么样？

▶ 第二步：学习形容词重叠作定语

1. 导入和讲解

师：大卫喜欢吃糖醋里脊，糖醋里脊的味道怎么样？

生：酸酸的，甜甜的。

师：我们可以说：<u>上周我们吃了一道酸酸的甜甜的菜。</u>（板书，齐读）

生：上周我们吃了一道酸酸的甜甜的菜。

师：安娜昨天买了一件非常漂亮的衣服，我们可以说：

<u>安娜买了一件漂漂亮亮的衣服。</u>（板书，齐读）

生：安娜买了一件漂漂亮亮的衣服。

师：（根据例句总结格式）如果一个人或者一个东西很可爱，你很喜欢，我们可以说：

AA/AABB ＋ 的 ＋ N

2. 操练

说一说

用"AA/AABB ＋ 的 ＋ N"来描写一位同学。

如：他长着一双大大的眼睛。

他长着高高的鼻子。

▶ 第三步：学习形容词重叠作状语

1. 导入和讲解

师：你们看，安娜在做什么？

生：安娜在看书。

师：安娜看书很安静。我们可以说：<u>安娜在静静地看书。</u>（板书，齐读）

生：安娜在静静地看书。

师：安娜在很认真地看书。我们可以说：<u>安娜在认认真真地看书。</u>（板书，齐读）

生：安娜在认认真真地看书。

师：（根据例句总结格式）AA/AABB ＋ 地 ＋ V

2. 操练

我做你说

一个学生做动作，另一个学生用"AA/AABB ＋ 地 ＋ V"来说明他在做什么。

动作示例：在黑板上匆匆忙忙地写字，在黑板上慢慢地写字，认真地看书，开心地听音乐，高兴地说再见……

▶第四步:学习形容词重叠作补语

1. 导入和讲解

师:(手举起来)老师做什么了?

生:老师把手举起来了。

师:我们可以说:<u>老师把手举得高高的。</u>(板书,齐读)

生:老师把手举得高高的。

师:(喝杯子里的水,喝完)老师做什么了?

生:老师喝水了。

师:老师喝完了,一点儿都没有了,我们可以说:<u>老师喝得干干净净的。</u>(板书,齐读)

生:老师喝得干干净净的。

师:老师刚才擦黑板,黑板现在非常干净。我们可以说:<u>老师擦得干干净净的。</u>(板书,齐读)

生:老师擦得干干净净的。

师:(根据例句总结格式)

做一件事,想说做得怎么样或程度很高的时候,我们可以说:

V + 得 + AA/AABB + 的

2. 操练

我做你说

教师做动作,学生用"V + 得 + AA/AABB + 的"说明老师做了什么。

动作示例:把粉笔盒摆放整齐,把杯子里的水喝干净,把黑板擦干净,把桌子收拾干净,说话很慢……

如:老师把粉笔盒摆放得整整齐齐的。

课堂活动

1 猜一猜

请学生用"S + AA + 的"以及"AA + 的 + N"来形容自己喜欢的动物、水果、蔬菜或者班里的同学。然后请大家猜一猜他形容的是什么或者是谁。如:

生1:它的脖子长长的,它的个子高高的,它的眼睛大大的,它的嘴巴尖尖的。(长颈鹿)

生2:它的眼睛红红的,它的耳朵大大的,它的头小小的。(兔子)

2 用AABB改写下列句子

(1)他的衣服很干净。 (2)他的书架很整齐。

(3)他的房间很简单。 (4)他十分认真地学习。

(5)他们非常快乐地生活。

3 我做大家说

教师提前准备一些纸条，请抽到纸条的学生按照纸条上的要求做动作，其他学生说出他做了什么。要求用上形容词重叠。

纸条内容如：

把书摆放整齐　　　　把地扫干净　　　　把黑板擦干净

高兴地离开教室　　　开心地唱歌……

示例：他把书摆放得整整齐齐。
　　　他把地扫得干干净净。
　　　他把黑板擦得干干净净。
　　　他高高兴兴地离开了教室。
　　　他开开心心地唱了一首歌。

课后练习

一、看图说话。

1. 这儿的天空、水、树怎么样？

2. 他们在做什么？

（1）　　　　（2）

（3）　　　　（4）

3. 他们做得怎么样？

（1）  （2）  （3）

二、用形容词重叠式完成下面的句子。

1. 太阳出来了，天 _____ 亮了。（慢）

2. _____ 的天空中飘着几朵白云。（蓝）

3. 她的男朋友个子 _____。（高）

4. 他们 _____ 玩了一整天。（痛快）

三、选词填空。（注意"的"和"地"的使用）

> 认认真真　急急忙忙　舒舒服服　安安静静　好好　干干净净　漂漂亮亮

1. 上山时天气还是 _____。

2. 他在 _____ 读书。

3. 他把房间打扫得 _____。

4. 节日里，孩子们打扮得 _____。

5. 他 _____ 赶回家。

6. 我想 _____ 睡一觉。

7. 学生们 _____ 坐在教室里。

四、写一份寻人启事，第二天上课时在班里汇报。

你们班昨天出去玩，走丢了一个同学。请写一份寻人启事，不要说出走丢的同学的姓名，在班里汇报时，让大家猜。要求用形容词重叠式写出这个同学的特点，如果汇报时别人猜不出来，说明你写得不准确，就要补充说明。看谁写的寻人启事能让别人很快猜出来。

词 类

08 数词：半（一级）

本体知识

数词"半"表示"二分之一"（1/2）。"半"一般和量词或带量词性的名词连用。

格式：

1 半 + M（+ N）

半	个	西瓜
半	块	蛋糕
半	个	月
半	天	
半	年	
半	岁	

2 Num + M + 半（+ N）

一	个	半	西瓜
三	块	半	蛋糕
一	个	半	月
五	天	半	
四	年	半	
两	岁	半	
三	点	半	

常见偏误

1 * **我渴死了，吃了半西瓜。**

改为：我渴死了，吃了半个西瓜。

分析："半"是数词，和名词搭配时中间应加上量词。

2 * **我们在长城上玩了一半个小时。**

改为：我们在长城上玩了一个半小时。/ 我们在长城上玩了半（个）小时。

分析：如何改正取决于说话人真正要表达的是 90 分钟还是 30 分钟。母语为英语者容易受母语的影响，直接说成"一半个"（one and a half）。

3 * **我等了她半个天，她最后也没来。**

改为：我等了她半天，她最后也没来。

分析："天"是时量词，前面不需要再用其他量词，直接说"半天"。

4 * **西瓜太大了，我们吃不完，最后我们买了一半个西瓜。**

改为：西瓜太大了，我们吃不完，最后我们买了半个西瓜。

分析："半"是数词，表达 1/2 时只需要用"半个N"，前面不需要再用其他数词。

教学提示

1. 引导学生注意"半"在表达不同意思时位置不同。

2. 可用 1/2（0.5）或者 1½（1.5）等进行讲解，如：
   1/2（0.5）：半个
   1½（1.5）：一个半
   2½（2.5）：两个半
   5½（5.5）：五个半

3. "半天"可以指白天的一半，一般指一个上午或者一个下午，如：用半天时间就可以把活儿干完。也可以指很长一段时间，如：我等了半天了，她还没出现。

教学案例

▶ 第一步：学习"半 + M（+ N）"

📖 案例 1：图片法

1. 导入和讲解

师：（出示图片）同学们，这是什么？

生：西瓜。

师：几个西瓜？

生：一个西瓜。

师：一个西瓜太大了，我们吃不完，这是——？

生：（可能会说错）一半个西瓜。/ 半西瓜。

师：这是半个西瓜。（板书，齐读）

生：这是半个西瓜。

师：（出示图片）很好，现在是 3 月 16 号，到 4 月还有多长时间？

生：15 天。

师：对，还有 15 天就要到 4 月了，15 天也可以说：半个月。（板书，齐读）

生：半个月。

师：那 30 分钟用"半"怎么说呢？

生：半个小时。

师：很好。30 分钟我们可以说：<u>半个小时</u>，也可以说：<u>半小时</u>。（板书，齐读）

生：半个小时 / 半小时。

师：那 6 个月用"半"怎么说呢？

生：（可能会说错）半个年。

师：6 个月我们只能说：<u>半年</u>。（板书，齐读）

生：半年。

师：（根据例句总结格式）当我们要表达 1/2（0.5）的时候，我们可以说：

半 + M（+N）

半个西瓜　　　　半根香蕉　　　　半杯水

2. 操练

操练 1：看图说话

❶ 　❷ 　❸ 　❹ 　❺ 　❻

操练 2：用"半"说一说

6 个月　　30 分钟　　15 天　　12 个小时　　30 秒

▶ **第二步：学习"Num + M + 半（+N）"**

📖 案例 2：图片法

1. 导入和讲解

师：（出示图片）大家看，这是几个苹果？

生：（可能会说）一个苹果半。（也可能会说）一半个苹果。

师：都不对，这时候我们应该说：<u>一个半苹果</u>。（板书，齐读）

生：一个半苹果。

师：（出示图片）这个怎么说？

生：两个半苹果。

师：很好！这是两个半苹果。那45天用"半"怎么说？

生：（可能会说错）一半个月。

师：45天我们可以说：<u>一个半月</u>。（板书，齐读）

生：一个半月。

师：75天呢？

生：两个半月。

师：很好！75天是两个半月。那90分钟用"半"怎么说？

生：一个半小时。

师：很棒！90分钟可以说<u>一个半小时</u>。（板书）那18个月用"半"怎么说？

生：（可能会说错）一个半年。

师：18个月我们应该说：<u>一年半</u>。（板书，齐读）

生：一年半。

师：（根据例句总结格式）

　　　Num + M + 半（+ N）

两个半桃子　　　　一个半西瓜　　　　两斤半草莓

2. 操练

操练1：看图说话

❶

❷

❸

2017年1月—2020年6月

他教了多长时间的汉语？

❹

2022年7月—2022年12月

她来中国多长时间了？

5
2.5 天
她去越南玩了几天？

6 (婴儿睡觉图)
13:00—15:30
他睡了多长时间？

操练2：用"半"说一说

18 个月　　　90 分钟　　　45 天　　　36 个小时

课堂活动

1 看图问答：一问一答

 1.5 斤

 6 个月

3.5 岁
 读了 45 天
22:00—6:30

2 还剩多少

教师提前准备一些表示数量的图片，如：

一个学生用"半"说出："我有_____，我吃了/喝了_____，还剩下多少？"另一学生回答。

课后练习

一、听一听，选择正确答案。

1. 他吃了多少苹果？

   A. 　　B. 　　C. 　　D.

2. 说话人来北京多长时间了？

   A. 10 天　　B. 15 天　　C. 30 天　　D. 45 天

3. 说话人还有多长时间就毕业了？

   A. 15 天　　B. 6 个月　　C. 12 个月　　D. 16 个月

4. 她女儿多大了？

   A. 2 岁　　B. 1 岁半　　C. 2 岁半　　D. 2 岁

二、把"半"放在合适的位置。

1. 今天我买了 A 一 B 个 C 瓜 D，五个人吃不完。

2. 还有两 A 年 B 姐姐 C 就要回 D 国了。

3. 小孩已经 A 三 B 岁 C 了还不会说 D 话。

4. 我到中国 A 两 B 年 C 了，已经 D 习惯了这里的生活。

三、看图回答问题。

1. 这串葡萄多重？

2. 她学了多长时间的钢琴了？

3. 冰箱里有多少个苹果？

4. 飞韩国的航班要花多长时间？

词 类

量词：个、本、杯（一级）

本体知识

汉语中量词丰富，这是汉语的一大特色。量词常与数词组合为数量短语修饰名词，有表示人和事物的计算单位的名量词，如：个；有表示动作次数的动量词，如：次、遍、回；也有表示动作发生的时间总量的时量词，如：年、天。

其中名量词可以分为：

个体量词：个、册、把、张、层、封、件、条、位等。

集体量词：双、对、批、伙等。

本教学设计仅涉及三个名量词：个、本、杯。

"个"一般用在没有专用量词的名词前面。如：三个人。

"本"主要用于成册的书。如：四本书、两本词典。

"杯"用于表示一个杯子能装下的量，常用于液体。如：一杯水。

格式：

1 Num / 这 / 那 + 个 + N

一 / 这　　个　人
两 / 那　个　苹果

2 Num / 这 / 那 + 本 + N

一 / 这　　本　书
一 /　　那　本　词典

3 Num / 这 / 那 + 杯 + N

五 / 这　　杯　水
九 /　　那　杯　可乐

常见偏误

1 * 可是我有一个最喜欢的，是一个法国的书。

改为：可是我有一个最喜欢的，是一本法国的书。

分析：量词"个"的泛化误用。在表示书类的名词前有专用的量词"本"，不能用"个"。

2 * 在房间里，有一个电话、一台小冰箱，还有三个床。

改为：在房间里，有一部电话、一台小冰箱，还有三张床。

分析：量词"个"的泛化误用。名词"电话"可以用量词"通、台、部"修饰，但是不同的量词所表达的意义不同：用"通"修饰时，指的是电话的通话数；用"台/部"修饰时，是指电话机的个数。本句中应该用"部/台"修饰，表示电话机的个数。此外，名词"床"多用量词"张"来修饰。

3 * 这个东西的颜色都是黄色。

改为：这些东西的颜色都是黄色。

分析：量词"个"的泛化误用。"都是"不能用个体量词"个"来搭配，需要具有泛指义的不定量集合量词"些"来修饰。

4 * 韩国有几种重要的节日。

改为：韩国有几个重要的节日。

* 我现在会说两个语言。

改为：我现在会说两种语言。

分析：种类量词"种"和个体量词"个"混用。"个"作为一个典型的个体量词，用于没有专用量词的事物，它强调的是事物的个别；"种"则表示的是类别、集体。

教学提示

1 汉语的量词非常多，在教学过程中，量词通常是随遇随教，不宜在一两节课的时间里把很多量词"倒"给学生。

2 用构式的方法讲量词，遇到特定名词给出相应的量词，遇到特定的量词给出相应的名词。

3 用图片等直观的形式让学生理解量词的理据性，进而意识到汉语丰富的量词是汉语精致性的体现。使用时，要根据不同名词所表示的事物的形状、数量等特点选择合适的量词。

4 量词"个"使用范围很广，但也要提醒学生注意"个"具有口语色彩，一般只用于个体名词前，不能用在集体名词、不可数名词前。

词 类

教学案例

▶ 学习名量词"个"

📖 案例 1：图片法

1. 导入和讲解

师：（出示图片）这是老师的早餐。<u>老师的早餐有三个鸡蛋、一杯牛奶。</u>（板书，齐读）

生：老师的早餐有三个鸡蛋、一杯牛奶。

师：（出示图片）这是中国的对联，对联上有几个汉字？

生：<u>八个汉字。</u>（板书，齐读）

师：（出示图片）这儿有多少个苹果？

生：（可能会说）三苹果。

师：我们可以说：<u>这儿有三个苹果。</u>（板书，齐读）

生：这儿有三个苹果。

师：我们还可以说：<u>这个汉字、那个苹果。</u>（板书）

师：（根据例句总结格式）

    Num / 这 / 那 ＋ 个 ＋ N

    一 /   那   个   人

    一 /   这   个   苹果

2. 操练

看图回答问题

图中有几个汉字？　　　　　　　　　图中有几个人？几个老师？几个学生？

二月有几个星期？一年有几个月？　　　一天有几个小时？

案例 2：情景举例法

1. 导入和讲解

师：你们早餐吃什么？

生：鸡蛋、面包、牛奶……

师：玛丽，你的早餐有几个鸡蛋、几个面包、几杯牛奶？

玛丽：我的早餐有两个鸡蛋、一个面包、一杯牛奶。（板书）

师：教室里有多少人？

生：（可能会说）十人。

师：我们说：教室里有十个人。（板书，齐读）

生：教室里有十个人。

师：那教室里有几个老师、几个学生？

生：教室里有一个老师、九个学生。

师：（指着某个学生）这个学生叫什么？（板书）

生：这个学生叫玛丽。

师：（根据例句总结格式）

    Num/ 这 / 那 + 个 + N

    一 /　　那　个　人

    一 / 这　　　个　学生

2. 操练

操练 1：填一填

三（　）人　　五（　）苹果　　三（　）水　　六（　）星期

一（　）小时　六（　）水杯　　三（　）朋友　八（　）书

操练 2：连一连

               一杯　　一个　　一本

    水　杯子　咖啡　苹果　可乐　书　同学　老师　词典

▶ 学习名量词"本"

案例 3：实物道具法

1. 导入和讲解

师：（拿起一本书）这是什么？

生：这是书。

师：多少书？

生：（可能会说）一书。

师：（手势表示不对）我们说：<u>一本书</u>。（板书，齐读）

生：一本书。

师：（拿出两本书）这是几本书？

生：（可能会说）这是二本书。

师：我们说：<u>两本书</u>。（板书，齐读）

生：两本书。

师：你有几本书？

生：……

师：<u>这本书是什么颜色的？</u>（板书）

生：这本书是红色的。

师：我们还可以说一本什么呢？我们还可以说"<u>一本词典、一本杂志</u>"等。（板书）

师：（根据例句总结格式）表示书一类的东西时，我们可以用"本"：

  Num / 这 / 那 + 本 + N

  一 / 那 本 书

  一 / 这 本 词典

2. 操练

操练 1：数一数

① ② ③ ④

操练 2：填一填

三（ ）书 四（ ）词典 五（ ）画册 六（ ）杂志

案例 4：图片法

1. 导入和讲解

师：（出示图片）这是什么？

生：这是书。

师：这里有几本书？

生：（可能会说）这里有三书。

师：我们应该说：<u>这里有三本书。</u>（板书，齐读）

生：这里有三本书。

师：（出示图片）<u>这本书是什么颜色的？</u>（板书）

生：这本书是红色的。

师：我们还可以说：<u>一本词典、那本词典。</u>（板书，齐读）

生：一本词典、那本词典。

师：（根据例句总结格式）

    表示书一类的东西时，我们可以用"本"：

Num/ 这 / 那 ＋ 本 ＋ N

一 /   那   本   书

一 / 这   本   词典

2. 操练

操练 1：连一连

      一本红色的书   两个苹果   五本书   两个鸡蛋

操练 2：看图说话

词 类

▶ 学习名量词"杯"

案例 5：图片法

1. 导入和讲解

师：（出示图片）这是什么？

生：这是杯子。

师：（出示图片）现在我们倒入水。

　　我们可以说：这是一杯水。（板书，齐读）

生：这是一杯水。

师：（出示图片）这是一杯茶。（板书，齐读）

生：这是一杯茶。

师：（出示图片）这是什么？

生：这是一杯牛奶。（板书）

师：我们还可以说"这杯牛奶、那杯咖啡"等。（板书）

师：（根据例句总结格式）

　　表示水、牛奶等液体时，我们可以用"杯"：

　　Num / 这 / 那 + 杯 + N

　　一 /　　那　　杯　水

　　一 / 这　　　杯　牛奶

2. 操练

操练 1：连一连

　　四本书　　　　　一杯咖啡　　　　三本书　　　　两杯茶

操练 2：看图说话

案例 6：实物道具法

1. 导入和讲解

师：（出示一个空水杯）这是什么？

生：这是水杯。

师：（倒满水）现在我们可以说：<u>这是一杯水。</u>（板书，齐读）

生：这是一杯水。

师：（拿出另外一个杯子，倒满牛奶）<u>这是一杯牛奶。</u>（板书，齐读）

生：这是一杯牛奶。

师：我们还可以说：<u>这杯水、那杯牛奶。</u>（板书）

师：（根据例句总结格式）

表示水、牛奶等液体时，我们可以用"杯"：

Num/ 这 / 那 ＋ 杯 ＋ N

一 /　　那　　杯　　水

一 / 这　　　杯　　牛奶

2. 操练

操练 1：填一填

三（　）水　　　五（　）可乐　　　四（　）牛奶

六（　）茶　　　一（　）咖啡

操练 2：交际练习

（1）你每天喝几杯水？

（2）你喝茶吗？你每天喝几杯茶？

（3）你喝牛奶吗？你每天喝几杯牛奶？

（4）你喝咖啡吗？你每天喝几杯咖啡？

课堂活动

1 找朋友

教师把一些常用名词和量词写在一张大纸上，一式两份。学生分成两组，将量词和名词连线，比一比哪组连得又快又准。如：

一杯　　　　一个　　　　一本

奶茶　　杯子　　果汁　　西瓜　　可乐　　杂志　　面包　　学生　　词典

2 购物清单

去超市前制作一份购物清单，并向同学汇报你打算买什么。

物品				
数量				

课后练习

一、听一听，选一选。

1. 　

2.

3. 　

4. 　

二、填入合适的量词。

1. 我有三（　　）书。
2. 我喝了一（　　）咖啡。
3. 她有四（　　）朋友。
4. 他有两（　　）词典。
5. 我有三（　　）汉语老师。
6. 你有几（　　）朋友？

三、看图说话。

1.

2.

3.

4.

词 类

10 量词：辆、条、件、层、封、位（二级）

本体知识

本教学设计涉及以下几个名量词：辆、条、件、层、封、位。

"辆"用于修饰各种车（火车除外）。如：一辆货车。

"条"多用于修饰又细又长而且可以弯的东西。如：一条蛇、一条河、一条路、一条裤子。

"件"多用于修饰衣服、事情等。如：一件衣服、一件事。

"层"用于修饰重叠、积累、分层的事物。如：五层楼、一层雪、一层灰。

"封"多用于修饰书信、邮件等。如：一封信、一封家书。

"位"只能修饰人，带有尊敬、礼貌的色彩。如：一位客人、一位老师、一位医生。

格式：　Num / 这 / 那　+　M　+　N

一 / 这	辆	车
一 / 那	条	裙子
一	件	衣服
七	层	楼
一	封	信
三	位	客人

常见偏误

1 * **我们班有 20 位学生。**

改为：我们班有 20 个（名）学生。

* **这张图片里面有两位人。**

改为：这张图片里面有两个人。

分析：量词误用。"位"虽是用于"人"的量词，但带有尊敬、礼貌的色彩，不能随便用于表示人的名词前。

2 * **有的人说婚姻是生活中最重要的一事。**

改为：有的人说婚姻是生活中最重要的一件事。

分析：量词遗漏。汉语中数词和名词中间一般要加一个特定的量词。

3 * 她也常常发给我一些封信。

改为：她也常常发给我一些信。

分析：量词误加。数词和名词之间只能有一个量词。应根据名词所表示的事物的形状、数量等选择合适的量词。

教学提示

1 汉语的量词非常多，在教学过程中，量词通常是随遇随教，不宜在一两节课的时间里把很多量词"倒"给学生。

2 用图片等直观的形式让学生理解量词的理据性，进而意识到汉语丰富的量词是汉语精致性的体现。使用时，要根据不同名词所表示的事物的形状、数量等特点选择合适的量词。

3 不要第一次见到某个量词就大讲理论和理据性，应采取"先分散后总结"的办法，即学了3～5个和某量词搭配的名词时进行总结，注意总结每个量词的特点。如："条"用于修饰又长又细而且可以弯的东西，如"一条腿""一条鱼"等。

4 注意对一些近义量词进行辨析，如："个"和"位"，"家"和"间"。

5 学生在学习这些量词前，应已掌握量词的基本用法和一些简单量词，如"个"。所以重点不再是量词的基本语法功能，而是掌握每个量词具体搭配的名词及其背后的理据性。

教学案例

▶ 学习名量词"辆"

案例 1：图片法

1. 导入和讲解

师：（出示图片）这是什么？

生：这是车。

师：<u>这是一辆车。</u>（板书，齐读）

生：这是一辆车。

师：<u>这辆车是什么颜色的？</u>（板书）

生：这辆车是红色的。

师：（出示图片）这里有几辆车？

生：（可能会说）这里有二车。

师：我们应该说：<u>这里有两辆车。</u>（板书，齐读）

生：这里有两辆车。

师：（出示图片）这些车我们都可以用"辆"：一辆自行车、一辆出租车……（板书，齐读）

生：一辆自行车、一辆出租车……

师：（根据例句总结格式）在"车"的前面，我们用"辆"：

Num/ 这 / 那 ＋ 辆 ＋ N

一 / 　　那　　辆　　车

一 / 　　这　　辆　　自行车

2. 操练

看图说话

（1）图中一共有几辆车？

（2）分别描述图中加框的车。

（3）你最喜欢哪辆车？

案例 2：汉字带入法

1. 导入和讲解

师：（写"车"字）这是什么字？

生：车。

师：（在"车"字右面加上"两"）这个呢？

生：两。

师：很好，它们合在一起叫"辆"。我们可以说：一辆车。（板书，齐读）

生：一辆车。

师：老师有一辆自行车，你们呢？

生：……

师：我们还可以说：这辆车、那辆车。（板书，齐读）

生：这辆车、那辆车。

师：（根据例句总结格式）在"车"的前面，我们用"辆"：

Num/ 这 / 那 ＋ 辆 ＋ N

一 / 那　辆　车

一 / 这　　辆　自行车

2. 操练

判断对错

（1）一辆飞机　　（2）三个车　　（3）四辆自行车　　（4）五本书　　（5）九本车

（6）五辆出租车　（7）八辆水杯　（8）一个苹果　　　（9）两个人　　（10）四个朋友

▶ 学习名量词"条"

📖 案例3：图片法

1. 导入和讲解

师：（出示图片）这是什么和什么？

生：（可能会说）一个人和一个狗。

师：（用手势示意不对）我们不说"一个狗"，我们说：一个人和一条狗。（板书，重读"条"，强调）

生：一条狗。

师：（出示图片）这是什么？

生：裤子。

师：很好，我们可以说：一条裤子。（板书，齐读）

生：一条裤子。

师：（出示图片）这个呢？

生：围巾。

师：围巾我们也可以用"条"，这是一——？（引导学生说）

生：一条围巾。

师：（出示图片）这是什么？

生：蛇。

师：非常好。"蛇"我们也可以用"条"。一起说，这是——？

生：一条蛇。

师：好，那同学们想想，什么样的东西我们可以用"条"呢？

师：（出示图片，总结）又细又长并且可以弯的东西，我们用"条"。

2. 操练

说一说

用合适的量词说出图片内容。

① 　② 　③

④ 　⑤ 　⑥

▶ 学习名量词"件"

案例 4：图片法

1. 导入和讲解

师：（出示图片）这是什么？

生：（可能会说）一个 / 条衣服。

师：我们不说"一个衣服"。我们说：<u>一件衣服</u>。（板书，齐读）

生：一件衣服。

师：（总结）上身穿的衣服我们用"件"。

2. 操练

操练 1：看图说话

① 　② 　③ 　④

操练 2：用量词说说自己穿的衣服

生 1：我穿了一件黑 T 恤和一条蓝裤子。

生 2：我穿了一条红裙子。

▶ **学习名量词"层"**

📖 **案例 5：图片法**

1. 导入和讲解

师：（出示图片）这是什么？

生：房子。

师：好，我们说一——？

生：一个房子。

师：（板书给学生展示）看！这是一、二、三。（数一下楼层，让学生对"层"先有一个感性认识）

师：这个（指图片），我们可以说：一层楼、两层楼、三层楼。（动画演示，带着学生数）

师：所以房子有几层楼？

生：房子有三层楼。

师：（总结）像这样分层的，一层一层的，我们用"层"。（边说边指图片示意）

2. 操练

用"层"描述图片内容

▶ **学习名量词"封"**

📖 **案例 6：实物道具法**

1. 导入和讲解

师：（提前准备一封信）这是什么？

生：（可能会说）一个信。

师："一个信"我们不说。我们说：<u>一封信</u>。（板书，齐读）

生：一封信。

师：（总结）书信、邮件我们用"封"。

2. 操练

请在括号中填入合适的量词

（1）大卫给老师发了一（　　）邮件。

（2）我给妈妈写了一（　　）信。

（3）他帮我找回了丢失的钱包，我写了一（　　）感谢信给他。

▶ 学习名量词"位"

案例 7：视频法、图片法

1. 导入和讲解

师：（播放视频）

　　视频内容：

　　服务员：欢迎光临，三位吗？

　　客人：三位。

　　服务员：好，请。小心，这边。

师：同学们还记得客人进来时，服务员说了什么吗？

生："三位吗？"

师：对，"三位吗？"我们可以说三位——？

生：<u>三位客人</u>。（板书）

师：非常好！"位"用在人的前面表示尊敬，我们可以说：<u>一位客人、一位朋友、一位老师</u>。（板书，齐读）

生：一位客人、一位朋友、一位老师。

师：在刚才的视频中，饭店进来多少客人？

生：饭店进来三位客人。

师：（出示图片）教室里有多少学生？

生：（可能会说）教室里有四位学生。

师：我们不说"四位学生"，我们刚才说"位"表示尊敬，不是所有指人名词前都能用"位"，比如我们不说"一位学生""一位人"，我们说"一什么人"？

生：一个人。

师：所以，教室里有多少学生？

生：教室里有四个学生。

2. 操练

用合适的量词说出图片内容

①  ②  ③

课堂活动

1 找朋友

教师把一些常用名词和量词写在一张大纸上，一式两份。学生分成两组，将量词和名词连线，比一比哪组连得又快又准。如：

书　信　客人　咖啡　裤子　自行车　衣服　楼　鸡蛋

辆　杯　件　条　封　个　层　位　本

2 购物达人

学生三人一组，模拟去超市买东西的情景。一个学生扮演售货员，其他学生扮演顾客。售货员询问顾客买什么东西，第一个顾客买过的东西，第二个顾客不能再买，如果扮演顾客的学生说不出来要买的东西了，那么角色互换，继续提问，看哪组在规定时间内买的东西最多。如：

售货员：你想买什么？

顾客：我买一件衣服、一条裤子……

课后练习

一、看一看，连一连，说一说。

| 条 | 位 | 层 | 件 | 辆 | 封 |

二、填入合适的量词。

1. 她买了一（　　）自行车。
2. 我想买几（　　）衣服。
3. 我要了一（　　）咖啡。
4. 她买了三（　　）裙子。
5. 衣柜里有五（　　）裤子。
6. 这（　　）T恤很漂亮。
7. 哥哥给我一（　　）词典。
8. 这个蛋糕很高，有三（　　）。
9. 我今天收到了一（　　）信。
10. 商店来了几（　　）顾客。

三、整理衣柜。查看自己的衣柜，列出每种服装的数量。

服装	裤子	衬衫	裙子	帽子
数量				

词 类

11 量词：把、架（三级）

本体知识

名量词"把"的用法主要有四种：
1. 用于有把手或者用手能抓起的东西。如：一把刀、一把椅子。
2. 用于可以一只手抓起来的东西。如：一把米、一把香蕉。
3. 用于某些抽象事物。如：一把年纪。

名量词"架"一般用于飞机、某些机器和乐器等有支架的东西。如：一架钢琴。

格式：
1. Num / 这 / 那 + 把 + N
   一 / 这　　把　伞
   三 /　　那　把　扇子

2. Num / 这 / 那 + 架 + N
   一 / 这　　架　钢琴
   一 /　　那　架　飞机

常见偏误

1. *这里有三把沙发。
   改为：这里有三张沙发。
   分析：量词"把"的泛化误用。只有在用手能抓起来的名词（如"椅子"）前，才能使用量词"把"。

2. *我有一架车。
   改为：我有一辆车。
   分析：量词"架"的泛化误用。在表示车类的名词前有专用的量词"辆"，不能用"架"。

教学提示

1. 汉语的量词非常多，在教学过程中，量词通常是随遇随教，不宜在一两节课的时间里把很多量词"倒"给学生。

2. 用构式的方法讲量词，遇到特定名词给出相应的量词，遇到特定的量词给出相应的名词。

词 类

3 让学生意识到汉语丰富的量词是汉语精致性的体现。使用时，要根据不同名词所表示的事物的形状、数量等特点选择合适的量词。

教学案例

▶ **学习名量词"把"**

📖 **案例 1：动作演示法**

1. 导入和讲解

师：（手抓椅子，用另一只手指示学生注意手部动作）这是一把椅子。（板书，齐读）

生：这是一把椅子。

师：（手指近处的椅子）这把椅子。（板书）

（手指远处的椅子）那把椅子。（板书）

（手抓头发，用另一只手指示学生注意手部动作）看，这是一把头发。（板书，齐读）

生：这是一把头发。

师：（手捧一把粉笔）这是什么？

生：很多粉笔？

师：我们可以说：这是一把粉笔。（板书，齐读）

生：这是一把粉笔。

师：我们还可以说：一把土、一把大米……

师：（根据例句总结格式）像这种用手可以抓、拿的东西，我们可以用"把"：

Num / 这 / 那 + 把 + N

一 / 　　那　把　椅子

一 / 　　这　　把　头发

2. 操练

操练 1：判断对错

（1）一把飞机　（2）三把椅子　（3）四把桌子　（4）五把雨伞

（5）一把雨衣　（6）一把桃子　（7）八把香蕉　（8）一把土

（9）九把刀　　（10）两把大米

操练 2：快问快答

（1）你家有几把雨伞？

（2）你家有几把椅子？

（3）你家有几把刀？

（4）你家有几把梳子？

（5）你买了几把香蕉？

（6）你想买几把鲜花？

案例2：图片法

1. 导入和讲解

师：（出示图片）这是什么？

生：这是雨伞。

师：这里有几把雨伞？

生：（可能会说）这里有一雨伞。

师：我们应该说：<u>这里有一把雨伞。</u>（板书，齐读）

生：这里有一把雨伞。

师：<u>这把伞是什么颜色的？</u>（板书）

生：这把伞是红色的。

师：我们还可以说一把什么？（出示图片）

 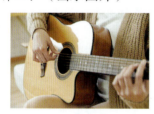 

    我们还可以说：<u>一把刀、一把吉他、一把花。</u>（板书，齐读）

生：一把刀、一把吉他、一把花。

师：这把花很漂亮，对吗？

生：对。

师：（根据例句总结格式）像这种用手可以抓、拿的东西，我们可以用"把"：

  Num / 这 / 那 ＋ 把 ＋ N

  一 / 那 把 雨伞

  一 / 这   把 花

2. 操练

操练1：看图说话

用"这里有……/ 这是……"说说你看到的图片。

词 类

操练2：数一数

说说图片中的物品有几把。

▶ 学习名量词"架"

案例1：图片法

1. 导入和讲解

师：（出示图片）这是什么？

生：这是飞机。

师：我们可以说：一架飞机。（板书，齐读）

生：一架飞机。

师：这架飞机是什么颜色的？（板书）

生：这架飞机是白色的。

师：（出示图片）除了飞机，我们还可以说：一架钢琴。（板书，齐读）

生：一架钢琴。

93

师：这架钢琴是什么颜色的？（板书）

生：这架钢琴是黑色的。

师：（根据例句总结格式）像这种很大的、有结构的东西，我们可以用"架"：

Num / 这 / 那 + 架 + N

一 / 　　那　架　飞机

一 / 　　这　架　钢琴

2. 操练

操练 1：数一数

操练 2：看图说话

案例 2：情景举例法

1. 导入和讲解

师：在机场，你们会做什么？

生：坐飞机。

师：机场有很多飞机，我们可以说：六架飞机。（板书，齐读）

生：六架飞机。

师：老师会弹钢琴，老师家里有两架钢琴。（板书，齐读）

生：两架钢琴。

师：我们还可以说：这架飞机、那架钢琴。（板书）

师：（根据例句总结格式）像这种很大的、有结构的东西，我们可以用"架"：

Num／这／那＋架＋N

一／　那　架　飞机

一／　这　架　钢琴

2. 操练

操练1：判断对错

（1）三架飞机　　（2）四架汽车　　（3）五架钢琴　　（4）两架照相机

（5）七架吉他　　（6）九架床　　　（7）五架椅子　　（8）八架无人机

操练2：连一连

三架飞机　　　　　一架照相机　　　　　一架无人机　　　　　一架钢琴

课堂活动

1 比一比，看谁答得又快又准

一（　）雨伞　　　一（　）飞机　　　一（　）吉他

一（　）椅子　　　一（　）土　　　　一（　）香蕉

一（　）相机　　　一（　）钢琴

2 去郊游

分组讨论郊游要带的物品。

物品参考：香蕉、太阳伞、相机、吉他、折叠椅、无人机……

课后练习

一、听一听，选择正确答案。

1. A. 他们带了两架相机。　　B. 他们带了两把相机。
2. A. 他们带了几个三明治。　　B. 他们带了三把香蕉。
3. A. 他们带了四把伞。　　B. 他们带了四件衣服。
4. A. 他们带了五本书。　　B. 他们没带书。

二、选一选。

1. A. 一把雨伞　　B. 一架雨伞
2. A. 一把椅子　　B. 一架椅子
3. A. 一把钢琴　　B. 一架钢琴
4. A. 一把钥匙　　B. 一架钥匙
5. A. 一把飞机　　B. 一架飞机
6. A. 一把吉他　　B. 一架吉他

三、连一连并说一说。

杯　　　　　架　　　　　把

四、选词填空。

把　架

1. 三（　　）刀　　　　2. 六（　　）钢琴
3. 九（　　）飞机　　　4. 两（　　）椅子
5. 七（　　）伞　　　　6. 一（　　）筷子

词 类

12 量词：双、对（三级）

本体知识

名量词"双"和"对"都可表示"两个"，二语学习者比较容易混淆。二者的区别是：

"双"一般用于先天在一起的事物。如：一双手、一双脚、一双眼睛、一双鞋。

"对"一般用于后来匹配产生的两个人或者东西。① 如：一对情侣、一对夫妻、一对鸟。

格式：

① Num + 双 + N
　一　　双　　眼睛
　两　　双　　鞋子

② Num + 对 + N
　一　　对　　情侣
　一　　对　　鸳鸯

常见偏误

* 一双男女从他身边走过去。

改为：一对男女从他身边走过去。

* 那边坐着一双恋人。

改为：那边坐着一对恋人。

分析：量词误用。"双"是指先天就在一起，互相配合使用的两个事物，离开一个，另一个一般无法很好地工作。而"对"是指原本各自独立的人或事物后天组合在一起。可用"先天成双，后天配对"来帮助记忆。

---

① "对"也有用于先天的情况，如"一对角""一对鳍"，但这种情况较少，可个别记忆，这里只讲一般情况。

教学提示

1. 用构式的方法讲量词，遇到特定名词给出相应的量词，遇到特定的量词给出相应的学生学习过的名词。

2. 让学生意识到汉语丰富的量词是汉语精致性的体现。使用时，要根据不同名词所表示的事物的形状、数量等特点选择合适的量词。

3. 注意对一些近义量词进行辨析，如"对"和"双"等。

4. 学生在学习该语法点前应已掌握量词的基本用法和一些简单量词，如"个"。所以重点不再是量词的基本语法功能，而是掌握每个量词具体搭配的名词及其背后的理据性。

教学案例

📖 **案例：图片法**

1. 导入和讲解

师：（出示图片）这是什么？

生：（可能会说）这是鞋。

师：对！这是鞋，这是一只鞋，这是两只鞋，放在一起我们可以说这是<u>一双鞋</u>。（板书，齐读）

生：一双鞋。

师："双"表示数量二。

师：（出示图片）这是什么？

生：一双手。

师：（出示图片）这是什么？

生：一双眼睛。

师：好！（出示图片）看这张图，这是——？

生：两个人。

师：他们是什么关系？

生：夫妻 / 恋人 / 男女朋友。

师：非常好！那我们可以说他们是———？

生：他们是一双夫妻。

师：我们不说一双夫妻，我们说<u>一对夫妻</u>。（板书，齐读）

生：一对夫妻。

师："对"也表示数量二。

师：（出示图片）这是什么？

生：这是鸟。

师：我们可以说<u>一对鸟</u>。（板书，齐读）

生：一对鸟。

师：（出示图片）这是一什么？

生：一对杯子。

师："双"和"对"都表示数量二，同学们想一想，我们什么时候用"双"，什么时候用"对"呢？

师：（总结）像眼睛、手、鞋、筷子、袜子这类东西，本来就是两个，少了一个，另一个一般不能很好地工作，这时候我们用"双"。

像夫妻、恋人、情侣、鸟、杯子是后来在一起的，少了一个，另一个还能单独存在，这时我们用"对"。

2. 操练

用合适的量词说出图片内容

❶ 　❷ 　❸ 　❹

> **课堂活动**
>
> **1 看图说话**
>
> 学生接龙，用"Num + M + N"格式快速说出图片内容。
>
>
>
> **2 找朋友**
>
> 教师将名词、量词分别写在不同的卡片上分发给不同的学生，要求学生对手中的卡片进行配对。
>
> 量词：双　对　层　封　件　条　位
>
> 名词：鞋子　恋人　楼　信　衣服　裤子　客人

课后练习

一、看一看，连一连，说一说。

毛巾　　雪　　拖鞋　　夫妻　　衣服　　顾客　　书信

件　　对　　位　　层　　双　　封　　条

二、判断下列句子中量词使用是否正确。

1. 李明买了一对筷子。　　　　　　　　　　　（　　）
2. 教室里有三位老师。　　　　　　　　　　　（　　）
3. 我衣柜里有三件裤子。　　　　　　　　　　（　　）
4. 他去商场买了一双鞋和一对袜子。　　　　　（　　）

三、在句中填入合适的量词。

1. 我买了一_____裤子。
2. 我给老师发了一_____邮件。
3. 这个商场有三_____楼。
4. 家里来了两_____客人。
5. 他们俩是一_____情侣。
6. 爸爸给我买了两_____运动鞋。
7. 我有一_____事想请你帮忙。

四、整理自己的衣柜，列出每种服装的数量。

服装	T恤	裤子	裙子	围巾	外套	腰带	帽子	袜子	衬衫
数量									

词 类

13 量词：量词重叠（三级）

本体知识

量词重叠可以表示"每一"，具有周遍性特征，遍指和量词搭配的名词所代表的事物，可作主语、定语，一般不作宾语。如：
（1）条条大路通罗马。
（2）我们班的同学个个都很聪明。
也可以表示"逐一"，常作状语。如：
你们要一件件仔细检查，千万别出错。
还可以表示数量多，常作状语和定语。如：
蓝蓝的天上飘着朵朵白云。

格式：

1 AA + 都……
我说的句句都是真话。
这些同学个个都很厉害。

2 AA / 一AA + N
条条大路通罗马。
蓝蓝的天上飘着一朵朵白云。

3 S + 一AA + 地 + V
我们的生活水平在一步步地提高。

4 S + 一A一A + 地 + V
我一次一次地约他，但他都没答应。

常见偏误

1 * 我都通知到了班班。
改为：我班班都通知到了。
分析：量词重叠一般不作宾语，通常作周遍性主语。

2 * 一桌子整整齐齐地摆放在教室里。
改为：一张张桌子整整齐齐地摆放在教室里。
分析："整整齐齐地摆放"说明有很多桌子，因此需要使用量词重叠表示数量多。

3 * 拉萨市像海中的一粒粒明珠。

改为：拉萨市像海中的一粒明珠。

分析：拉萨市是一个城市，因此不需要量词重叠表示"多"或者"每一"。

4 * 个个国家都有自己国家的文化。

改为：每个国家都有自己国家的文化。/ 各个国家都有自己国家的文化。

* 老师用英语问个个学生的老挝名字。

改为：老师用英语问每个学生的老挝名字。

分析：量词重叠表示"每一"时和代词"每"有区别。量词重叠的"每一"指向的是全体，有"全部都"的意思。代词"每"既能指向个体，也能指向全体。上面两个例句中指向的是个体，因此不能使用量词重叠。

教学提示

1 需强调能进入"（一）AA"格式的量词都是单音节量词，可以通过练习来展示。

2 需注意量词重叠"（一）AA"在作不同句子成分时所处的位置的不同。

教学案例

案例1：图片法

▶ 第一步：学习量词重叠表示"数量多"的情况

1. 导入和讲解

师：（出示图片）树上有什么？

生：一朵花。

师：对，这是梅花。在寒冷的冬天，梅花也会美丽地开放，所以中国人认为梅花代表坚强，很多人都喜欢它。现在看看树上有什么。（出示图片）数一数。

生：（可能会说）很多花。/ 很多梅花。

师：对，有很多花，我们可以说：树上有朵朵梅花。（板书，齐读）

生：树上有朵朵梅花。

师：我们也可以说：树上有一朵朵梅花。（板书，齐读）

生：树上有一朵朵梅花。

师：（出示图片）这里有什么？

生：有一棵树。

师：对，这是一棵松树。这棵树在中国的安徽，是一个有名的景点。在寒冷的冬天，松树的树叶一直是绿色的，所以中国人认为松树不怕寒冷、坚强不屈。

师：（出示图片）那现在这里有什么？

生：很多松树。

师：对，有很多松树，我们可以说：这里有一棵棵松树。（板书，齐读）

生：这里有一棵棵松树。

师：（出示图片）这里有什么？（可以提示学生量词用"根"）

生：这里有一根竹子。

师：（出示图片）这里呢？

生：这里有一根根竹子。（板书）

师：竹子在冬天也是绿色的。刚才说到的梅花、松树和竹子，都不怕寒冷，十分坚强。中国人喜欢这样的特点，叫它们"岁寒三友"。

师：（根据例句总结格式）如果我们想表达事物的数量很多，可以用：
AA ／一 AA ＋ N

2. 操练

看图说话

两人一组，说说图片上有什么。（可以融入中国文化）

座、条

座、棵

只

条、串、个

▶ 第二步：学习量词重叠表示"每一"的情况

1. 导入和讲解

师：现在，我们来看看中国的乡村。（出示图片）你们觉得这个村子美吗？

生：美。

师：（出示图片）这里呢？

生：美。

师：（出示图片）这里呢？

生：美。

师：这个村子每一处都很美，我们可以说：<u>这个村子处处都很美。</u>（板书，齐读）

生：这个村子处处都很美。

师：（出示图片）他们家种的是什么水果？

生：苹果。

师：（出示图片）他们家呢？

生：苹果。

师：（出示图片）他们家呢？

生：苹果。

师：他们每一家都种了苹果，我们可以说：<u>他们家家都种了苹果。</u>（板书，齐读）

生：他们家家都种了苹果。

师：（根据例句总结格式）我们可以用量词重叠"AA"表示每一个人或事物都怎么样：

AA + 都……

2. 操练

句型转换

师：水果是这个村子的特产，但现在村民们卖不出去了。中国政府为了帮助农民卖产品，采用了很多方法，其中一个就是电商直播，也就是直播卖水果。我们来帮帮他们。（可配图展示电商直播）在直播前，我们要根据村民的介绍，用量词重叠夸夸这些水果有什么优点。（以村民的口吻告诉学生）这里的苹果每个都很多汁。

生：这里的苹果个个都很多汁。

师：我们村的西瓜每个都和篮球一样大。

生：我们村的西瓜个个都和篮球一样大。

师：我们的香蕉每个都很甜。

生：我们的香蕉个个都很甜。

▶ 第三步：学习量词重叠表示"逐一"的情况

1. 导入和讲解

师：大家说得都特别好。（出示图片）我们现在要去拜访村民。村民多吗？

生：多。

师：我们可以一下都拜访完吗？

生：不能。

师：不能一下拜访完，我们可以说：<u>我们要一家家地拜访</u>。（板书，齐读）

生：我们要一家家地拜访。

师：也可以说：<u>我们要一家一家地拜访</u>。（板书，齐读）

生：我们要一家一家地拜访。

师：（出示图片）我们看到村民家有这些水果，种类多吗？

生：多。

师：种类多，我们在直播的时候能一下子全部介绍完吗？

生：不能。

师：我们可以说：<u>我们要一种一种地介绍</u>。（板书，齐读）

生：我们要一种一种地介绍。

师：（根据例句总结格式）我们可以用量词重叠"一AA"或者"一A一A"表示一个接一个地做什么事情：

S＋一AA＋地＋V

S＋一A一A＋地＋V

2. 操练

看图说话

说一说，要怎么完成这些事情？

怎么读完这些书？　　怎么洗完这些碗？　　有很多事情，怎么做？　　怎么浇完这些花？

案例 2：情景举例法

▶ 第一步：学习量词重叠表示"数量多"的情况

1. 导入和讲解

师：你们看，桌子是怎么摆放在教室里的？整齐吗？

生：整齐。

师：摆放整齐的桌子多吗？

生：多。

师：我们可以说：<u>一张张桌子整齐地摆放在教室里</u>。（板书，齐读）

生：一张张桌子整齐地摆放在教室里。

师：大家看窗外，天空中有什么？

生：有白云。

师：白云多吗？

生：多。

师：我们可以说：<u>天空中有朵朵白云</u>。（板书，齐读）

生：天空中有朵朵白云。

师：（根据例句总结格式）我们想表达事物的数量很多，可以用：

AA / 一 AA + N

2. 操练

句型转换

请用量词重叠说说下面的句子。

（1）草原上有很多匹马。

（2）花店里摆着很多束花。

（3）许多可爱的小狗向我走了过来。

（4）冬天，天上飘下了很多雪花。

▶ 第二步：学习量词重叠表示"每一"的情况

1. 导入和讲解

师：我们班大卫很努力，安娜也很努力，你们每个人都很努力。那我们可以说：<u>我们班的同学个个都很努力</u>。（板书，齐读）

生：我们班的同学个个都很努力。

师：有句谚语叫"<u>条条大路通罗马</u>"。（板书，齐读）意思是每一条路都可以通向罗马。做一件事情，不止一个方法。

生：条条大路通罗马。

师：对的，这个量词重叠后面有时候也是可以带名词的。

师：（根据例句总结格式）我们可以用量词重叠"AA"表示每一个人或事物都怎么样：

AA＋N

2. 操练

用"AA"回答问题

师：你喜欢学习汉语／吃中国菜／运动……（本班学生都喜欢或不喜欢的事情）吗？

生1：我们班的同学个个都喜欢学习汉语。

生2：……（轮流回答）

▶ 第三步：学习量词重叠表示"逐一"的情况

1. 导入和讲解

师：老师周末有10本书要读，能一下子都读完吗？

生：不能。（可能会尝试说）老师要把一本读完了再读下一本。

师：我一下子读不完，所以我要一本本地看，一本本地读。（板书，齐读）

生：老师要一本本地看，一本本地读。

师：也可以说：我要一本一本地看，一本一本地读。（板书，齐读）

生：老师要一本一本地看，一本一本地读。

师：（根据例句总结格式）我们可以用量词重叠"一AA"或者"一A一A"表示一个接一个地做什么事情：

S＋一AA＋地＋V

S＋一A一A＋地＋V

2. 操练

用"一AA"或者"一A一A"回答问题

（1）衣服很多，洗衣服时要怎么洗？

（2）吃饭时要怎么吃？

（3）生词要怎么记？

（4）同学很多，回答问题时要怎么回答？

课堂活动

1 夸夸我的同学

请用量词重叠夸夸你们班的同学。例如：
我们班的同学个个都很漂亮。
我们班的同学个个都很努力。

2 为家乡代言

假如你要做电商直播，需要介绍自己家乡的一个产品。请用量词重叠设计一些广告宣传语，夸夸你家乡的产品。

课后练习

一、听一听，选一选。🎧

1. A. 我们班有一个同学很聪明。　　B. 我们全班同学个个都很聪明。
   C. 我们班的同学都不聪明。　　　D. 我们班有一个同学不聪明。

2. A. 我能一下子看完这些资料。　　B. 我要一个个地看完这些资料。
   C. 我能很快看完这些资料。　　　D. 我要看的资料很少。

3. A. 这里只有一处风景很美。　　　B. 这里的风景不美。
   C. 这里的风景全都很美。　　　　D 这里美的风景很少。

4. A. 很多匹马在草地上奔跑。　　　B. 只有一匹马在草地上奔跑。
   C. 没有马在草地上奔跑。　　　　D. 草地上没有马。

5. A. 水里游着一只鸭子。　　　　　B. 水里没有鸭子。
   C. 水里的鸭子没有游泳。　　　　D. 水里游着一只只鸭子。

6. A. 不努力也能成功。　　　　　　B. 努力了马上就能成功。
   C. 一点儿一点儿地努力就会成功。　D. 努力也不会成功。

二、用量词重叠改写下面的句子。

1. 这里的商品每一件都很贵。

2. 保护环境，每个人都有责任。

3. 走进教室，我看见了孩子们可爱的笑脸。

4. 桌子上放着很多块蛋糕。

三、用量词重叠帮他们提提建议。

1.

2.

3.

4.

5.

6.

词类

14 副词：不（一级）VS 没（一级）

本体知识

"不"和"没"都可以用在动词、形容词前表示否定，二者的区别在于：

"不"用于主观意愿，表示对动作行为或性质状态的否定。可指过去、现在和将来。

"没"用于客观叙述，表示对客观事实（动作或者状态已经发生）的否定。常用于过去和现在；用于将来，表示假设。

格式：

1 不 + V
她不喜欢喝牛奶。
明天是星期天，不上课。

2 不 + Adj
这本书不贵。
他不胖。

1 没 + V
他没起床。
她没做饭。

2 没 + Adj
天没黑。
我没累。

常见偏误

1 * 我没知道学校这么大。

改为：我不知道学校这么大。

分析：认知类动词"知道""认识""明白"等，应该用"不"进行否定。

2 * 别等他了，他没来了。

改为：别等他了，他不来了。

分析：表示主观意愿上的否定，应该用"不"。

3 * 学习汉语不是容易。

改为：学习汉语不容易。

分析："不"可以直接修饰形容词。

4 * 他不忘记带书。

改为：他没忘记带书。

* 我等了很久，他们不来。

 改为：我等了很久，他们没来。

 分析：否定的是客观事实，应该用"没"。

5 * 我把自行车没丢掉。

 改为：我没把自行车丢掉。

 分析："没"用在"把"字句中，应该放在"把"前。

教学提示

1 注意"不"和"没"的不同。

2 "不"和"没"涉及多种不同的用法，要注意分步骤教学。

3 在学习"不"的过程中学生尚未接触"没"，所以不必也不应该去讲二者的不同，在学习"没"时可有意识地引入二者的不同。教师可以根据自己的教学内容进行选择，如果是在"不"的教学中，可以选择案例1、2；如果是单独进行"没"的教学，可以选择案例3、4；如果想对二者进行辨析，则可选案例5。

教学案例

案例1：图片法

> 学习"不 + V"

1. 导入和讲解

师：（出示图片）这是牛奶，你喝牛奶吗？

生：我喝牛奶。

师：（出示图片）他喝牛奶吗？

生：不喝。

师：我们可以说：<u>他不喝牛奶</u>。还可以说：<u>他不喜欢牛奶</u>。（板书，齐读）

生：他不喝牛奶。/ 他不喜欢牛奶。

师：（根据例句总结格式）不 + V

2. 操练

师生问答

师：（出示图片）这是茶和咖啡。你喝茶吗？你喝咖啡吗？

生1：我喝茶，我不喝咖啡。

生2：我喝咖啡，我不喝茶。

师：我们可以说：<u>我喝茶，我不喝咖啡。</u>也可以说：<u>我喝咖啡，我不喝茶。</u>（板书，齐读）

生：我喝茶，我不喝咖啡。／我喝咖啡，我不喝茶。

师：我下午去长城／颐和园／超市……，你去吗？（轮流问，手势示意学生否定回答）

生：我不去。

师：我喜欢……，你们呢？（轮流问，手势示意学生否定回答）

生：我不喜欢……

案例 2：情景举例法

学习"不 + Adj"

1. 导入和讲解

师：刚刚学的这个词难吗？

生：不难。

师：我们可以说：<u>这个词不难。</u>（板书，齐读）

生：这个词不难。

师：昨天15个生词，今天10个，今天的生词多吗？

生：<u>今天的生词不多。</u>（板书，齐读）

师：（根据例句总结格式）不 + Adj

2. 操练

看图回答问题

他高兴吗？　　　　　　他胖吗？　　　　　　他高吗？

案例 3：图片法

学习"没+V"

1. 导入和讲解

师：（出示图片）他起床了吗？

生：他起床了。

师：（出示图片）她起床了吗？

生：（可能会说）她不起床了。

师：我们应该说：<u>她没起床。</u>（板书，齐读）

生：她没起床。

师：（根据例句总结格式）没+V

2. 操练

看图回答问题

（1）她起床了吗？　　　　　　　（2）她洗脸了吗？

（3）她吃早饭了吗？　　　　　　（4）她去学校了吗？

（5）她运动了吗？

案例 4：情景举例法

学习"没+Adj"

1. 导入和讲解

师：晚上十点的时候，天黑了吗？

生：天黑了。

师：现在天黑了吗？

生：（可能会说）天不黑了。

师：我们要说：天没黑。（板书，齐读）

生：天没黑。

师：（根据例句总结格式）表达没有发生某变化，可以用：

没 + Adj

2. 操练

快速回答问题

（1）你胖了吗？　　　　　　　　（2）你瘦了吗？

（3）你饿了吗？　　　　　　　　（4）你累了吗？

（5）天热了吗？　　　　　　　　（6）天冷了吗？

案例 5：对比法

学习"不"和"没"的区别

1. 导入和讲解

师：你喝水吗？　　你喝水了吗？

　　我不喝水。　　我没喝水。

我们看，这两个句子有什么不一样？"我不喝水"说明"我不想喝水"；"我没喝水"只是说明这件事还没有做，这只是一个事实，不一定是"我不想喝"。

我们可以说"明天是星期天，不上课"，不可以说"明天是星期天，没上课"。

师：他胖吗？　　他胖了吗？

　　他不胖。　　他没胖。

"他不胖"只是说明现在"他不胖"，没有和以前对比；"他没胖"是和以前对比来说的，当我们在说没有变化的时候可以用"没 + Adj"。

2. 操练

用"不"或"没"填空

（1）我太累了，（　　）想起床。

（2）我们都起床了，他还在睡觉，他还（　　）起床。

（3）明天我们都去长城，他生病了，他（　　）去。

（4）他们都去了，只有我（　　）去。

（5）我们都喜欢吃烤鸭，但大卫（　　）喜欢。

(6) A：我不认识她，她胖吗？
　　B：她（　　）胖。

(7) A：最近没见他，他胖了吗？
　　B：他天天运动，（　　）胖。

课堂活动

1 小调查

请学生以"电影"为话题互相提问，并记录下对方的回答。最后请几个学生向全班同学报告。例如：

上周末你看电影了吗？
你看过 XX 吗？
XX 好看吗？
你喜欢 XX 吗？

2 说反话

两个学生一组，一个学生说肯定句，另一个学生说出它的否定形式。以此类推。如：

A：我会说英语。
B：我不会说英语。
B：我去过故宫。
A：我没去过故宫。

课后练习

一、听一听,选择正确答案。🎧

1. A. 我不吃汉堡了。 B. 我不吃汉堡。 C. 我没吃汉堡。
2. A. 我昨天不写作业。 B. 我昨天没写作业了。 C. 我昨天没写作业。
3. A. 我没胖。 B. 我不胖。 C. 我不胖了。
4. A. 他没高。 B. 他不高。 C. 他没高了。
5. A. 他明天没去长城。 B. 他明天没去长城了。 C. 他明天不去长城。

二、用"不"或"没"填空。

1. 那家饭店_____好吃,咱们别去了。
2. 我_____去过上海。
3. 奶奶生病了,还_____好。
4. 他的中文_____好。
5. 明天是中秋节,_____上课。
6. 我等了一个小时,他们_____来。

三、看图片,用"不"或"没"写句子,回答问题。

1. 咖啡好喝吗?

2. 花开了吗?

3. 他想吃吗?

4. 天晴了吗?

5. 天黑了吗?

词 类

15 副词：也（一级）

本体知识

"也"表示两个或多个人、事物在某方面是一样的，也可以表示同一个人或事物同时具有两方面的特点。"也"在句中常作状语，放在动词或形容词前。"也"与其他副词同时使用时，一般应该放在其他副词前面。如：

（1）我也很喜欢看电影。

（2）我们也都去了。

格式：

1 S1 + Adj/V, S2 + 也 + Adj /V

班长很漂亮，她姐姐也很漂亮。

你喜欢打球，我也喜欢打球。

他不喜欢，我也不喜欢。

2 S + V + O1, 也 + V + O2

我喜欢唱歌，也喜欢跳舞。

3 S + Adj, 也 + Adj

她很聪明，也很漂亮。

常见偏误

1 *周老师来看我了，也她女儿来看我了。

改为：周老师来看我了，她女儿也来看我了。

分析：如果前后两个小句的主语不同，"也"应该放在后一主语的后面，该句误置主语前。

2 *我朋友的爸爸也死亡的原因是长时间地吸烟。

改为：我朋友的爸爸死亡的原因也是长时间地吸烟。

分析："也"应该放在表示相同的词语前面。

3 * 我喜欢打球,也游泳。

　　改为:我喜欢打球,也喜欢游泳。

　　分析:"也"强调一样,后面的动词不能遗漏。

4 * 我从新加坡国立大学毕业,在那儿学习了汉语,学习了日语。

　　改为:我从新加坡国立大学毕业,在那儿学习了汉语,也学习了日语。

　　分析:表示相同,"也"遗漏。

5 * 她是我的朋友,也我的同屋。

　　改为:她是我的朋友,也是我的同屋。

　　分析:"也"修饰动词、形容词,不能直接修饰名词。

教学提示

1 如果前后主语不同,"也"应该放在后一主语的后面,教师在教学中应有意识地设计并格式化呈现,提醒学生。

2 "都"和"也"共现时,"也"总是位于"都"的前面。如:
(1)他们喜欢,我们也都喜欢。
(2)他们不参加,我们也都不参加。

教学案例

案例1:图片法

▶ 第一步:学习同一个主语的情况

1. 导入和讲解

师:(出示图片)这是哪儿?你们知道吗?

生:颐和园。

师:对,这是颐和园。颐和园大吗?

生:颐和园很大。

师:颐和园漂亮吗?

生:(可能会说)颐和园漂亮也。(也可能会说)颐和园很漂亮。

师:我们可以放在一起说:颐和园很大,也很漂亮。(板书,齐读)

生:颐和园很大,也很漂亮。

师:很好。那么你们喜欢颐和园吗?

生:喜欢。

师：（出示图片）那长城怎么样？

生：长城很长，也很漂亮。

师：你们喜欢长城吗？

生：喜欢。

师：我们放在一起可以说：<u>我们喜欢颐和园，也喜欢长城。</u>（板书，齐读）

生：我们喜欢颐和园，也喜欢长城。

师：（根据例句总结格式）

  S + Adj，也 + Adj

  S + V + O1，也 + V + O2

2. 操练

操练1：看图说话

①  ②  ③  ④

⑤  ⑥  ⑦  ⑧

操练2：用"也"回答问题

这里面的水果你最喜欢哪种？为什么？   这里面的动物你最喜欢哪个？为什么？

这里面的食物你最喜欢哪种？为什么？

▶第二步：学习不同主语的情况

1. 导入和讲解

师：（出示图片）姐姐很可爱，弟弟可爱吗？

生：弟弟很可爱。

师：我们可以说：<u>姐姐很可爱，弟弟也很可爱</u>。（板书，齐读）

生：姐姐很可爱，弟弟也很可爱。

师：（出示图片）这是哪儿？

生：这是长城。

师：长城漂亮吗？

生：长城很漂亮。

师：（出示图片）这是哪儿？知道吗？

生：颐和园。

师：颐和园漂亮吗？

生：<u>颐和园也很漂亮</u>。（板书）

师：对，<u>长城很漂亮，颐和园也很漂亮</u>。（板书，齐读）

生：长城很漂亮，颐和园也很漂亮。

师：长城人多吗？颐和园呢？

生：<u>长城人很多，颐和园人也很多</u>。（板书，齐读）

师：大卫，你喜欢人多的地方吗？

大卫：我不喜欢人多的地方。

师：安娜，你喜欢人多的地方吗？

安娜：我不喜欢人多的地方。（如说喜欢，再问别人）

师：<u>大卫不喜欢人多的地方，安娜也不喜欢人多的地方</u>。（板书）

师：（根据例句总结格式）

　　　S1 + Adj/V，S2 + 也 + Adj/V

2. 操练

操练1：几人一组，用"也"进行问答

（1）你是学生吗？

（2）你是北京大学的学生吗？

（3）你有自行车吗？

（4）你喜欢吃冰激凌吗？

（5）你喜欢游泳吗？

（6）你喜欢看电影吗？

（7）你喜欢做作业吗？

操练2：用"也"改写下面的句子

（1）小狗可爱。兔子可爱。
（2）大卫喜欢跑步。安娜喜欢跑步。
（3）弟弟很高。哥哥很高。
（4）教室很干净。操场很干净。
（5）小王是上海人。小李是上海人。

案例 2：情景举例法

▶第一步：学习同一个主语的情况（可以根据实际情况选择话题）

1. 导入和讲解

师：大家看我们的教室怎么样？大吗？
生：我们的教室很大。
师：我们的教室干净吗？
生：我们的教室很干净。
师：我们的教室很大，也很干净。（板书，齐读）
生：我们的教室很大，也很干净。
师：你们喜欢吃烤鸭吗？
生：喜欢。
师：喜欢吃糖醋里脊吗？
生：也喜欢。
师：你们喜欢吃烤鸭，也喜欢吃糖醋里脊。（板书，齐读）
生：我们喜欢吃烤鸭，也喜欢吃糖醋里脊。
师：（根据例句总结格式）
　　S + Adj，也 + Adj
　　S + V + O1，也 + V + O2

2. 操练

纸条游戏

教师提前准备纸条，在纸条上写上人、物的名称以及特点，学生抽纸条，用"也"来说句子。

| 苹果　甜　便宜 | 丽丽　漂亮　聪明 | 马克　喜欢唱歌、跑步 |

| 小狗　可爱　淘气 | 裙子　漂亮　便宜 | 教室　大　干净 |

▶ 第二步：学习不同主语的情况

1. 导入和讲解

师：淑珍，你是哪国人？

淑珍：我是韩国人。

师：贞爱，你是哪国人？

贞爱：我是韩国人。

师：<u>淑珍是韩国人，贞爱也是韩国人。</u>（板书，齐读）

生：淑珍是韩国人，贞爱也是韩国人。

师：大卫，你喜欢什么运动？

大卫：我喜欢打篮球。

师：马克，你呢？

马克：我也喜欢打篮球。

师：<u>大卫喜欢打篮球，马克也喜欢打篮球。</u>（板书，齐读）

生：大卫喜欢打篮球，马克也喜欢打篮球。

师：（根据例句总结格式）

　　S1 + V，S2 + 也 + V

2. 操练

操练1：看图说话

用"也"描述下列图片。

操练2：你有我也有

教师提前准备一些物品的图片，每张图片打印两份，课上分发给学生。学生A说"我有……"，拿到相同图片的学生B说"我也有……"，最后全班一起总结"A有……，B也有……"。

课堂活动

1　找朋友

教师提前准备一些表示爱好的图片（注意要多复印几份），如：

教师将图片随机发给学生，第一个学生说"我喜欢滑雪"，拿到"滑雪"图片的学生都要站起来说"我也喜欢滑雪"。然后教师随便问一个学生"XX，你喜欢什么？"，被问的学生根据图片内容回答。以此类推。看谁最后没有站起来，也就是没有朋友。没有朋友的人站起来说"我喜欢……"，看能否找到朋友。

注：也可换成"找老乡"：我是……国人。教师可以根据情况灵活创新应用。

2　自我推荐

三人一组，一个学生扮演老板，两个学生扮演求职者，老板说"我需要一个很……的人，会……的人"，求职者A要说"我很……，我会……"，求职者B说"我也很……，我也会……，我还会……"，求职者A要接着比，看老板最后会选谁。

课后练习

一、读一读，判断对错。

1. 王华是北京人，杨林也是北京人。　　　　　　　　　　　　（　　）
2. 王华喜欢打球，杨林也喜欢打球。　　　　　　　　　　　　（　　）
3. 王华是学生，也杨林是学生。　　　　　　　　　　　　　　（　　）
4. 杨林是王华的朋友，也王华的同屋。　　　　　　　　　　　（　　）
5. 王华学习了中文，杨林学习了中文。　　　　　　　　　　　（　　）

二、用"也"写句子来描述图片。

安娜

亨利

1. 安娜喜欢吃苹果，亨利呢？

姐姐

弟弟

2. 姐姐在做作业，弟弟呢？

3. 女儿很漂亮，妈妈呢？

4. 你觉得西瓜汁好喝吗？橙汁呢？

三、用"也"改写下列句子。

1. 大卫是留学生。安娜是留学生。

   _____

2. 王华是中国人。杨林是中国人。

   _____

3. 你喜欢汉语。我喜欢汉语。

   _____

4. 你去上海。他去上海。

   _____

5. 姐姐很漂亮。妹妹很漂亮。

   _____

四、把"也"放在合适的位置。

1. A 王华 B 想买篮球，C 杨林 D 想买篮球。
2. 大卫 A 不喜欢唱歌，B 安娜 C 不 D 喜欢唱歌。
3. 和你们一样，A 我 B 上大学的时候 C 不 D 喜欢做作业。

五、调查本班同学或自己家人的爱好，然后在班里汇报。

词 类

16 副词：都（一级）

本体知识

范围副词"都"表示所说的对象都包括在内。放在动词或形容词之前，作状语。总括的对象一般放在"都"的前面，但疑问句中总括的对象在后面。如：

（1）我们都是老师。
（2）小李和杨华都去了。
（3）你都去了哪儿？
（4）你们都买了些什么？

格式：

1 复数 + 都……
安娜和大卫都喜欢唱歌。
他们都喜欢唱歌。

2 每……都……
他每天都跑步。
他每年都去旅游。

3 除了 A，B 都 / 也……
除了广西，别的省我都去过。

4 无论……，S + 都……
无论是否下雨，我都去。

常见偏误

1 *都我们很喜欢汉语。
  改为：我们都很喜欢汉语。

  *无论成功还是失败，都我很高兴。
  改为：无论成功还是失败，我都很高兴。

* 我觉得都高中的课程很难。

改为：我觉得高中的课程都很难。

分析："都"一般应该放在总括对象的后面。

2 * 我每年圣诞节去看我奶奶。

改为：我每年圣诞节都去看我奶奶。

分析："每"后面通常要用"都"。汉语中有些词语通常要与"都"配合使用。如"每……都……""无论……都……""不管……都……"等。

3 *A 班的同学都去了，我们都也去了。

改为：A 班的同学都去了，我们也都去了。

分析："也""都"共现时，"也"在前，"都"在后。

4 * 除了历史剧，我都喜欢电视剧。

改为：除了历史剧，别的电视剧我都喜欢。／除了历史剧，别的电视剧我也喜欢。

分析："除了 A，B 都／也……"中，B 不应该包括 A，所以"电视剧"应该改为"别的电视剧"。另外，"都"总括的对象应该放在前面。正确的语序应为：

除了 A，B 都／也……

其中"都"和"也"选择哪个取决于说话人要表达什么意思。

教学提示

1 范围副词"都"只能放在动词或形容词之前，不能放在名词或代词之前。

2 必须用"都"的情况：

（1）每……都……

（2）复数＋都……

3 一个句子中有"都"，也有否定副词"不""没"时，"不""没"通常放在"都"的后面，即"复数＋都＋不／没＋V"。如：

（1）我和大卫都不会游泳。

（2）她和安娜都没回来。

如果"不""没"放在"都"的前面，则表示部分否定，而"都＋不／没"表示全部否定。如：

（1）我和我的朋友们都不喜欢滑雪。（全部否定）

（2）我和我的朋友们不都喜欢滑雪。（部分否定）

4 "都"和"也"共现时,"都"总是位于"也"的后面。如:
(1)苹果很甜,香蕉和葡萄也都很甜。
(2)他们不愿意在这儿工作,我们也都不愿意在这儿工作。

教学案例

案例1:图片法

▶ 第一步:学习"复数+都……"

1. 导入和讲解

师:(复习旧知"也",导入新知"都")

(出示图片)颐和园漂亮吗?

生:颐和园很漂亮。

师:长城呢?

生:长城也很漂亮。

师:颐和园很漂亮,长城也很漂亮,我们可以说:颐和园和长城都很漂亮。(板书,齐读)

生:颐和园和长城都很漂亮。

 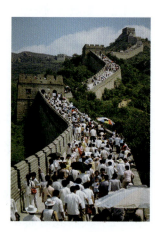

师:(出示图片)颐和园人多吗?

生:颐和园人很多。

师:长城呢?

生：长城人也很多。

师：颐和园人很多，长城人也很多。我们可以说：颐和园和长城人都很多。（板书，齐读）

生：颐和园和长城人都很多。

师：你们喜欢颐和园吗？

生：喜欢。

师：用"都"怎么说？

生：（可能会说）都我们喜欢颐和园。

师：我们应该说：我们都喜欢颐和园。（板书，齐读）

生：我们都喜欢颐和园。

师：（根据例句总结格式）

　　复数＋都……

2. 操练

操练1：看图说话

看谁说的带"都"的句子多。

操练2：说一说

教师对一个学生发出指令，对另一个学生发出相同的指令，其他学生用"都"说句子。或者教师找有相同特点的学生，让学生用"都"说句子。例如：

（1）师：大卫，合上书。安娜，也合上书。

　　　生：大卫和安娜都合上书。

（2）师：大卫高吗？

　　　生：很高。

　　　师：皮特呢？

生：也很高。

师：用"都"怎么说？

生：大卫和皮特都很高。/他们都很高。

▶第二步：学习"每……都……"

1. 导入和讲解

师：（出示图片）这些孩子，谁可爱？

生：（可能会说错）都他们很可爱。

师：我们应该说：他们都很可爱。我们还可以说：每（一）个孩子都很可爱。（板书，齐读）

生：每（一）个孩子都很可爱。

课程表	星期一	星期二	星期三	星期四	星期五
8:00—8:45	语文	科学	语文	语文	数学
9:00—9:45	数学	美术	数学	阅读	语文
10:00—10:45	英语	语文	科学	健康	英语
11:00—11:45	美术	数学	体育	数学	阅读
14:00—14:45	音乐	健康	英语	英语	科学
15:00—15:45	体育	阅读	美术	音乐	体育
放学	作业	作业	作业	作业	作业

师：（出示图片）这是他们的课程表。他们哪天有课？

生：（可能会说）星期一、星期二、星期三、星期四、星期五。

师：我们可以说：他们每天都有课。（板书，齐读）

生：他们每天都有课。

师：什么课他们每天都有？

生：语文课、数学课。

师：我们可以说：他们每天都有语文课和数学课。（板书，齐读）

生：他们每天都有语文课和数学课。

师：他们每天都是几点上课？

生：他们每天都是8点上课。（板书）

师：他们每天都是几点下课？

生：他们每天都是15点45分下课。（板书）

师：他们每天都有作业吗？

生：他们每天都有作业。（板书）

词 类

师：（出示图片）他们穿的衣服一样吗？

生：一样。

师：用"都"怎么说？

生：<u>他们穿的衣服都一样。</u>（板书）

师：还可以说：<u>操场上每（一）个人穿的衣服都一样。</u>（板书，齐读）

生：操场上每（一）个人穿的衣服都一样。

师：他们都在做什么？站着还是坐着？

生：他们都站着。

师：还可以说：<u>操场上每（一）个人都站着。</u>（板书，齐读）

生：操场上每（一）个人都站着。

师：（根据例句总结格式）

每……都……

2. 操练

操练1：判断对错

（1）我们不是每天都上课。　　　　　　　　　　　　　　　　　　　　　　（　　）

（2）都班里每个同学喜欢跑步。　　　　　　　　　　　　　　　　　　　　（　　）

（3）妈妈很漂亮，丽丽也很漂亮，妈妈和丽丽很都漂亮。　　　　　　　　　（　　）

（4）烤鸭和比萨都很好吃，但不都便宜，都很贵。　　　　　　　　　　　　（　　）

（5）玛丽和安娜是美国人都。　　　　　　　　　　　　　　　　　　　　　（　　）

操练2：看图说话

①

②

③

④

操练3：看谁站得多

教师说出一个关键词，符合这个关键词的学生站起来，其他学生用"复数＋都＋V/Adj"说句子。如果所有人都站起来了，学生用"每……都……"说句子。

关键词：高、头发长、学习刻苦、来自美国、考试80分以上、穿蓝色上衣、喜欢跑步……

案例 2：情景举例法

▶第一步：学习"复数 + 都……"

1. 导入和讲解

师：（复习旧知"也"，导入新知"都"）

　　淑珍是韩国人，贞爱也是韩国人。我们可以说：<u>淑珍和贞爱都是韩国人。</u>（板书，齐读）

生：淑珍和贞爱都是韩国人。

师：大卫喜欢打篮球，马克也喜欢打篮球。用"都"怎么说？

生：<u>大卫和马克都喜欢打篮球。</u>（板书，齐读）

师：你们谁喜欢吃饺子？

生：（可能会说错）都我们喜欢吃饺子。

师：应该说：<u>我们都喜欢吃饺子。</u>（板书，齐读）

生：我们都喜欢吃饺子。

师：（根据例句总结格式）

　　复数 + 都……

2. 操练

用"都"回答问题

（1）我们班谁是韩国人 / 日本人 / 英国人 / 俄罗斯人？（根据本班情况设计问题）

（2）水果和蔬菜哪个更健康？

▶第二步：学习"每……都……"

1. 导入和讲解

师：我们班的同学谁刻苦？

生：（可能会说错）都我们很刻苦。

师：（引导）我们应该说：我们都很刻苦，<u>我们班每（一）个同学都很刻苦。</u>（板书，齐读）

生：我们班每（一）个同学都很刻苦。

师：对，我们班的同学每（一）个都很刻苦，女同学每（一）个都很漂亮，男同学每（一）个都很帅。（板书）你们每天都有课吗？

生：不，<u>我们不是每天都有课。</u>（板书）

师：（根据例句总结格式）

　　每……都……

2. 操练

用"每……都……"回答问题

（1）我们班谁喜欢游泳 / 打球 / 跑步 / 听音乐？（根据本班情况设计问题）

（2）你们谁喜欢吃中餐？

词　类

课堂活动

1 帮他们找朋友

例如：C和E都是医生。

2 我们是朋友

请两个学生站在教室的前面。一个学生说"我喜欢……，我会……"，另一个学生说"我也喜欢……，我也会……"，坐在下面的学生就要说"他们是好朋友，他们都喜欢……，都会……"。

课后练习

一、选择正确答案。

1. 哥哥和弟弟都喜欢跑步，但都不喜欢游泳。（　　）
   A. 哥哥喜欢跑步，弟弟不喜欢跑步。
   B. 哥哥喜欢跑步，弟弟喜欢游泳。
   C. 哥哥和弟弟都不喜欢跑步和游泳。
   D. 哥哥喜欢跑步，但不喜欢游泳。

2. 我们班每个人都去了他的生日宴，但不是每个人都送了他礼物。（　　）
   A. 我们班每个人都送了他礼物。
   B. 我们班每个人都没去他的生日宴。
   C. 我们班每个人都去了他的生日宴，但有的人没送他礼物。
   D. 我们班每个人都没送他礼物。

3. 丽丽和小美都很漂亮，性格也都很好。（　　）
   A. 丽丽和小美很漂亮，但性格不好。
   B. 丽丽很漂亮，小美不漂亮。
   C. 丽丽和小美性格都很好，但都不漂亮。
   D. 丽丽很漂亮，性格也很好。

二、仿照例子，改写句子。

例：大卫是美国人，安娜也是美国人。——大卫和安娜都是美国人。

1. 丽丽想去上海旅游，小王也想去上海旅游。
   _____

2. 苹果很甜，葡萄也很甜。
   _____

3. 小明喜欢看电影，小张也喜欢看电影。
   _____

4. 妈妈很漂亮，姐姐很漂亮，我也很漂亮。
   _____

5. 周一有汉语课，周二和周四也有汉语课。
   _____

三、把"都"放在合适的位置。

1. A 爸爸妈妈和我 B 不 C 喜欢吃辣的 D。
2. A 北京的春天和秋天 B 很 C 舒服 D。
3. A 我们家 B 每个人 C 不想 D 去公园。
4. A 大卫和皮特 B 是 C 来自英国的 D 留学生。
5. A 他 B 每年 C 来 D 参观博物馆。

四、看图片，写句子。

1.

2.

3.

4.

安娜　　　丽莎

5.

小明　　　丽丽

词 类

17 副词：正、在、正在（一级）

本体知识

副词"正、在、正在"表示动作正在进行或正在持续，常和"呢"搭配使用。

格式：

1 肯定形式：在 / 正在 + V

孩子在睡觉，你别说话。
外边正在下雨。

正 / 在 / 正在 + V + 呢
他正 / 在 / 正在打球呢。

2 疑问形式：在 + V + 吗？

他在看书吗？

3 否定形式：没（有）(+ 在) + V

A：她在唱歌吗？
B：她没有唱歌。
A：你在上课吗？
B：我没在上课。

常见偏误

1 * 而且现在大企业也正在实行了这项规定。

改为：而且现在大企业也正在实行这项规定。
分析："正在"表示动作正在进行，而句中的"了"表示动作或状态的实现，和"正在"的语义矛盾。

2 * 很多人正在饥饿。

改为：很多人正在挨饿。
分析："饥饿"是形容词，"正在"后面需搭配动词。

3 * 她正在戴着一顶红帽子，非常漂亮。

改为：她戴着一顶红帽子，非常漂亮。
分析："戴着一顶红帽子"是一种静态的状态持续，应该用"着"表达。"正在"

常用来表达动作正在进行，如"她正在戴帽子"是说"戴帽子"这个动作正在进行。从句意来看，应该是静态的状态持续。

4 * **她正在看看书。**

改为：她正在看书。/ 她看看书就睡觉了。

分析："正在"表示动作正在进行，而动词重叠表示动作进行的时间不长，二者矛盾。

5 * **正在世界各国的科学家研究化肥和农药。**

改为：世界各国的科学家正在研究化肥和农药。

分析："正在"是副词，需要放在动词前，主语后。

教学提示

1 表示动作正在进行，可以用"正在"，也可以用"正""在"，还可以都不用，只用"呢"。如：

　　他正在看书。　他在看书。　他正看书呢。　他看书呢。

2 注意"正"与"在""正在"的区别："正"后不能用动词的单纯形式，"在""正在"可以。如：

　　我们在讨论。　我们正在讨论。　我们正讨论着呢。　*我们正讨论。

3 注意"正在"不能和动词重叠共现，因为动词重叠有"时间短"的语法意义，和"正在"表达的"动作进行、持续"相矛盾。

4 注意"正在"和"现在"的区别：前者是时间副词，后者是时间名词。

教学案例

📖 案例1：图片法

1. 导入和讲解

师：（出示图片）她在做什么？

生：写字。/ 写毛笔字。

师：我们可以说：<u>她在写字。/ 她正在写字。</u>（板书，齐读）

生：她在写字。/ 她正在写字。

师：还可以说：<u>她正写字呢。/ 她在写字呢。/ 她正在写字呢。</u>（板书，齐读）

生：她正写字呢。/ 她在写字呢。她正在写字呢。

师：<u>你们在写字吗？</u>（板书）

生：没有。

师：你们没有写字，我们可以说：我们没（在）写字。（板书，齐读）

生：我们没（在）写字。

师：那你们在做什么呢？

生：我们在上课。

师：（根据例句总结格式）

　　在 / 正在 + V

　　正 / 在 / 正在 + V + 呢

　　在 + V + 吗？

　　没（有）（+ 在）+ V

2. 操练

操练 1：师生问答

师：（出示图片）他们在做什么呢？

生：他们在拍照。

师：（出示图片）他们在吃饭吗？

生：他们没在吃饭。

师：那他们在做什么？

生：他们在打电话。

操练 2：看图说话

A：他（们）在做什么？/ 他们在……吗？

B：他（们）在…… / 他（们）……

①
②
③
④
⑤
⑥

案例 2：动作演示法

1. 导入和讲解

师：（做在黑板上写字的动作）老师在做什么？（板书）

生：写字。

师：对，老师（正）在写字。（板书，齐读）

生：老师（正）在写字。

师：你们呢，你们在做什么？

生：我们（正）在听课。

师：（做睡觉的动作）老师在做什么？

生：老师正睡觉呢。/ 老师在睡觉呢。/ 老师正在睡觉呢。（板书，齐读）

师：你们在睡觉吗？（板书）

生：没有。

师：我们可以说：我们没（在）睡觉。（板书，齐读）

生：我们没（在）睡觉。

师：（根据例句总结格式）

　　在 / 正在 + V

　　正 / 在 / 正在 + V + 呢

　　在 + V + 吗？

　　没（有）(+ 在) + V

2. 操练

操练 1：说说老师在做什么

师：昨天早上 8 点——（做跑步的动作）

生：昨天早上 8 点老师在跑步。

师：昨天下午 3 点——（做看书的动作）

生：昨天下午 3 点老师在看书。

师：你们昨天下午 3 点在看书吗？

生：我们昨天下午 3 点没有看书，我们在……

师：昨天晚上 9 点——（做洗脸的动作）

生：昨天晚上 9 点老师在洗脸。

操练 2：两人一组，说说你的一天

两个人一起，说说你们昨天几点在做什么，你们做的一样吗。

课堂活动

1 我做你猜

教师提前准备一些词语卡片，学生三人一组轮流抽卡片并表演。

词语示例：看书、洗澡、唱歌、跳舞、睡觉、吃饭、听音乐、踢球、刷牙、打电话

A：（做打电话的动作）
B：你在听音乐吗？
A：不对，我没在听音乐。
B：你在打电话吗？
A：对，我在打电话。

2 快乐的时间

教师提前让学生准备一些照片并在课前收集好。等到课堂活动环节，邀请学生上前随机抽取一张照片，描述照片上的人在做什么。其他学生需要认真听，判断是否是自己的照片。如果是的话，需要简单介绍一下照片的拍摄背景，然后再抽取新的照片进行描述。

课后练习

一、听一听，连一连。🎧

| 玛丽 | 托尼 | 老师 | 安娜 | 大卫 | 李明 |

| 打电话 | 唱歌 | 玩游戏 | 聊天 | 看书 | 听音乐 |

二、看图说话。

用"正 / 在 / 正在 + V + 呢"说一说他们在做什么。

1.
2.
3.

4.    5.    6.

三、用"没(有)(+在)+V"或者"正/在/正在+V+呢"完成下列句子。

1. 老师进来的时候，_____。

2. 我昨天看见他的时候，_____。

3. A：你在上课吗？

   B：_____。

4. 我刚才给他打电话了，_____。

5. A：你看，那些孩子正在做什么？

   B：_____。

四、用"正在"写一段话描写下面的图片。

词 类

18 副词：常常（一级）

本体知识

"常常"是一个副词，在句中作状语，一般放在谓语动词或形容词之前。表示动作行为发生的次数多，而且时间间隔不久。如：

（1）爷爷90岁以后常常生病。

（2）她工作积极，常常受到表扬。

格式：**S + 常常 + V**

她常常跑步。

常见偏误

1 * 上个学期，我们一起常常去上舞蹈课。

改为：上个学期，我们常常一起去上舞蹈课。

分析：表示频率的副词"常常"在多层状语中多放在前面。

2 * 我晚上接电话后，时时不能睡觉。

改为：我晚上接电话后，常常不能睡觉。

分析：从词语的搭配特征上看，"时时"多与瞬间动词搭配，"常常"可以与非瞬间动词和否定副词"不"搭配，而"睡觉"为非瞬间动词，不能被"时时"修饰，因此，此处应改为"常常"。

3 * 我以后会往往来看你。

改为：我以后会常常来看你。

分析："常常"和"往往"都是表示次数多的副词，但是"常常"可以用在过去、现在和未来，而"往往"只能用在过去，此处说的是将来的事情，所以应该用"常常"。

4 * 我现在也往往去老师家做客。

改为：我现在也常常去老师家做客。

分析："常常"和"往往"都是表示次数多的副词，但是"常常"可以用在过去、现在和未来，而"往往"只能用在过去，此处说的是现在的事情，而且该句没有规律性、经验性的语义，所以应该用"常常"。

词 类

教学提示

1. 提醒学生注意"常常"在句中的位置。

2. 注意"常常"和"往往"的不同:"常常"表示次数多,可以用于过去、现在和将来;"往往"在表示次数多的同时还强调规律性和经验性,只用于已经发生的事情。在"常常"的误用类偏误中,"往往"占比最大[1],所以要格外注意。但"常常"是一级语法点,"往往"是三级语法点,在接触"常常"时不需要对二者进行辨析。

3. "常常"是一级语法点,教学初期偏误较少,但到教学后期接触到了"往往""经常""时常""时时"等近义词时要注意辨析教学。

教学案例

案例 1:情景举例法

1. 导入和讲解

师:你们怎么来学校?

生1:坐公共汽车。

生2:坐出租车。

生3:走路。

师:你每天都坐公共汽车来学校吗?

生1:是的。

师:那么我们说:<u>我常常坐公共汽车。</u>(板书,齐读)

生:我常常坐公共汽车。

师:坐出租车,怎么说呢?

生2:<u>我常常坐出租车。</u>(板书)

师:走路呢?

生3:<u>我常常走路。</u>(板书)

师:(根据例句总结格式)

　　S +常常 + V

---

[1] 程亚静《对外汉语教学中频率副词的语义描写、误用类偏误分析及教学设计——以含"常""时"类语素为例》,2021,山西大学硕士学位论文。

2. 操练

操练1：根据实际情况选择并说句子

（1）我常常吃（　　）。
　　A. 米饭　　　　　　B. 面包　　　　　　C. 面条

（2）我常常喝（　　）。
　　A. 茶　　　　　　　B. 咖啡　　　　　　C. 水

（3）我常常看（　　）。
　　A. 电影　　　　　　B. 书　　　　　　　C. 手机

（4）我喜欢出去玩，常常坐（　　）。
　　A. 公共汽车　　　　B. 出租车　　　　　C. 地铁

（5）我喜欢运动，常常（　　）。
　　A. 跑步　　　　　　B. 打球　　　　　　C. 骑自行车

操练2：用"常常"说说你的爱好

如：我常常唱歌／看书／跑步……

📖 案例2：图片法

1. 导入和讲解

师：（出示图片）他们在做什么？

生：跑步。

师：对，他们是运动员。跑步是他们的工作，我们说：<u>他们常常跑步。</u>（板书，齐读）

生：他们常常跑步。

师：你们是学生，你们常常做什么？

生1：<u>我们常常上课。</u>（板书）

生2：<u>我们常常写作业。</u>（板书）

……

师：（根据例句总结格式）
　　　S ＋ 常常 ＋ V

2. 操练

操练1：看图回答问题

他们常常做什么？

词　类

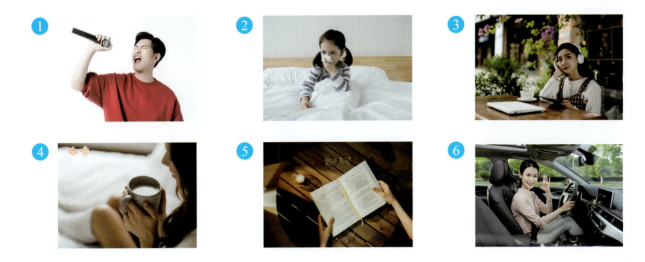

操练 2：我的一天

请根据自己的情况填写下面的表格，并用"常常"说一说自己一天的活动。

活动	时间
起床	
吃早饭	
吃午饭	
吃晚饭	
写作业	
看书	
睡觉	

例如：我常常_____起床。

课堂活动

1　你比画我猜

　　全班分为两组，一个人比画自己常常做的事情，另一个人说"你常常……"，猜对之后将自己常常做的事情比画给下一个人猜测，接龙你比画我猜，规定时间内猜对更多的组获胜。

2　我的爱好

　　每个学生用"常常"说说自己的爱好，说一次记一个"正"字笔画，看看哪种爱好最受欢迎。

课后练习

一、听一听，连一连。🎧

| 安娜 | 大卫 | 丽莎 | 玛丽 | 托尼 |

| 跑步 | 看电影 | 玩手机 | 看书 | 打球 |

二、把"常常"放在合适的位置。

1. A 我 B 在 C 饭店 D 吃饭。
2. 他 A 在图书馆 B 写 C 作业 D。
3. A 我 B 跟 C 玛丽出去 D 玩。
4. A 我们班 B 一起 C 看 D 电影。
5. 我的朋友 A 和 B 我一起 C 跑步 D。

三、用"常常"回答问题。

1. 你周末喜欢做什么？
2. 你几点起床？
3. 你几点睡觉？
4. 你几点写作业？
5. 你常常玩手机吗？

四、介绍你的一天。

我每天上午_____，中午_____，下午_____，晚上_____。

我很喜欢_____，常常_____。

词 类

19 副词：再（一级）

本体知识

副词"再"放在动词前面作状语，用法比较复杂，简单总结如下：

1. 表示同一动作的重复或继续，多指还未实现的或经常性的动作。如：
   （1）我没听清楚，请你再说一遍。
   （2）我们再坐一会儿吧。

2. 表示动作将在另一个动作结束后出现。如：
   我吃完饭再回去。

3. 用于假设句，表示动作的持续或状态的延续，后面常与"就"呼应。如：
   你（要是）再哭，我们就走了。

4. 用在形容词前面，表示程度的加深。如：
   （1）还可以写得（比这）再简洁些。
   （2）你能来就再好不过了。
   （3）这菜好吃得不能再好吃了。
   （4）你说得再多也没用，他根本不听。

5. 用在否定结构中，表示动作不重复或不继续下去。如：
   （1）这地方我不喜欢，以后不再来了。
   （2）他从走了之后就没再来过。
   （3）我再也不想见他了。

6. "再"和能愿动词共现时，一般放在能愿动词的后面。如：
   （1）我可以再去一次吗？
   （2）你应该再买一本。

本教学设计仅涉及一级语法点：表示动作的重复或继续的"再"。

格式：

1 再 + V

我明天再去看看。

2 会 / 能 / 想 / 可以 + 再 + V

我想再去看一次。

常见偏误

1 * 听了两个人的借口，这个和尚既了解了一些他们的情况，又再想出来一个办法。

改为：听了两个人的借口，这个和尚既了解了一些他们的情况，又想出一个办法。

分析：副词"再"和"又"都可以表示动作的重复，"又"用于已实现的动作，"再"用于未实现的动作，二者不能同时使用。

2 * 吃完饭后，我们再去了卖VCD的地方。

改为：吃完饭后，我们又去了卖VCD的地方。

* 面试官再说了一遍，可是我还是听不懂。

改为：面试官又说了一遍，可是我还是听不懂。

分析：在表示动作重复时，"又"用于已实现的动作，"再"用于未实现的动作，上面的例句中"了"表明是已经实现的动作，应用"又"。

3 * 我希望又去一次日本。

改为：我希望再去一次日本。

分析：在表示动作重复时，"又"用于已经实现的动作，"再"用于未实现的动作，该句中"希望"表示动作还没有发生，应该用"再"。

4 * 如果有机会，我一定要去潜水再，放松自己。

改为：如果有机会，我一定要再去潜水，放松自己。

* 老师，您说再一遍，可以吗？

改为：老师，您再说一遍，可以吗？

分析：副词"再"应放在动词之前，不能放在句尾或者动词后。

5 * 四川很有意思，我再想去一次。

改为：四川很有意思，我想再去一次。

* 如果有机会的话，我再想去北京旅行。

改为：如果有机会的话，我想再去北京旅行。

分析："再"和能愿动词共现时，"再"应放在能愿动词的后面。

教学提示

1 "再"是一级语法点，"又"是二级语法点，二者的对比可放在"又"的教学部分。

2 在"再"的教学过程中注意设置尚未实现的动作。

词 类

教学案例

案例1：图片法

▶第一步：学习只有副词"再"的情况

1. 导入和讲解

师：（出示图片）这是哪儿？

生：故宫。

师：你们去过故宫吗？

生：我去过故宫。

师：我也去过故宫，故宫很漂亮，明天我们再去一次，好吗？（板书，齐读）

生：明天我们再去一次。

师：（根据例句总结格式）

如果想重复做某个动作，但还没有重复，可以用：

再 + V

2. 操练

快速回答问题

（1）老师说的话你没听懂，怎么办？

（2）作业写错了，怎么办？

（3）有个句子你说错了，怎么办？

（4）这本书很有意思，你想再看一遍吗？

▶第二步：学习和能愿动词共现时的情况

1. 导入和讲解

师：（出示图片）你吃了一个香蕉，如果你想吃第二个，
　　应该怎么说？

生：（可能会说）我再想吃一个。

师：这样说是不对的，应该说：我想再吃一个。（板书，齐读）

生：我想再吃一个。

师：你想再吃点儿什么？

生：……

师：（根据例句总结格式）

"再"和"会、能、想、可以"等能愿动词在一起的时候，应该放在能愿
动词的后面：

会 / 能 / 想 / 可以 + 再 + V

2. 操练

快速回答

（1）如果你买了一本很好的书，想给朋友也买一本，怎么说？

（2）上周你去了天坛，明天你还想去一次，怎么说？

（3）昨天听的歌曲很好听，今天你还想听一遍，怎么说？

案例 2：情景举例法

▶ 第一步：学习只有副词"再"的情况

1. 导入和讲解

师：大家周末预习生词了吗？

生：预习了。

师：（根据预习的生词，让学生到黑板上写字，等学生写完）<u>请你再写一个</u>。（板书，齐读）

生：请你再写一个。

师：（根据例句总结格式）

  当我们想重复做某个动作，但还没有重复的时候，我们可以用：

  再＋V

2. 操练

快速回答问题

（1）如果老师讲的语法你没听懂，怎么办？

（2）学习过的知识你忘记了，怎么办？

（3）刚洗过的衣服脏了，怎么办？

▶ 第二步：学习和能愿动词共现时的情况

1. 导入和讲解

师：大家周末还做了什么？

生：游泳、看电影、听音乐、看书……

师：我看了一部电影，我很喜欢，<u>周末我要再看一遍</u>。（重音放在"再"上，并板书，齐读）

生：周末我要再看一遍。

师：大卫，你周末做了什么？

大卫：我去看话剧了。

师：好的，你下个周末准备做什么？

大卫：下个周末我想再去看一次。（板书）

师：（根据例句总结格式）

"再"和"会、能、想、可以"等能愿动词同时出现时，应放在能愿动词后面：

会 / 能 / 想 / 可以 + 再 + V

2. 操练

快速回答问题

（1）故宫很漂亮，你还想去一次，可以怎么说？

（2）烤鸭很好吃，你还想吃一次，可以怎么说？

（3）这本书很好看，你还想读一遍，可以怎么说？

（4）这个游戏很好玩，你还想玩一遍，可以怎么说？

（5）如果你买了一双鞋，很便宜，想给妹妹也买一双，你怎么告诉售货员？

课堂活动

1 我说你做

两人一组，第一个学生先做一个动作，第二个学生说"请你再……"，第一个学生按照第二个学生说的做，说"好，我再……"。如：第一个学生先举起右手，然后放下；第二个学生说"请你再举起右手"；第一个学生重复举起右手的动作，并说"好，我再举起右手"。

2 我是小老师

一个学生站在前面，作为小老师给全班同学听写，"请大家再写一遍……"或者"请你们再写一个……"，其他学生如果听不懂，可以要求：请你再说一遍。

注意：必须找已经学过的词。

课后练习

一、听一听，选择正确答案。

1. A. 他们今天看了电影。　　　　B. 他们今天没看到电影。
   C. 他们明天会再看一遍电影。　D. 他们不喜欢这部电影。

2. A. 她没去过颐和园，想去看。　B. 她又去了一次颐和园。
   C. 她去过颐和园，但想再去一次。D. 她去过颐和园，不想再去了。

3. A. 她没买到裙子。

　　B. 她买到了一条裙子，她很喜欢，想再买一条。

　　C. 她买到了一条裙子，她不想再买了。

　　D. 她打算再买两条裙子。

二、根据实际情况用"再"回答问题。

1. 你今天拜访朋友，但是朋友没在家，你明天还会来，你会怎么说？
2. 你读了一遍课文，老师想让你的同桌大卫也读一遍，老师会怎么说？
3. 露西唱歌很好听，你还想听，你会怎么说？
4. 北京很好玩，你还想去，你会怎么说？
5. 你没有听明白别人说的话，你会怎么说？
6. 妈妈认为你吃得很少，希望你多吃一点儿，妈妈会怎么说？

三、把"再"放在合适的位置。

1. A 我 B 想 C 看一个小时电视 D。
2. 我们 A 学习完第五课 B 学习 C 第六课 D。
3. A 你 B 明天 C 来 D。
4. A 我 B 想 C 喝 D 一杯。

词 类

20 副词：再（一级）VS 又（二级）

本体知识

副词"再"和"又"都放在动词前面作状语，表示动作或情况的重复。二者的不同表现在："再"的基本语义是"重复"，而"又"的基本语义是"添加"；"再"用于未然的重复、假设的重复，"又"用于已然的重复、确定的重复。

"再"用于表示尚未重复的动作或情况；"又"一般用来表示已经重复的动作或情况，常和"了"一起使用。另外，有规律性的或者可以预见的重复动作，虽然尚未发生，但也用"又"。如：

（1）这本书我看完了，非常有意思，以后有时间我想再看一遍。
（2）这本书去年我看了一遍，非常有意思，上个星期我又看了一遍。
（3）明天又是周末了。
（4）你这么说妈妈又要生气了。

如果有能愿动词，"再"一般放在能愿动词的后面，"又"一般放在能愿动词的前面。如：

（1）你应该再买一本。
（2）我又可以出去了。

格式：

1 再 + V

我明天再去看看。

2 会 / 能 / 想 / 可以 + 再 + V

我想再去看一次。

1 又 + V + 了

我又看了一遍。

2 又 + 会 / 能 / 想 / 可以 + V

我又能游泳了。

常见偏误

1 * 老师再讲了一遍，我才听懂。
　　改为：老师又讲了一遍，我才听懂。

* 三个人都无可奈何，再考虑了一段时间。
　　改为：三个人都无可奈何，又考虑了一段时间。

* 可是不久他再吸了烟。

改为：可是不久他又吸了烟。

分析：已经发生的重复，应该用"又"。

2 * 爷爷，希望你又到我梦中。

改为：爷爷，希望你再到我梦中。

* 这绝对是我最后一次，请你又相信我一次吧。

改为：这绝对是我最后一次，请你再相信我一次吧。

分析：表示尚未发生的重复，应该用"再"。

3 * 这本书很有意思，我再想看一遍。

改为：这本书很有意思，我想再看一遍。

分析："再"和能愿动词共现时，"再"应放在能愿动词的后面。

4 * 又夜晚来临了。

改为：夜晚又来临了。

分析：副词"再、又"一般放在主语后。

5 * 明天再轮到你值日了。

改为：明天又轮到你值日了。

分析：具有周期规律性的活动，即使尚未发生，也应该用"又"。

教学提示

1 用对比的方式讲清楚二者的不同。

2 "再"是一级语法点，"又"是二级语法点，可以在"又"的教学过程中讲解二者的区别。

教学案例

▶第一步：学习基本意思

案例1：图片法

1. 导入和讲解

师：（出示图片）去年我们第一次去故宫，故宫特别漂亮，昨天我们第二次去了故宫，我们可以说：昨天我们又去了一次故宫。（板书，齐读）

生：昨天我们又去了一次故宫。

师：故宫太大了，昨天没看完，<u>你们想再去一次吗？</u>（板书）

生：想。

师：那我们冬天再去一次故宫怎么样？

生：好，<u>冬天我们再去一次故宫。</u>（板书）

师：<u>我们昨天又去了一次，冬天会再去一次。</u>（板书）

（根据例句总结格式）

如果已经重复做了某个动作，我们就可以说：又 + V + 了

如果只是想重复做某个动作，但还没有重复做，我们就要用：再 + V

2. 操练

回答问题

（1）我们的课文很有意思，我昨天看了一遍，今天早上是第二次看，可以怎么说？

（2）烤鸭很好吃，昨天我去吃了一次，明天我打算去吃第二次，怎么说呢？

（3）生词我们昨天学了一遍，刚才学了第二遍，怎么说呢？

（4）生词太难了，明天我们要学习第三遍，怎么说？

案例 2：动作演示法

1. 导入和讲解

师：（让学生在黑板上写字，等学生写完）<u>请你再写一个。</u>（板书）

（同时示意重复，学生写完之后）<u>他又写了一个。</u>（板书，齐读）

生：他又写了一个。

师：（根据例句总结格式）

想重复做某个动作，但还没有做的时候，我们用：再 + V

已经重复做了某个动作的时候，我们用：又 + V + 了

2. 操练

回答问题

（1）如果老师讲的语法你没听懂，怎么办？

（2）老师讲了一遍，刚才讲了第二遍，可以怎么说？

（3）如果你买了一双鞋，很便宜，想买第二双，你怎么告诉售货员？

▶第二步：学习和能愿动词共现时的情况

📖 案例 3：情景举例法

1. 导入和讲解

师：你吃了一个香蕉，如果你想吃第二个，应该怎么说？

生：（可能会说）我再想吃一个。

师：我们应该说：<u>我想再吃一个</u>。（板书，齐读）

生：我想再吃一个。

师：如果你以前会游泳，但上星期你感冒了，你还能游泳吗？

生：不能游泳了。

师：<u>今天你好了，你又能游泳了</u>。（板书，齐读）

生：今天我好了，我又能游泳了。

师：（根据例句总结格式）

"再"和"会、能、想、可以"等能愿动词在一起的时候，我们应该用：

会 / 能 / 想 / 可以 ＋ 再 ＋ V　　　　我能再看一遍吗？

"又"和"会、能、想、可以"等能愿动词在一起的时候，我们应该用：

又 ＋ 会 / 能 / 想 / 可以 ＋ V　　　　考完了试，我今天又可以去看电影了。

2. 操练

回答问题

（1）如果你买了一本很好的书，想给朋友也买一本，怎么说？

（2）上周你去了天坛，明天你还想去一次，怎么说？

（3）你的好朋友从国外回来了，你能和他像以前一样聊天了，怎么说？

（4）他感冒好了，可以像以前一样游泳了，怎么说？

课堂活动

1 我说你做他描写

三人一组，第一个学生先做一个动作，第二个学生说"请你再……"，第一个学生按照第二个学生说的做，并说"好，我再……"，第三个学生要说"他又……了"。

2 汉字大比拼

一个学生在黑板上写汉字，其他学生说"请你再写一个……"。他写完后，教师问"他做什么了？"，大家一起说"他又写了一个……"。写完五个换另一个学生。

注意：必须找已经学过的汉字。

课后练习

一、听一听，选择正确答案。🎧

1. A. 小宋一定会赢。　　　　　　　　　B. 小宋以前赢过。
   C. 小宋以前没有赢过。　　　　　　　D. 小宋要参加乒乓球比赛。

2. A. 我没看过这部电影，想去看。　　　B. 我又看了一遍这部电影。
   C. 我看过这部电影，但想再看一遍。　D. 我看过这部电影，不想再看了。

3. A. 我没看过这本书。　　　　　　　　B. 我已经买过这本书。
   C. 我没有买过这本书。　　　　　　　D. 我打算再买两本书。

二、选词填空。

再　　又

1. 她昨天没吃饭，今天_____没吃饭。
2. 我这条裙子又漂亮又舒服，我想_____买一条。
3. 这部电影我已经看过了，不想_____看了。
4. 妈妈昨天_____打电话问我找工作的事情了。
5. 李明刚才来找你，你不在，他说明天_____来找你。
6. 最近大卫常常迟到，上星期迟到了两次，昨天_____迟到了。昨天老师告诉大卫："如果明天_____迟到，你就给全班同学唱歌。"今天早上八点半大卫才到教室，老师说，"大卫，你_____迟到了，你必须给大家唱歌。"大卫没办法，只好唱了一首中文歌，我们都觉得很好听，都让他_____唱一首，大卫只好_____唱了一首。我们都开玩笑说："大卫，你唱得太好听了，明天你一定要_____迟到啊！"

三、把所给词语放在合适的位置。

1. A 昨天 B 我 C 拍了一些照片 D。　　　　　　　　　　（又）
2. 他 A 上午 B 去 C 颐和园 D 了。　　　　　　　　　　（又）
3. A 我 B 想 C 看一个小时电视 D。　　　　　　　　　　（再）
4. 我们 A 学习完第五课 B 学习 C 第六课 D。　　　　　（再）

词 类

21 副词：还（二级）

本体知识

时间副词"还"表示动作或状态在延续，没有改变，有"仍然"的意思。如：
（1）已经晚上十一点了，他还在学习。
（2）我现在还没有买到那本书。

可图示为：

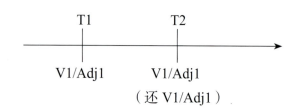

格式：

1 S + 还 + 在 + V
晚上十一点，他还在加班。

2 S + 还 + 很 / 那么 / 这么 + Adj
经历了很多不好的事情，他还那么乐观。

3 S + 还 + 没 + V
我还没想好吃什么。

4 S + 还 + 会 / 能 / 想 / 可以 + V
我还想再吃一个。

常见偏误

1 ＊我在这次旅行中第一次喝了工夫茶，有机会再想喝。

改为：我在这次旅行中第一次喝了工夫茶，有机会还想喝。

分析："还"和"再"的混用。和能愿动词共现时，"还"放在能愿动词的前面，"再"放在能愿动词的后面。

2 ＊直到现在我记忆犹新。

改为：直到现在我还记忆犹新。

* 我已经长大了，他把我当成小孩看待。

改为：我已经长大了，他还把我当成小孩看待。

* 一直到现在他对我的忠告是我精神上的支柱。

改为：一直到现在他对我的忠告还是我精神上的支柱。

分析：表示状态延续到现在，应该用"还"。

3 * 我没还发现这本书。

改为：我还没发现这本书。

分析："还"应该放在延续到现在的状态前，该句中延续到现在的状态是"没发现这本书"。

4 * 我想还去一次北京。

改为：我还想去一次北京。

分析：和能愿动词共现时，"还"应放在能愿动词前。

教学提示

1 注意"还"和"也"的不同："还"用于同一主语的句子中；"也"既能用于同一主语的句子，也能用于不同主语的句子。如：

（1）他以前很喜欢唱歌，现在还很喜欢。

（2）我喜欢唱歌，也喜欢跳舞。

（3）妹妹喜欢唱歌，姐姐也喜欢唱歌。

2 注意"还"和"又"的不同：前者是未然的情况，后者是已然的情况。如：

（1）他昨天来过，明天还来。

（2）他昨天来过，今天又来了。

3 "还"和能愿动词共现时，"还"放在能愿动词的前面。

教学案例

▶ 第一步：学习只有副词"还"的情况

案例 **1**：图片法

1. 导入和讲解

师：（出示图片）10点他在做什么？

生：学习。

师：（出示图片）12点他在学习吗？

生：在学习。

师：我们可以说：12点他还在学习。（板书，齐读）

生：12点他还在学习。

师：10点的时候他没有睡觉，12点的时候他睡了吗？

生：12点的时候，他还没睡。（板书，齐读）

师：他以前很努力，现在努力吗？

生：他现在还很努力。（板书）

师：他和以前一样那么努力，可以说：他还那么努力。（板书，齐读）

生：他还那么努力。

师：（根据例句总结格式）

当我们要表达某个动作或状态持续到某个时间没有变化的时候，我们可以说：

S＋还＋在＋V

S＋还＋很/那么/这么＋Adj

S＋还＋没＋V

2. 操练

看图说话

（1）她睡觉了吗？

（2）她起床了吗？

（3）十年前，他们很相爱很浪漫，结婚十年后，他们变了吗？

（4）他小时候很帅，现在帅吗？

他很帅！

他很帅！

案例 2：情景举例法

1. 导入和讲解

师：你们今天8点的时候在上课吗？

生：在上课。

师：现在10点了，你们在上课吗？

生：在上课。

师：你们8点的时候在上课，10点的时候在上课，我们就可以说：我们还在上课。（板书，齐读）

生：我们还在上课。

师：你们刚来的时候，习惯早上8点上课吗？

生：不习惯。

师：那你们现在习惯吗？

生：我们还没习惯。（板书，齐读）

师：大卫刚来中国的时候，上课会迟到，他懒吗？

生：他很懒。

师：他现在也会迟到，我们可以说：他还很懒。/ 他还那么懒。（板书，齐读）

生：他还很懒。/ 他还那么懒。

师：（根据例句总结格式）

  当我们要表达某个动作或状态持续到某个时间没有变化的时候，我们就用：

  S＋还＋在＋V

  S＋还＋很/那么/这么＋Adj

  S＋还＋没＋V

2. 操练

用"还"完成句子

（1）我小时候很喜欢唱歌，……

（2）他小时候很帅，……

（3）她年轻的时候很漂亮，……

（4）以前我不喜欢吃香菜，……

（5）他从小就很懒，……

（6）你小时候的想法变了吗？

▶ **第二步：学习和能愿动词共现时的情况**

📖 **案例 3：情景举例法**

1. 导入和讲解

师：你们喜欢长城吗？

生：喜欢。

师：我也很喜欢，我昨天去了一次，但时间太短，<u>我还想去一次</u>。（板书，齐读）

生：我还想去一次。

师：你们呢？

生：我们也还想去一次。

师：这个学期我们还有时间，<u>我们还能去一次</u>。（板书，齐读）

生：我们还能去一次。

师：昨天大卫开车带我们去了长城，你们觉得下次他还会送我们吗？

生：<u>我觉得他还会送我们</u>。（板书，齐读）

师：（根据例句总结格式）

　　当我们想让某个动作重复，或想让某件事情延续的时候，我们可以用：

　　S＋还＋会/能/想/可以＋V

2. 操练

用"还"补充完成句子

（1）我们玩了一次游戏，觉得很有意思，所以……

（2）我学了一年中文，以后……

（3）我昨天去打了一场球，很开心，明天……

（4）她昨天买了一条蓝裙子，样式很喜欢，……

（5）以前我想当老师/警察/医生，现在……

课堂活动

1 我的爱好

　　每个学生说一个自己从小到大都没有变化的爱好。比如：我喜欢游泳，小时候我很喜欢游泳，现在还很喜欢游泳。……

　　（为了保证学生认真听，教师可以随时找学生问"大卫的爱好是什么？他现在还喜欢……吗？"）

2 他怎么样

教师提前准备一些描写人的词语,如:

努力　懒　帅　漂亮　胆小　善良　爱读书　爱运动　爱吃零食　汉语不好
 1 　 2 　 3 　 4 　　 5 　　 6 　　 7 　　　 8 　　　 9 　　　 10

第一个学生选择一个自己喜欢的数字,如1,教师告诉大家"他很努力",让别的学生轮流接着往下说"他很努力,10点了还在学习""他很努力,周末还在上课"……直到说不出来。说不出来的学生可以选择一个自己喜欢的数字,继续进行。

3 懒人的一天

教师提前准备一些表示时间的词语,让学生用"还"造句,看看懒人的一天是怎样的。
词语:早上7点;早上8点;上午10点;中午12点;晚上8点……
如:早上7点,他还没有起床。
　　上午10点,他还没有吃早饭。
　　晚上8点,他还在看电视。

课后练习

一、听一听,选择正确答案。

1. A. 张华一直喜欢篮球,现在喜欢篮球。
   B. 张华现在还喜欢足球。
   C. 张华不喜欢足球了。
   D. 张华一直喜欢乒乓球。

2. A. 王丽还不喜欢篮球。　　　　　　B. 王丽一直不喜欢足球。
   C. 王丽很喜欢羽毛球。　　　　　　D. 王丽一直喜欢乒乓球。

3. A. 大卫现在喜欢吃苹果。　　　　　B. 大卫现在喜欢吃香蕉。
   C. 大卫现在喜欢吃橘子。　　　　　D. 大卫现在喜欢吃西瓜。

二、连词成句。

1. 看　想　我　一次　那部电影　还

　　_____

2. 好　还　没　我　准备

　　_____

3. 想好　工作　什么　做　她　没　还

_____

4. 再　还　烤鸭　一只　他们　吃　能

_____

三、把"还"放在合适的位置。

1. 他 A 想 B 再 C 吃 D 一袋薯片。
2. 12 点了，A 他 B 没 C 睡 D。
3. A 你 B 会 C 来 D 中国吗？

四、选词填空。

还　也　再

1. 我喜欢中国，我的朋友（　　）喜欢中国。
2. 过了那么多年，她（　　）那么漂亮。
3. 你吃得太少了，（　　）吃一点儿吧。
4. 故宫很漂亮，我（　　）想再去一次。
5. 我去过一次天安门，后来没有（　　）去过。

词 类

22 副词：有（一）点儿（二级）

本体知识

在表示程度时，"有点儿"表示稍微、略微，一般用在形容词或心理动词之前，多用于修饰不如意的事情。

格式： S + 有点儿 + Adj / V$_心$

这件衣服有点儿小。
玛丽有点儿想家。

在表示数量时，"有点儿"可以修饰名词，表示数量很少，但这种用法的"有点儿"不是副词，而是动宾短语"有点儿N"，层次应该是：有 + [（一）点儿 + N]，如"瓶子里还有点儿水"。这种用法的"有点儿"和副词"有点儿"不同。

常见偏误

1 *老师，你说得一点儿快，我听不懂。
改为：老师，你说得有点儿快，我听不懂。
分析："有点儿"和"一点儿"的误用。"一点儿"不可以放在形容词前面作状语，但"有点儿"可以。

2 *中国茶很好喝，你喝有点儿吧。
改为：中国茶很好喝，你喝一点儿吧。
分析："有点儿"和"一点儿"的误用。"有点儿"不可以放在动词后面作宾语，但"一点儿"可以。

3 *哥哥比弟弟有点儿高。
改为：哥哥比弟弟高一点儿。
分析："有点儿"和"一点儿"的误用，且语序不正确。"一点儿"可以放在形容词后作补语，但"有点儿"不可以。此比较句的句式为 A + 比 + B + Adj + 一点儿。

4 * 因为我认真复习了，所以考试的时候有点儿不紧张。

　　改为：因为我认真复习了，所以考试的时候不太紧张。

　　分析："有点儿"一般修饰不如意、说话人不喜欢的事情，此句中"不紧张"是积极的事情，不能用"有点儿"修饰。

5 * 她的男朋友有点儿帅。

　　改为：她的男朋友有点儿丑。/ 她的男朋友挺帅的。

　　分析："有点儿"后面常修饰消极意义的形容词。（注：现代年轻人似乎越来越接受后面带积极意义的形容词）

6 * 他有点儿矮个子。

　　改为：他的个子有点儿矮。

　　分析：在表示程度时，"有点儿"修饰形容词和心理动词，但"矮个子"整个结构是名词性的。在表示数量时，表面上看"有点儿"可以修饰名词，如"瓶子里还有点儿水"，实际上是：有 + [（一）点儿 + N]。

教学提示

1 教师在教学时要注意区分"一点儿"和"有点儿"：

在表达数量时，"一点儿"和"有点儿"都可以和名词搭配，表示数量少，"有点儿 + N"实为"有 + （一）点儿 + N"的省略式。对比如下：

　　一点儿 + N　　　　　　如：你该喝一点儿水了。

　　有 + （一）点儿 + N　　如：瓶子里还有（一）点儿水。

在表示程度时，"一点儿"可以放在形容词后作补语，"有点儿"放在形容词或心理动词之前作状语。对比如下：

　　Adj + 一点儿　　　　　如：那件大衣便宜一点儿。（表示比较）

　　有点儿 + Adj / V 心　　如：这件大衣有点儿贵。（表达自己的感觉）

　　　　　　　　　　　　　　我有点儿害怕。（表达自己的感觉）

2 "有点儿 + Adj"结构在当下语言运用中，褒义色彩越来越被大众接受，对于该结构感情色彩的限定越来越少。

教学案例

▶ 学习"S + 有点儿 + Adj / V心"

案例 1：图片法

1. 导入和讲解

师：（出示图片）看，这两件衣服，红色的 500 元，蓝色的 400 元，你们会买哪一件？为什么？

500 元　　400 元

生 1：我会买红色的，因为我觉得蓝色的不好看。

生 2：我会买蓝色的，因为红色的更贵。

师：蓝色的衣服非常丑吗？红色的非常贵吗？

生：不是非常丑。/ 不是非常贵。

师：那我们就可以说：<u>红色的有点儿贵，但是蓝色的有点儿丑</u>。（板书，齐读）

生：红色的有点儿贵，但是蓝色的有点儿丑。

师：（出示图片）如果秋天去北京，你们觉得应该选择哪件衣服？为什么？

生：我觉得应该买红色的，因为<u>北京有点儿冷</u>。（板书，齐读）

师：（出示图片）如果北京特别冷，而你没有带厚衣服，你会有什么感觉？

生：<u>我有点儿担心</u>。/ <u>我有点儿害怕</u>。（板书，齐读）

师：（根据例句总结格式）当我们要表达一种不太好的感觉时，可以说：

S + 有点儿 + Adj / V心

2. 操练

看图说话

菜辣吗？

❷

天气冷吗?

❸

车多吗?

▶ 辨析"有点儿"和"一点儿"

📖 案例2：图片法、对比法

1. 导入和讲解

师：（出示图片）这件衣服500元，你们会买吗？为什么？
生：老师，我不会买，因为我觉得贵。
师：非常贵吗？
生：不是非常贵。
师：我们可以说：<u>这件衣服有点儿贵。</u>（板书，齐读）
生：这件衣服有点儿贵。
师：我们想要更便宜的，怎么说？
生：可以便宜吗？
师：我们可以对售货员说：<u>可以便宜一点儿吗？</u>（板书，齐读）
生：可以便宜一点儿吗？
师：（出示图片）这条裤子怎么样？
生：<u>这条裤子有点儿小。</u>（板书，齐读）
师：我们可以对售货员怎么说？
生：裤子可以大一点儿吗？
师：我们可以说：<u>有大一点儿的吗？</u>（板书，齐读）
生：有大一点儿的吗？
师：（出示图片）如果售货员态度不太好，可以怎么说？
生：<u>售货员的态度有点儿差。</u>（板书）

500元

师：下次你们还去这儿买衣服吗？

生：不去了。

师：那下次去哪儿？

生：<u>下次去服务好一点儿的地方。</u>（板书）

师：（根据例句总结格式）

当我们要表达一种不太好的感觉时，可以说：有点儿 + Adj

当我们要表达某种希望时，可以说：Adj + 一点儿

2. 操练

退换货

你买了一件衣服、一条裙子或一双鞋，但大小、颜色、长短等不合适。请找售货员退货或换货。

课堂活动

1 画一画

两人一组，画一画对方，然后说说画得怎么样。

如：你画得很好，但是眼睛有点儿小，手有点儿长。

2 新的一年，新的自己

用"有点儿"和"一点儿"说说自己有哪些不好的地方，并说说新的一年怎么改正。

如：我有点儿马虎，新的一年，我希望自己认真一点儿。

3 一日老板

你是公司的老板,请你指出员工做得不好的地方。

如:麦克今天来得有点儿晚。

课后练习

一、听一听,判断对错。🎧

1. "我"的名字叫大雄。（　　）
2. 大雄很聪明,但做事情有点儿不认真。（　　）
3. 坐火车那天,大雄起得很早。（　　）
4. 那天大雄坐的火车晚点了。（　　）
5. "我"做事很认真。（　　）

二、选词填空。

有点儿　　一点儿

1. 下班以后,妈妈（　　）累。
2. 麦克比吉米高（　　）。
3. 这顶帽子太贵了,可以便宜（　　）吗?
4. 我的中文听力（　　）差,你可以说慢（　　）吗?
5. 这个房间（　　）小,我们需要大（　　）的。

三、选择正确的答案。

1. 有没有新鲜（　　）的水果?
   A. 有点儿　　B. 一点儿　　C. 一次　　D. 一下
2. 这个教室（　　）脏。
   A. 有点儿　　B. 一点儿　　C. 一次　　D. 一下

3. 这双鞋（　　）小，有没有大（　　）的？
   A. 有点儿　　　B. 一点儿　　　C. 一下　　　D. 只

4. 他很聪明，但是（　　）懒，如果能勤快（　　）就好了。
   A. 有点儿　　　B. 一点儿　　　C. 一下　　　D. 一回

四、合适的礼物。

朋友的生日快到了，请你买一个合适的礼物，并说说不合适的礼物都有什么问题。

词 类

23 副词：刚（二级）

本体知识

"刚"在句中作状语，一般放在谓语动词或形容词之前。主要有以下几种用法：

1. 表示某动作或某情况发生在不久前。如：我刚买了一条新裙子。

    需要注意的是，这是说话人自己主观上认为不久前，实际上别人可能觉得很久了。如：

    A：我刚到北京四五年，还不太熟悉。

    B：四五年还短吗？要是我早就熟悉了。

2. 表示某动作或某情况发生后不久。如：我刚毕业就结婚了。
3. 表示数量、时间等勉强达到某种程度。如：这次考试他刚及格。
4. 表示数量、时间、程度正好，正合适。如：这椅子刚合适，不高不矮。

本教学设计仅涉及表示时间的前两种用法。

格式：

1 S（+T$_点$）+ 刚 + V

我刚到北京。

我昨天刚买了一辆自行车。

2 S + 刚 + V + T$_段$ = S + V + 刚 + T$_段$

他们刚结婚半年。

他们结婚刚半年。

3 S + 刚 + V + 就……

他刚到北京就病了。

4 S + 刚 + V + 的时候，……

他大卫刚到北京的时候，对菜不太习惯。

常见偏误

1 *我刚才发现下周三我也有考试。

改为：我才发现下周三我也有考试。/ 我刚发现下周三我也有考试。

分析：强调动作行为发生不久，并且强调发生得晚，应该用"才"；如果单纯强调某个动作发生在不久前，直接用"刚"。

2 * 我刚才来中国的时候不太适应，遇到了一些困难。

改为：我刚来中国的时候不太适应，遇到了一些困难。

分析："刚才"强调说话前的几分钟，该句显然要强调某动作发生后不久，应该用"刚"。

3 * 我今年 2 月刚高中毕业了。

改为：我今年 2 月刚高中毕业。/ 我今年 2 月高中毕业了。

分析："刚"强调事情发生在不久前，"了"强调已经实现，二者语义上矛盾，一般不共现。

教学提示

1 注意"刚"和"刚才"的不同："刚"是说话人主观上认为不久前，但实际上可能是很长时间；"刚才"是客观上的不久前，即说话前的几分钟。

2 注意"刚"和"刚刚"的不同："刚"只能在主语后，"刚刚"可以在主语前后。

3 "刚"有多种用法和意思，不可一次性全都教给学生，举例时也应注意对应的是哪个意思。

教学案例

▶ 学习表示动作发生在不久前的"刚"

案例 1：情景举例法

1. 导入和讲解

师：（观察学生身上有没有什么新的事物，比如学习用品、衣服等，如果没有就用某个新买的东西引入）老师昨天刚买了一部手机。（板书，齐读）

生：老师昨天刚买了一部手机。

师：老师刚买了一部新手机，你们刚买了什么？

生 1：我刚买了……

生 2：我刚买了……

师：我刚知道这个手机这么好。（板书，齐读）

生：我刚知道这个手机这么好。

师：（根据例句总结格式）

当我们要表达一个动作在不久前发生，我们可以说：

S（+T$_{点}$）+ 刚 + V

2. 操练

回答问题

（1）我最近刚听说/知道/发现……。你们最近刚听说/知道/发现了什么？

（2）你最近刚买了什么？刚去了哪儿？

案例2：情景举例法

1. 导入和讲解

师：老师9月回北京，现在是10月，我觉得时间不长，就可以说：老师刚回北京一个月。（板书，齐读）

生：老师刚回北京一个月。

师：你们到北京多长时间了？

生1：我刚到北京两个月。（板书）

生2：……

师：你们认为时间长吗？

生：不长。

师：对，如果你们认为时间很长了，就不能用"刚"，就要用"已经"。

师：（根据例句总结格式）如果过去发生了一件事，说话人认为发生后到现在的时间不长，就可以用：

S ＋ 刚 ＋ V ＋ T$_{段}$

2. 操练

回答问题

（1）你和你的同屋认识多长时间了？

（2）你学汉语多长时间了？

（3）你毕业多长时间了？

▶ 学习表示动作发生后不久的"刚"

案例3：情景举例法

1. 导入和讲解

师：大卫去年9月1号到北京，9月5号就病了。我们可以说：大卫刚到北京就病了。（板书，齐读）

生：大卫刚到北京就病了。

师：你们刚到北京的时候，有什么不习惯吗？

大卫：<u>我刚到北京的时候，对北京的地铁不太习惯。</u>（板书）

师：大卫刚到北京的时候，有什么不习惯？

生：大卫刚到北京的时候，对北京的地铁不太习惯。

安娜：<u>我刚到北京的时候，对菜不太习惯，我觉得太油了。</u>（板书）

师：安娜刚到北京的时候，对什么不习惯？

生：安娜刚到北京的时候，对菜不太习惯。

师：（根据例句总结格式）过去一件事发生后不久，可以说：

　　S＋刚＋V＋就……

　　S＋刚＋V＋的时候，……

2. 操练

回答问题

（1）你们刚到北京的时候，对什么很好奇？

（2）老师出国的时候，刚下飞机就会给爸爸妈妈打电话，你们呢？

▶ 学习"刚"和"刚才"的不同

📖 案例4：对比法

1. 导入和讲解

师：老师很不高兴，因为<u>我上周刚买了一部新手机，刚才坐地铁丢了。</u>（板书，齐读）

生：我上周刚买了一部新手机，刚才坐地铁丢了。

师：我们看，只要说话人认为一件事情发生在不久前，就可以用"刚"。比如：

（1）他们刚来北京3年，还没买房子。（＊刚才）

（2）他们去年刚结婚，还没生孩子。（＊刚才）

"刚"还可以用来表示一件事情发生后不久。比如：

（1）我刚进大学就认识她了。（＊刚才）

（2）我刚毕业就结婚了。（＊刚才）

但"刚才"只能用来表示说话前的几分钟。上面几个句子都不是说话前几分钟，都不能用"刚才"。再如：

（1）他刚才还在这儿呢，怎么我上个洗手间就不见了？（＊刚）

（2）他刚才买了一些水果。（客观上的不久前，说话前几分钟）

（3）他刚买了一些水果。（说话人认为不久前，但可能是很长时间）

另外,"刚才"是名词,可以作定语,可以用在主语前或主语后;"刚"是副词,不能作定语,只能放在主语后。如:

(1)你刚才的表现不太好。

(2)他刚才说了一些气话。=刚才他说了一些气话。

(3)他刚买了一辆新车。(*刚他买了一辆新车。)

2. 操练

选词填空

> 刚　　刚才

(1)我昨天_____从上海回来。

(2)_____的事情让我很不开心。

(3)他上周_____给我打了电话。

(4)她_____结婚就生了孩子。

(5)他_____离开的,大概在五分钟前。

课堂活动

1 说一说新发现

看一看周围的同学有什么新变化,或者新买了什么东西等,至少用3个"刚"来说一说。

2 学汉语的困难

刚学汉语的时候,你觉得什么最难?你有什么不理解的地方?请和大家说一说。

课后练习

一、听一听,选择正确答案。

1. A. 我和他很熟悉。　　B. 我和他认识很久了。　　C. 我们还不是很熟悉。

2. A. 他知道很久了。　　B. 他知道的时间不长。　　C. 他还不知道这件事。

3. A. 妈妈昨天生气了。　　B. 妈妈会生气的。
   C. 妈妈在几分钟前生气了。

二、选词填空。

刚　　刚才

1. 我学汉语_____一年。

2. 她_____生了一个女儿，又怀孕了。

3. 你_____还在说不去，怎么又改变主意了？

4. 我_____知道他出国了。

5. 我昨天_____买的一件大衣，_____在食堂被弄脏了。

6. _____的事情你知道吗？

7. _____他进来了，怎么又不见了？

三、用"刚"改写下列句子。

1. 我今年7月才毕业。

   _____

2. 我毕业以后马上就出国了。

   _____

3. 我到中国就认识了我女朋友。

   _____

4. 我7点55分到教室，我们8点就开始上课了。

   _____

5. 我到家才几分钟，有点儿累。

   _____

6. 我昨天考完试，想休息一下。

   _____

7. 我认识她不久，她就告诉我她家很有钱。

   _____

词 类

24 副词：已经（二级）

本体知识

时间副词"已经"表示某种动作或情况在说话之前完成或存在，或者达到某种程度。如：

（1）她已经知道自己错了。
（2）这个词我们已经学会了。
（3）他已经结婚了，你为什么说他是单身呢？
（4）苹果已经红了，可以吃了。

后边接"快要""快""要""差不多"时，表示事情或状态即将出现而尚未出现。如：

（1）我已经快要饿死了。
（2）他已经快明白了。

格式：

1 S + 已经 + V / Adj + 了

爷爷已经出院了。
叶子已经落了。
树叶已经红了。

2 S + 已经 + V + 过 + O + 了

我们已经去过长城了。
我已经吃过早饭了。

3 S + 已经 + T / Num + 了

今天已经周五了。
我已经40多岁了。
我已经三天没上课了。

词 类

常见偏误

1 * 这孩子今年已经十岁。

改为：这孩子今年已经十岁了。

分析："已经……了"常配合使用。

2 * 我们已经理解过对方。

改为：我们已经理解了对方。

分析："已经"和"了"搭配，表示动作行为产生的状态持续到现在，而"过"表示的是动作发生，成为了过去，不具有延续性和有效性。

3 * 他们刚才曾经认识了。

改为：他们刚才已经认识了。

分析：强调他们认识的行为已经发生，具有延续性，应当使用"已经"。

4 * 这儿已经是一片湖泊，现在已经干了。

改为：这儿曾经是一片湖泊，现在已经干了。

分析："已经"表示某状态延续到现在，"曾经"表示状态不具有延续性，句中状态没有延续到现在，应该用"曾经"。

5 * 已经我看过这本书了。

改为：我已经看过这本书了。

分析：副词"已经"应放在动词之前，不应放在主语之前。

教学提示

1 "曾经"是三级语法点，"已经"是二级语法点，在学习"已经"的时候不必讲二者的区别。

2 "已经"和"了"搭配，二语学习者经常出现"了"的遗漏，应该采用构式的观念进行教学，使二者形成固定搭配。

教学案例

案例 **1**：情景举例法

1. 导入和讲解

师：同学们，现在几点了？上课铃声响了吗？

生：响了。

师：啊？已经 8 点 10 分了。上课铃已经响了。（板书，齐读）

生：已经 8 点 10 分了。上课铃已经响了。

师：那我们现在开始上课。

师：（故意说要学习昨天学的内容）我们今天学习第五课。

生：（一定很奇怪）啊？

师：你们为什么这样的表情？

生：老师，我们昨天学了第五课。

师：对不起，我忘了，第五课我们已经学完了。（板书，齐读）

生：第五课我们已经学完了。

师：（找出第五课的生词）这个生词已经讲了两遍了，你们已经学会了吗？（板书）

生：我们已经学会了。（板书，齐读）

师："已经"这个语法点你们明白了吗？还用讲吗？

生：不用讲了，我们已经明白了。（板书，齐读）

师：学了一个小时，你们已经累了吗？

生：我们已经累了。（板书，齐读）

师：（根据例句总结格式）

　　S + 已经 + V / Adj + 了

　　S + 已经 + T / Num + 了

2. 操练

操练 1：用"已经"快速回答问题

（1）你大学（高中）毕业了吗？

（2）现在上课了吗？

（3）第一课学完了吗？

（4）昨天的作业你做完了吗？

（5）你和你的同桌认识吗？

（6）几点了？该吃早饭了吗？

操练 2：看图说话

几点了？他醒了吗？

他们回家了吗？

她开始做运动了吗？

她下班了吗?

饭做好了吗?

叶子红了吗?

花开了吗?

天气冷了吗?

案例2：图片法

1. 导入和讲解

师：（出示图片）大家看，这是北海公园，你们去过北海公园吗？

生：老师，我们去过北海公园。

师：噢，你们已经去过北海公园了。（板书）那你们想去哪里？

生：我们想去颐和园，可以吗？

师：那我们去颐和园吧！去颐和园我们坐地铁很方便，你们知道怎么坐地铁吗？

生：知道，我们已经坐过地铁了。（板书，齐读）

师：你们太棒了！已经坐过地铁了。

大卫，你已经坐过几次地铁了？（板书）

大卫：我已经坐过三次地铁了。（板书）

师：安娜，你呢？

安娜：我已经坐过两次地铁了。

师：（根据例句总结格式）

　　　S + 已经 + V + 过 + O + 了

2. 操练

操练1：看图问答

我们想去这些地方旅游，你去吗？为什么？

操练2：用"已经"回答问题

（1）我们还需要学习第一课吗？

（2）我们去吃早饭吧？

（3）你的学费交了吗？

课堂活动

1 自我介绍

用"已经……了"的句式进行自我介绍，如"我已经二十岁了""我已经大学毕业了"。

2 规划周末活动

四人一组，一人提出计划：去哪儿、做什么、怎么去等，其他人可以用"已经V过了"为理由提出否定意见。教师可以先和一个高水平学生做一个示范。如：

师：我们周末去故宫吧。

生：我已经去过故宫了。

师：我们坐公交车去故宫吧。

生：我已经坐过公交车了。

课后练习

一、看图片，用"已经"写句子。

1.

2.

3.
_____

4.
_____

5.
_____

二、连词成句。

1. 已经 我 他 过 见 了
_____

2. 她 30岁 已经 了
_____

3. 爷爷 到 了 北京 已经
_____

4. 昨天的作业 完 了 做 我 已经
_____

5. 很久 这儿 来 已经 没有 了 我
_____

词 类

25 副词：必须（二级）

本体知识

情态副词"必须"表示按照情理或者事理一定要，在句中常作状语，放在动词或动词性短语前。如：
（1）要取得好成绩，大家必须努力学习。
（2）这次考试每个同学都必须参加。
表示否定时用"不必"或"无须"。如：
（1）问题总能解决的，你不必着急。
（2）我已经知道了，你无须再说了。
用于祈使句，表示要求和命令，语气很强。如：
这个会你必须参加。

格式：

1 必须 + V
这个会你必须参加。
我们必须按时完成任务。
妈妈规定姐姐必须写完作业才能玩。

2 不必 / 无须 + V
问题总能解决的，你不必 / 无须着急。
我已经知道了，你不必 / 无须再说了。

3 不是 + 必须 + V
这几门都是选修课，不是必须学的。
又不是必须现在买，你为什么不等"双十一"呢？

常见偏误

1 * 我是泰国华裔，所以我认为自己更必须学习汉语。
改为：我是泰国华裔，所以我认为自己更应该学习汉语。
分析："应该"表示一定要时，是建议的语气，语气较轻，而"必须"则是一种命令、要求，语气重。

词 类

2 * 对我来说，不必须每天都练上一个小时，只要有时间与兴趣去练就好。

改为：对我来说，不必每天都练上一个小时，只要有时间与兴趣去练就好。

分析："必须"的否定形式应为"不必"。

3 * 这些都是生活必须的东西。

改为：这些都是生活必需的东西。/ 这些都是生活必需品。

分析：表示一定得有、不能缺少的，应该用"必需"。

教学提示

注意"必须"和其他词的区别，如"必需""应该"等。

必须：副词，一定要。

肯定形式：必须＋V；否定形式：不必 / 无须＋V。如：

（1）你必须来。

（2）你不必参加。

必需：动词，一定得有，不能缺少。

肯定形式：必需＋的＋N；否定形式：不需 / 不需要。如：

（1）钢铁是工业生产所必需的原料。

（2）我们多年的朋友，这些事不需要多说。

教学案例

📖 案例 1：情景举例法

1. 导入和讲解

师：你们每天几点起床？

生：7点 /8点……

师：我们每天 8 点上课，你们 8 点起床行吗？

生：不行。

师：早上 8 点上课，我们必须早点儿起床。（板书，齐读）

生：我们必须早点儿起床。

师：上课的时候必须带什么？

生：上课的时候必须带书。（板书，齐读）

师：上课的时候不认真听讲可以吗？

生：不可以。上课的时候必须认真听讲。（板书，齐读）

师：明天的考试每个同学都一定要参加吗？

生：对，每个同学都必须参加。（板书，齐读）

师：周末的运动会，我们必须都参加吗？

生：（可能会说错）周末的运动会，我们不必须都参加。

185

师：运动会谁想参加谁参加，我们可以说：我们不必都参加。（板书，齐读）

生：我们不必都参加。

师：（根据例句总结格式）

必须 + V

不必 + V

2. 操练

操练1：看图说话

系安全带　　　　穿救生衣　　　　保持安静　　　　遵守交通规则

操练2：把句子改为否定形式

（1）你必须参加这个会议。

（2）同学们必须完成作业。

（3）我必须学好汉语。

（4）我必须早睡早起。

（5）你必须去上海。

案例2：图片法

1. 导入和讲解

师：（出示图片）开车的时候不系安全带可以吗？

生：不可以。

师：对，不可以。开车的时候必须系安全带。（板书，齐读）

生：开车的时候必须系安全带。

师：（出示图片）过马路的时候可以不等红灯吗？

生：不可以。

师：对，不可以。过马路的时候必须等红灯。（板书，齐读）

生：过马路的时候必须等红灯。

师：（出示图片）工人必须戴安全帽。（板书，齐读）

生：工人必须戴安全帽。

师：（根据例句总结格式）

必须 + V

2. 操练

操练1：快速回答问题

（1）学生必须做什么？

（2）老师必须做什么？

（3）父母必须怎么做？

（4）孩子必须怎么做？

（5）过马路的时候必须怎么做？

（6）在图书馆等公共场合必须怎么做？

操练2：师生问答

师：我们星期三要来上汉语课，用"必须"怎么说？

生：……

师：上汉语课的时候同学们必须怎么样？

生：……

师：下课了，老师布置了作业，同学们必须怎么样？

生：……

师：作业做完了以后，同学们必须怎么样？

生：……

课堂活动

1 比一比

开车

坐飞机

冬天

游泳

图书馆

电影院

把学生分成两组，引导学生根据图片说句子，如"开车必须注意安全""冬天必须多穿衣服""坐飞机必须过安检"等，每说出一个句子加一分，比比看哪组学生说得又快又准，分数高的一组获胜。

2 去旅行

学生两人一组,讨论一下出国旅行的注意事项。

课后练习

一、选词填空。

> 必须　　不必　　不是必须

1. 我每天早上起床(　　)喝水。
2. 火车就要开了,我们(　　)马上出发。
3. 这件事我也能帮你,你(　　)求他。
4. 这几门都是选修课,(　　)学的。

二、把"必须"放在合适的位置。

1. 会议很重要,A 他 B 去 C。
2. 在法庭上,A 所有人都 B 说 C 实话。
3. 如果你 A 想学好一门语言,B 就 C 多听、多说。

三、判断对错。

1. 在图书馆借书必须校园卡。　　　　　　　　　　(　　)
2. 明天 12 点以前大家交必须作业。　　　　　　　(　　)
3. 家里什么都有,不必须去超市了。　　　　　　　(　　)
4. 身高不到一米的儿童进公园不是必须买票。　　　(　　)

四、小调查。

　　调查自己国家的文化禁忌,向同学们介绍本国文化,如韩国人过生日必须要喝海带汤,进入泰国寺庙必须穿过膝下装等。也可以向同学们介绍你了解的中国文化,如春节必须要贴春联,和长辈用餐必须等长辈先动筷等。最后以小组的形式进行 3～5 分钟的展示。

词 类

26 副词：差不多（二级）

本体知识

副词"差不多"表示接近于某种状况、程度等，一般在句中作状语，放在动词、形容词、数量短语前面。多用于肯定句中。

格式：

1 S + 差不多 + Num

机票差不多一千元。
这件衣服差不多200块。
现在室内温度差不多30℃。

2 S + 差不多（+ 都 / 全）+ V/Adj + 了

他们差不多都走了。
昨天的生词差不多全忘了。
叶子差不多红透了。
饭差不多熟了。

3 S + 差不多 + 要 + V/Adj + 了

花差不多要开了。
苹果差不多要红了。

常见偏误

1 *我爷爷八十岁了差不多。
改为：我爷爷差不多八十岁了。
分析："差不多"应该放在数量短语前。

2 *假期期间，我差不多在家帮助她们。
改为：假期期间，我差不多都在家帮助她们。
分析："差不多"对一定范围的情况进行说明时，一般需要用"都"对范围加以限制。

3 *对人的身体来说，抽烟差不多没有好处。
改为：对人的身体来说，抽烟没有好处。
分析："抽烟没有好处"是肯定的事实，不是接近于"没好处"，不应使用"差不多"。

教学提示

"差不多"修饰的谓语成分一般比较复杂,不是光杆动词或形容词。如:

(1)差不多都来了。

(2)差不多红透了。

(3)差不多全忘了。

教学案例

📖 案例1:图片法

1. 导入和讲解

师:(出示图片)现在几点了?

生:12点54分。

师:差6分钟1点,差得不多。可以说:现在差不多1点了。(板书,齐读)

生:现在差不多1点了。

师:(出示图片)这个老人98岁了,可以怎么说?

生:这个老人差不多100岁了。(板书)

师:(根据例句总结格式)

　　S + 差不多 + Num

2. 操练

操练1:看图说话

　2点　　　　60岁　　　　10本书　　　40℃　　　100cm

操练2:回答问题

(1)你每天几点起床?几点睡觉?

(2)你几点吃早饭?几点吃午饭?几点吃晚饭?

(3)你今天几点到教室?

案例 2：情景举例法

1. 导入和讲解

师：今天的生词差这一个就全学完了，我们可以说：今天的生词差不多全学完了。（板书，齐读）

生：今天的生词差不多全学完了。

师：生词你们都记住了吗？

生：我们差不多都记住了。（板书）

师：差不多都记住了，还不行，应该都记住。

师：（出示图片）苹果都红了吗？

生：苹果差不多都红了。（板书，齐读）

师：（根据例句总结格式）

    S + 差不多（+ 都 / 全）+ V/Adj + 了

2. 操练

操练 1：看图说话

花都开了吗？

下课了，教室里的人都走了吗？

他的牙齿全长出来了吗？

天全黑了吗？

操练 2：回答问题

（1）昨天的活动你们都参加了吗？

（2）生词全记住了吗？

（3）语法知识全学会了吗？

（4）我们班的同学都会唱中文歌吗？

（5）你们都喜欢中餐吗？

案例 3：图片法

1. 导入和讲解

师：（出示图片）苹果红了吗？

生：有一点儿红，马上就红了。

师：我们可以说：<u>苹果差不多要红了</u>。（板书，齐读）

生：苹果差不多要红了。

师：（出示图片）花开了吗？

生：<u>花差不多要开了</u>。（板书）

师：（出示图片）她哭出来了吗？

生：<u>她差不多要哭出来了</u>。（板书）

师：（根据例句总结格式）表示马上就要怎么样了，可以用：

　　S ＋ 差不多 ＋ 要 ＋ V/Adj ＋ 了

2. 操练

快速补充后半句

（1）冬天过去，春天……

（2）秋天快到了，苹果……

（3）10月，树叶……

（4）12月，湖面……

（5）晚上10点，孩子们……

课堂活动

1 我的国家

每个学生用"差不多"介绍自己国家现在的情况，例如：现在是……月，我的家乡差不多是……季节，差不多……度，人们差不多要穿……，花、树等差不多……了。

2 找春天

每个学生用"差不多"说一说春天刚开始的时候是什么样子。例如：
气温差不多 20℃。树叶差不多都绿了。花差不多要开了。

课后练习

一、用"差不多"改写句子。

1. 我们班只有一个男生。

   _____

2. 这条裙子 989 元。

   _____

3. 今天最高气温 34℃。

   _____

4. 现在 8:20 了，小李 8:30 要上课。

   _____

5. 现在 9:00 了，飞机 9:05 起飞。

   _____

二、看图片，用"差不多"写句子。

1.

   _____

2.

   _____

3.

4.

5.

6.

三、把"差不多"放在合适的位置。

1. 我 A 学习 B 汉语 C 两年了。

2. 山上的树叶 A 都红 B 了 C。

3. 我们 A 等了 B 他两个小时 C。

4. A 这件衣服 B 300 元 C。

5. 商店里 A 水果 B 全 C 卖完了。

6. 他 A 要 B 回 C 美国了。

词 类

27 副词：一定（二级）

本体知识

副词"一定"常用在动词前作状语。主要有两种用法：

1. 表示说话人意志很坚决。如：
   （1）我一定要努力工作。
   （2）我一定不会去。

2. 表示说话人对某事或某种情况的必然推断。如：
   （1）你这么努力，一定能通过这次考试。
   （2）明天一定会下雨。
   （3）对不起，我下次一定不再迟到。（表示说话人认为某种情况必然不会发生）
   （4）他生病了，不一定能来上课。（表示情况不能肯定，但偏于否定）

"一定"和能愿动词共现时，要放在能愿动词前。如：
你能回来过年，爷爷奶奶一定会特别高兴。

格式：
1 S + 一定 + V
我一定努力学习汉语。

2 S + 一定 + 不 + V
明天一定不下雨。

3 S + 不一定 + V
他不一定去上课。

4 S + 一定 + 会 / 能 + V
你朋友一定会喜欢这个礼物。

常见偏误

1 * 如果他说得对，一定别人赞同他。
　　改为：如果他说得对，别人一定赞同他。
　　分析："一定"用在主语后。

2 * 这个世界是一定美好的。
　　改为：这个世界一定是美好的。
　　分析："一定"在句中出现在动词前。

3 * 我要一定把所有的事努力做好。

　　改为：我一定要把所有的事努力做好。

　　分析："一定"和能愿动词同时出现时，要放在能愿动词之前。

4 * 每天按时一定吃三顿饭。

　　改为：每天一定按时吃三顿饭。

　　分析："一定"应该放在要做的事情之前，该句强调的是按时吃饭，不是吃饭。

教学提示

1 "一定"一般应放在主语后，动词前。如：明天一定是个大晴天。

2 "一定"和能愿动词同时出现时，要放在能愿动词之前。如：我一定会答应。

教学案例

📖 案例 1：图片法

1. 导入和讲解

师：（出示图片）明天一定会下雪。（板书，齐读）

生：明天一定会下雪。

明天 100%

师：（出示图片）后天一定不会下雪。（板书，齐读）

生：后天一定不会下雪。

师：（出示图片）周六会下雪吗？

后天 0%

生：（可能说）不知道。（可能说）可能会下雪。
　　（可能说）周六可能不下雪。

师：对，周六可能下雪，但也很有可能不下雪。
　　我们可以说：周六不一定会下雪。（板书，齐读）

周六 40%

生：周六不一定会下雪。

师：（根据例句总结格式）

　　S + 一定 + V

　　S + 一定 + 不 + V

　　S + 不一定 + V

2. 操练

看图说话

如果给她苹果，她会怎么样？　　如果给她香蕉，她会怎么样？　　如果给她菠萝，她会怎么样？

七点半上班，她会迟到吗？　　　　　　　　　　　　他能考 100 分吗？

他会抽到数字 10 吗？　他会抽到数字 8 吗？

案例 2：情景举例法

1. 导入和讲解

师：（在上课前准备红色、蓝色两种颜色的球和一个透明盒子）
　　（在盒子内全部放入红色的球）老师现在会拿到什么颜色的球？

生：红色。

师：老师一定会拿到红色的球。（板书，齐读）

生：老师一定会拿到红色的球。

师：（把红色的球全部拿出来，在盒子内全部放入蓝色的球）那现在呢？

生：老师一定会拿到蓝色的球。

师：那老师现在会拿到红色的球吗？

生：不会。

师：老师一定不会拿到红色的球。（板书，齐读）

生：老师一定不会拿到红色的球。

师：（在盒子内放入几个红色的球）老师现在会拿到什么颜色的球？

生：（可能说）可能会拿到红色的球。（可能说）可能会拿到蓝色的球。

师：对，老师可能会拿到红色的球，也有可能拿到蓝色的球。
我们可以说：老师不一定会拿到蓝色的球。（板书，齐读）

生：老师不一定会拿到蓝色的球。

师：（根据例句总结格式）

S＋一定＋V

S＋一定＋不＋V

S＋不一定＋V

2. 操练

看图说话

他能买到黑色的衣服吗？他能买到绿色的衣服吗？

他能赶上火车吗？

能摇到数字8吗？能摇到数字3吗？

他会扔到数字面吗？

他会抽到A吗？

课堂活动

1 周末约会

教师提前准备一些卡片，卡片正面是"一定""一定不""不一定"，卡片背面是一些词语。教师随机点学生，问"周末一起去……"，学生依据卡片回答问题。

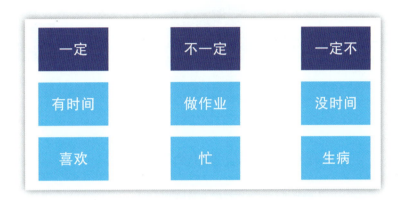

如：周末我要做作业，不一定会出去玩。

我喜欢看电影，周末一定会去看电影。

2 石头、剪刀、布

教师组织学生玩"石头、剪刀、布"的游戏。学生先选择"石头、剪刀、布"中的一个，教师根据学生所选择的，选择"石头、剪刀、布"中的一个，然后随机提问，请学生用"一定、一定不"造句。如一个学生选择"石头"，教师可以提问"老师选择布，会怎么样？"学生可以回答"老师一定会赢"。教师也可以不告诉学生自己选择什么，让学生猜，这时学生可以用"不一定"回答。

3 话题讨论：说一说你知道的"一定""一定不""不一定"

学生分成两个小组，用"一定""一定不""不一定"针对自己了解的生活常识造句。

如：一周一定有7天。

一天一定有24个小时。

太阳一定不可能从西边升起。

一年不一定有365天。

课后练习

一、看图片，写句子。

1. 她努力学习汉语。她能学好汉语吗？　　2. 马上十二点了，他的工作能做完吗？

_____　　_____

3. 现在天气很好，晚上会下雨吗？

_____

二、用"一定""一定不""不一定"完成句子。

1. 小明去医院了，_____。（上课）
2. 我非常讨厌他，_____。（送礼物）
3. 我星期五有时间，_____。（找你）

三、用括号中的词语造句。

1. _____。（一定）
2. _____。（一定不）
3. _____。（不一定）
4. _____。（一定会／一定能）

四、用"一定"约本班同学或家人一起过周末，然后在班里汇报。

词 类

28 副词：才（二级）

本体知识

语气副词"才"作状语，主要有以下用法：

1. "才"强调动作行为发生得晚或慢，事情不容易做或进行得不顺利。如：

（1）他中午12点才起床。

（2）他花了十个小时才到家。

2. 强调数量、时间、能力、程度等低于预期。如：

（1）才20本！我们25个学生，不够用啊！

（2）才来3个人，太少了。

（3）才9点，不着急。

格式：

1 S + T$_{点}$ + 才 + V（强调动作发生得晚）

他晚上12点才睡觉。

19点下班，他18点50分才把材料发给我。

2 S + T$_{段}$ + 才 + V（动作在很长的时间内才完成，强调动作发生得慢）

这本书我20天才看完。

他三个小时才完成作业。

3 才（+ V）+ Num（强调数量、时间、能力、程度等低于预期）

才2块钱，买一个面包都不够。

我昨天才睡了4个小时，困死了。

常见偏误

1 * 她最近工作太忙了，每天晚上九点下班。

改为：她最近工作太忙了，每天晚上九点才下班。

分析："工作太忙了"自然导致"下班晚"，"才"强调动作行为发生得晚，应该用"才"。

2 * 他来到中国之后才体会到了，两国之间还是有很多的异同点。

改为： 他来到中国之后才体会到，两国之间还是有很多的异同点。

分析： "才"表示动作刚刚发生，重在强调发生得晚，而"了"强调已经发生，二者语义冲突，所以"才"后边一般不用"了"。

教学提示

1. 通过例句以及讲解让学生明白"才"在时间上的用法以及表示的语义。

2. 注意"才"的结构，"才"后面一般不用"了"。
   S + T$_点$ + 才 + V（强调动作发生得晚）
   S + T$_段$ + 才 + V（动作在很长的时间内才完成，强调动作发生得慢）

3. 所谓早晚、快慢通常是以说话人的主观判断和感觉为依据的，是相对而言的。在交际中，如果说话人觉得慢或者晚就用"才"。如：
   （1）他昨天晚上九点才回家。（说话人认为晚）
   （2）他骑车骑了20分钟才回来。（说话人认为慢）

教学案例

▶ 第一步：学习强调动作发生得晚的"才"

📖 **案例 1：图片法**

1. 导入和讲解

师：（出示图片）8点上课，大卫9点到学校，大家觉得早还是晚呢？

生：很晚。

师：对，大卫迟到了。我们可以说：大卫9点才到学校。（板书，齐读）

生：大卫9点才到学校。

师：（出示图片）安娜晚上12点睡觉。大家觉得早还是晚？

生：很晚。

师：我们可以说：安娜晚上12点才睡觉。（板书，齐读）

生：安娜晚上12点才睡觉。

师：（出示图片）安娜晚上睡得晚，大家看看，她几点起床？

生：上午10点。

师：大家觉得早还是晚？

生：很晚。

师：我们可以说：安娜上午10点才起床。（板书，齐读）

生：安娜上午10点才起床。

师：（根据例句总结格式）S + T$_点$ + 才 + V

注意"才"后面一般不加"了"。

2. 操练

比一比，看谁晚

用"S + T$_点$ + 才 + V"回答下面的问题。

（1）你每天几点起床？

（2）你每天几点睡觉？

（3）你每天几点到教室？

（4）你每天几点吃午饭？

（5）你每天几点吃晚饭？

（6）妈妈几点下班？

（7）爸爸几点下班？

案例 2：情景举例法

1. 导入和讲解

师：（如果有学生上课迟到）我们几点开始上课？

生：8点开始上课。

师：大卫几点到教室的？

生：8点半。

师：大卫来得早吗？

生：不早，大卫迟到了。

师：对，大卫来晚了，我们可以说：<u>大卫8点半才到教室。</u>（板书，齐读）

生：大卫8点半才到教室。

师：大家猜猜大卫为什么迟到呢？

生：起晚了。

师：大卫，你几点起床的？

大卫：8点。

师：大家觉得大卫起得早还是晚？

生：太晚了。

师：我们可以说：<u>大卫8点才起床。</u>（板书，齐读）

生：大卫8点才起床。

师：如果我们早上没课，大卫8点起床晚不晚？

生：不晚。

师：所以早晚是说话人主观上认为的，说话人觉得晚就可以用"才"。

师：大卫今天起晚了，是不是昨天睡得也很晚呢？大卫，你昨天几点睡的？

大卫：12点。

师：大家觉得大卫睡得早吗？

生：睡得不早。

师：对，大卫睡得很晚。我们可以说：<u>大卫12点才睡觉。</u>（板书）

生：大卫12点才睡觉。

师：（根据例句总结格式）S + T$_{点}$ + 才 + V

注意"才"后面一般不加"了"。

2. 操练

读一读，给"才"选择合适的位置

（1）A 他昨天 B 晚上 C 11点 D 回家。

（2）8点上课，A 安娜 B 9点 C 到学校 D。

（3）A 大卫 B 下午 2 点 C 吃午饭 D。

（4）A 她 B 晚上 C 12 点 D 睡觉。

（5）A 爸爸 B 昨天晚上 C 10 点 D 下班。

▶ **第二步：学习强调动作发生得慢的"才"**

案例 3：图片法

1. 导入和讲解

师：（出示图片）他 8 点开始写作业，11 点写完作业，他几个小时写完作业？

生：3 个小时。

师：你们觉得 3 个小时长吗？

生：很长。

师：我们可以说：<u>他 3 个小时才写完作业。</u>（板书，齐读）

生：他 3 个小时才写完作业。

师：（出示图片）从北京到上海，坐飞机 2 个小时，坐高铁 5 个小时。哪个用的时间长？

生：高铁。

师：哪个慢？

生：高铁。

师：我们可以说：<u>从北京到上海，坐高铁 5 个小时才到。</u>（板书，齐读）

生：从北京到上海，坐高铁 5 个小时才到。

师：（出示图片）安娜 5 天看完了一本书。大家觉得她看得快还是慢？

生：（可能会说）快。/ 慢。

师：大家的回答不一样，如果你10天看完一本书，你会觉得她看得快；如果你3天看完一本书，你会觉得她看得慢。

师：如果我们觉得她看得慢，可以说：安娜5天才看完一本书。（板书，齐读）

生：安娜5天才看完一本书。

师：（根据例句总结格式）所以快慢、时间长短都是说话人主观上认为的，说话人觉得慢，觉得用的时间长就可以用"才"。

S + T$_{段}$ + 才 + V

注意"才"后面一般不加"了"。

2. 操练

大卫的一天

下面是大卫一天的时间表，请你用"S + T$_{点}$ + 才 + V"和"S + T$_{段}$ + 才 + V"说一说大卫一天的生活。

时间	活动
9:00	起床
9:30 — 11:00	吃早饭
11:00 — 14:00	写作业
14:00 — 15:00	吃午饭
15:00 — 18:00	上课
18:00 — 21:00	看电影
21:00 — 22:00	吃晚饭
22:00 — 23:00	洗澡
23:00 — 2:00	和朋友聊天
2:00	睡觉

例如：（1）大卫早上9点才起床。

（2）大卫一个半小时才吃完早饭。

▶ 第三步：学习强调数量、时间、能力、程度等低于预期的"才"

案例4：情景举例法

1. 导入和讲解

师：我们班一共多少学生？

生：15个。

师：今天8点上课的时候只来了5个学生，少吗？

生：很少。

师：对，很少。我们可以说：<u>8点的时候才5个学生</u>。（板书，齐读）

生：8点的时候才5个学生。

师：为什么那么多人迟到了呢？

大卫：因为昨天晚上有晚会，大家都睡得很晚。

师：大卫，你几点睡的？几点起的？

大卫：我3点睡的，7点起的。

师：啊？<u>大卫才睡了4个小时</u>。（板书，齐读）

生：大卫才睡了4个小时。

师：（根据例句总结格式）

才（+V）+Num

2. 操练

看图说话

①

100元

②

6岁

③

5万元

> **课堂活动**
>
> **1 夜猫子的生活**
>
> 用"才"说一说你认识的夜猫子的生活。
>
> **2 购物高手**
>
> 每个学生介绍一个购物高手，用"才"说三种他买的又好又便宜的东西。

课后练习

一、把"才"放在合适的位置。

1. A 我 B 昨天 C 12 点 D 睡觉。
2. 昨天的作业 A 太多了 B，我 C 2 个小时 D 做完。
3. A 7 点 B，你 C 别 D 着急。
4. A 我到北京 B 三天，C 还不知道地铁站在哪儿 D。

二、看图说话。

1.

2.

3.

50 块钱

4.

1 块钱

三、用"才"回答问题。

1. 你每天什么时候起床？
2. 你每天什么时候睡觉？
3. 每天的作业你多长时间能写完？
4. 你每天几点上课？几点到教室？

词 类

29 副词：就（二级）VS 才（二级）

本体知识

副词"就"和"才"都有多种用法，但和时间相关时，表达的意思正好相反。二者都用来作状语，但二者在语义上有如下区别。

"就"表示不久即将发生。如：
我一会儿就来，你等我一下。

"才"表示不久前刚刚发生。如：
他才走，不到2分钟。

"就"强调动作行为发生得早或快，事情容易做或进行得顺利。如：
我6点就起床了。

"才"强调动作行为发生得晚或慢，事情不容易做或进行得不顺利。如：
他9点才起床。

所谓早晚、快慢通常是以说话人的主观判断和感觉为依据的，是相对而言的。在交际中，如果说话人觉得早或快就用"就"，如果觉得晚或慢就用"才"。如：
（1）她离开10分钟就回来了。（说话人认为早、快）
（2）开会的过程中她出去了10分钟才回来。（说话人认为晚、慢）

格式：

1 T$_点$ + 就 + V（+ 了）（动作发生得早）

　　T$_点$ + 才 + V（动作发生得晚）

老师7点半就到教室了，有的学生8点半才来。
他12点才睡觉，他同屋10点就睡了。

2 T$_段$ + 就 + V（+ 了）（动作在很短的时间内完成，发生得快）

　　T$_段$ + 才 + V（动作在很长的时间内完成，发生得慢）

他昨天3个小时才写完作业，今天1个小时就写完了。
这本书我20天才看完，他5天就看完了。

常见偏误

1. *他一直在加班，凌晨四点就睡觉了。
   改为：他一直在加班，凌晨四点才睡觉。
   分析："就"表示动作行为发生得早，而"凌晨四点睡觉"很晚，应该用"才"。

2. *他们花半个小时、一个小时就选择一个东西，他们很喜欢还价。
   改为：他们花半个小时、一个小时才选择一个东西，他们很喜欢还价。
   分析：句意表达的是花很长时间选择东西，"才"强调动作在很长的时间内才完成，发生得慢，应该用"才"。

教学提示

1. 对比教学：通过对比体现"才"和"就"在表示时间时的不同。
2. "就"后面常用"了"，"才"后面一般不用"了"。

教学案例

📖 **案例：图片法**

1. 导入和讲解

师：（出示图片）8点上课，玛丽7点到学校，大家觉得早吗？
生：很早。
师：对。"就"表示动作发生得早，所以可以说：玛丽7点就到学校了。（板书）
生：玛丽7点就到学校了。

师：（出示图片）8点上课，大卫9点到学校。他到得早还是晚？
生：很晚。

师：" 才 " 表示动作发生得晚，所以可以说：大卫 9 点才到学校。（板书，齐读）

生：大卫 9 点才到学校。

师：（根据例句总结格式）

  S + $T_点$ + 就 + V（+ 了）（早）

  S + $T_点$ + 才 + V（晚）

师：（出示图片）从北京到上海，哪个用的时间长？哪个慢？

生：高铁。

师：" 才 " 表示动作在很长的时间内完成，发生得慢。所以可以说：从北京到上海，坐高铁 5 个小时才到。（板书）

师：从北京到上海，哪个用的时间短？哪个快？

生：飞机。

师：" 就 " 表示动作在很短的时间内完成，发生得快。所以可以说：从北京到上海，坐飞机 2 个小时就到了。（板书）

师：（根据例句总结格式）

  S + $T_段$ + 就 + V（+ 了）（快）

  S + $T_段$ + 才 + V（慢）

2. 操练

看图说话

    小美   小明

    姐姐   弟弟

❸

　　　　　　大卫　　　　　　　　　　　　安娜

课堂活动

1 比一比

填一填下面的表格，跟你的同桌比一比谁早谁晚，谁快谁慢，用"就"和"才"说一说。

活动	我的时间	同桌的时间
起床		
出门		
到教室		
吃午饭		
吃晚饭		
写作业		
洗澡		
睡觉		

2 小组接力

全班分为两个小组，看下面的句子，用"就"和"才"说一说，看哪个组说得又快又好。

（1）哥哥3天看完一本书。弟弟7天看完一本书。

（2）坐飞机1个小时到北京。开车6个小时到北京。

（3）10点上课，小明9点50分到教室，小美10点20分到教室。

（4）他10分钟吃完饭。他妹妹1个小时吃完饭。

（5）姐姐晚上8点写完作业。妹妹晚上12点写完作业。

（6）这部电影1个小时演完。那部电影3个小时演完。

课后练习

一、选择正确答案。

1. 那部电影三个小时才演完,但我看了半个小时就出来了。
   A. 电影时间很短。
   B. 电影演得太早了。
   C. 我觉得电影很无聊。
   D. 电影演得太快了。

2. 约的 8 点,大家 7 点半就到了,他 9 点才到。
   A. 大家到得太晚了。
   B. 他到得太晚了。
   C. 他路上用了很长时间。
   D. 大家迟到了。

3. 我三天才写了一篇作文,我同屋一天就写了三篇作文。
   A. 我作文写得快。
   B. 我同屋作文写得慢。
   C. 我作文写得不好。
   D. 我同屋作文写得快。

4. 我和同屋一起吃饭,我半个小时就吃完了,我同屋一个小时才吃完。
   A. 我吃饭慢。
   B. 我同屋吃饭快。
   C. 我不喜欢吃饭。
   D. 我同屋吃饭慢。

二、看图说话。

1.

   学校→家 1h　　　　　　　　　学校→家 20min

2.

   妹妹　　　　　　　　　　　姐姐

3.

   小美　　　　　　　　　　　小明

三、用"就"或"才"回答问题。

1. 你每天什么时候起床?
2. 你每天什么时候睡觉?
3. 每天的作业你多长时间能写完?
4. 你每天几点上课?几点到教室?
5. 多长时间你能洗完澡?
6. 你坐火车多长时间能到家?坐飞机呢?
7. 你什么时候开始学汉语的?

四、选词填空。

> 就　　才

1. 我家离上海很近,坐火车一个小时（　　）到了。
2. 听说他的国家离中国特别远,坐飞机大概十七个小时（　　）到。
3. 我们每天八点半上课,今天早上他迟到了,九点（　　）到教室。
4. 电影还没有开始呢,他已经到了,听说他三点（　　）去电影院了。
5. 请等一下,我一会儿（　　）到。
6. 你怎么（　　）来,我们已经等了三十分钟了。
7. 这些生词不太难,我读了一遍（　　）懂了。
8. 第三课的生词太难了,我现在（　　）懂。
9. A：你怎么这么困?
    B：昨天晚上我十二点半（　　）睡。
10. A：他为什么不困?
    B：他昨天晚上十点（　　）睡了。

词 类

30 副词：本来（三级）

本体知识

副词"本来"主要有两种用法：

1. 常用来说明前后的变化，意思是"原先，先前"。这种变化并非单纯的随着时间的变化而出现的自然变化，多为原来没有想到的变化。如：

（1）我本来是要去的，但后来突然有事就没去成。
（2）本来大家都很高兴，他突然的一句话让气氛一下子变得沉重了。
（3）他们本来决定要结婚了，后来她改变了主意。
（4）我本来很信任她，没想到她这么欺骗我。
（5）她本来很漂亮，怎么变成这个样子了？
（6）*她本来很年轻，现在变老了。

2. 用于表示按道理应该这样的，没什么需要讨论的，常用于"本来就……"。如：

（1）这事本来就该经理解决。
（2）这件事本来就该这么办嘛！
（3）今天的任务本来就应该今天完成。

本次教学设计仅涉及第一种用法。

格式： **本来 + V/Adj，没想到 / 后来 / 现在……**

我本来是要参加会议的，没想到生病了。
他们本来是要结婚的，没想到还是分手了。
这条路本来很窄，后来才加宽的。
他本来就不瘦，现在更胖了。

常见偏误

1 * 元旦的时候我原来打算请假回家,但是其他的工友也有同样的打算,我就不能回家了。

　　改为:元旦的时候我本来打算请假回家,但是其他的工友也有同样的打算,我就不能回家了。

　　分析:"原来"一般不和表示确切时间的词或短语共现,句中含有确切的时间,应用"本来"。

2 * 普遍真理原来就是这么简单的。

　　改为:普遍真理本来就是这么简单的。

　　分析:根据上下文,该句要表达的是按道理应该如此,"原来"应当改为"本来"。

3 * 我学习汉语的另一个原因是我本来喜欢中国历史及中国文化。

　　改为:我学习汉语的另一个原因是我本来就喜欢中国历史及中国文化。

　　分析:强调情况的真实性时常用"本来就",单用"本来"则变成了说明前后的变化,不符合句意。

4 * 在公共场所是本来以道德控制吸烟,可是我很遗憾,大部分的吸烟者没有法律上的规定就控制不住。

　　改为:在公共场所本来是以道德控制吸烟,可是我很遗憾,大部分的吸烟者没有法律上的规定就控制不住。

　　分析:"本来"是副词,应该置于动词之前。

教学提示

1 注意设置合适的语境体现其不同用法;注意"本来"强调的不是单纯的时间先后的变化,而多是出乎意料的变化。

2 注意不要把"本来"的不同用法混为一谈。

教学案例

案例1:图片法

1. 导入和讲解

师:(出示图片)大家看,他怎么了?

生:淋湿了。

词　类

师：他为什么不带伞呢？（出示图片）因为出门的时候是晴天，所以他没带伞，没想到10点突然下雨了。我们可以说：<u>出门的时候本来是晴天，没想到突然下雨了。</u>（板书，齐读）

生：出门的时候本来是晴天，没想到突然下雨了。

师：我们还可以说：<u>天气本来很好，后来下雨了。</u>（板书，齐读）

生：天气本来很好，后来下雨了。

师：他出门是要参加会议的，现在决定回家了。用"本来"怎么说？

生：<u>他本来要去参加会议，现在决定回家了。</u>（板书，齐读）

师：（根据例句总结格式）说明没有想到的变化，我们可以用：

本来 + V/Adj，没想到 / 后来 / 现在……

9点

10点

2. 操练

回答问题

（1）昨天的会议你为什么没参加？不是决定你发言吗？（生病了）

（2）你爸爸不是不同意你出国吗？为什么你出国了？（妈妈劝了他）

（3）昨天好好的他怎么突然生气了？（儿子做错了事情）

（4）你们不是已经决定要结婚了吗？为什么分手了？（发现他说假话，不诚实）

（5）这次旅游你儿子为什么没来？（脚受伤了）

（6）你学汉语以前和现在的想法一样吗？你来中国以前的想法和现在一样吗？

📖 案例 2：情景举例法

1. 导入和讲解

师：（可以根据最近的新闻或者学校、学生的某一变化设置语境，如果没有合适的语境就假设）大家还记得昨天老师给你们的作业吗？

生：记得，预习第5课。

师：对，我们本来计划今天学习第5课，但因为老师嗓子疼，现在我们改成复习第4课。我们的教学有什么变化？

生：<u>我们本来打算学习第5课，现在改成复习第4课。</u>（板书）

师：老师嗓子疼，原计划要请假，但后来觉得不合适，就来了。怎么说？

生：<u>老师本来想请假，后来觉得不合适就没请。</u>（板书）

师：老师原来以为吃点药就好了，没想到越来越疼了。怎么说？

生：<u>老师本来以为吃点药就好了，没想到越来越疼了。</u>（板书）

师：老师原计划下课后去游泳，现在只能放弃了。怎么说？

生：<u>老师本来下课后要去游泳的，现在只能放弃了。</u>（板书）

师：老师本来很开心，现在有点儿难过。（板书，齐读）

生：老师本来很开心，现在有点儿难过。

师：（根据例句总结格式）说明没想到的变化，我们可以用：

本来 + V/Adj，没想到 / 后来 / 现在……

2. 操练

看图说话

①  ②

③  ④

⑤  ⑥

课堂活动

1 互送礼物

教师为学生准备一些小礼物，放在不透明的袋子中，让学生摸一摸，再猜一猜是什么。如果猜得不对，则引导学生说出"我本来以为是……，没想到是……"；如果猜对了，教师则可以说"我本来以为你不知道它是什么，没想到你知道"。

接着，让学生们互相赠送自己得到的礼物，并用"本来"造句。例如，第一个学生把自己的花送给了另一个学生后，需要说"我本来有一束花，现在送给了XX"。

收到花的学生可以说"XX本来有一束花，现在送给了我"。每个学生都要把自己本来拥有的礼物送完，送出礼物的学生和收到礼物的学生都要说出相应的句子。

2 说变化

把学生分成几组，每组围绕一个话题用"本来 + V/Adj，没想到 / 后来 / 现在……"说一说自己发现的变化。例如，以"大自然"为话题，可以说"地球上本来有非常多的动物，现在很多动物都没有了"。最后以小组为单位向全班同学汇报。

课后练习

一、听一听，选择正确答案。

1. A. 他们一直是好朋友。
   B. 他们一直像敌人。
   C. 他们以前关系很好，现在不好了。
   D. 他们以前关系很不好，现在很好。

2. A. 我们都很喜欢他。　　　　B. 我们以前很喜欢他，现在不喜欢他了。
   C. 我们都不喜欢他。　　　　D. 我们以前不喜欢他，现在很喜欢他。

3. A. 我不来了。　　　　　　　B. 我没有改变主意。
   C. 你们来了，但我没来。　　D. 你们来了，我才决定来的。

二、用"本来"改写下列句子。

1. 他以前以为这件事特别容易，没想到这么难。

   _____

2. 他们已经决定在美国生活了，但父母身体不好，又回来了。

   _____

3. 他们已经打算结婚了，现在突然分手了，一定有原因。

　　_____

4. 她以前特别漂亮，现在变得我们都不认识了。

　　_____

5. 我计划从广州到云南，但计划赶不上变化，家里突然有事就回来了。

　　_____

三、用"本来"完成下列句子。

1. 他_____，没想到现在这么好。（汉语　差）

2. 她_____，现在更喜欢唱歌。（喜欢　跳舞）

3. 他_____，后来去了美国。（中国　工作）

4. 我_____，没想到胖了这么多。（只有　50千克）

5. 她_____，现在得了第一名。（愿意　参加）

四、口头表达。

用"本来 + V/Adj，没想到 / 后来 / 现在……"说一说大自然的变化。

词 类

31 副词：曾经（三级）

本体知识

"曾经"是一个副词，在形容词和动词前作状语。表示从前有过某种行为或情况，常常与动态助词"过"搭配使用。

格式：

1 S + 曾经 + 很 + Adj

玛丽曾经很胖。

2 S + 曾经 + Adj + 过

玛丽曾经胖过。

3 S + 曾经 + V + 过 + O

玛丽曾经去过上海。

"曾经"和"已经"容易混淆，有以下区别：

1. "曾经"表示过去的经历，时间一般不是最近，也不是现在或将来。"已经"表示动作的完成，时间可以是过去、现在和将来。"曾经"常与"过"共现，"已经"常与"了"共现。如：

（1）我曾经在这里住过三年。（过去）

（2）我已经在这里住了三年了。（过去和现在）

（3）等到下课的时候，我就已经写完数学题了。（将来）

2. "曾经"描述的事件需要有"可追忆性"，高频的没有必要凸显的信息（如吃饭、睡觉等日常行为）一般无法进入"曾经"句中，除非加上一些值得凸显的信息，让事件变得有"可追忆性"。"已经"则没有这种限制。如：

（1）他们已经吃过饭了。

（2）*他们曾经吃过饭。

（3）他们曾经吃过一个锅里的饭。

3. "曾经"修饰的事件需要有"可反复性"，一次性的动作一般不能放在"曾经"后，除非特殊的语境让该非持续性动作带上"可反复性"。"已经"则没有这种限制。如：

（1）他已经死了。

（2）*他曾经死过。

（3）这个神仙曾经死过，后来靠仙丹又活过来了。

4. 在阶段性的事件中，比如"年轻—年老"中，"曾经"不能修饰结束阶段，因为"曾经"表示过去的事件，暗含之后还有一个事件，而结束阶段之后就没有事件了。"已经"则相反，不能修饰起始阶段。如：

（1）*他已经年轻了。

（2）他已经年老了。

（3）*他曾经年老过。

（4）他曾经年轻过。

常见偏误

1 * 他曾经在前年逝世过。

改为：他已经在前年逝世了。

分析："曾经"表示从前有过某种行为或情况，现在已不复存在，非持续性动词前无法用"曾经"。"已经"则没有这种限制。

2 * 明天这个时候我曾经到过上海。

改为：明天这个时候我已经到上海了。

分析："曾经"描写的行为或情况只能是过去的，无法持续到现在或将来。"已经"表示动作完成，可用于过去、现在和将来。

3 * 他们曾经吃过饭。

改为：他们已经吃了饭。

分析："曾经"用于描述很久之前发生的一段经历，因此事件需要有"可追忆性"，没必要凸显的事件不能用"曾经"。

4 * 我来到中国读书曾经三年了。

改为：我来到中国读书已经三年了。

分析："来到中国读书"这一行为动作还没结束，而是从过去持续到现在，并不单单是过去的一种经历，不能使用"曾经"。

5 * 因为两位曾经没有来过这个地方，我简单地介绍一下吧。

改为：因为两位不曾来过这个地方，我简单地介绍一下吧。

分析：否定不当。常用"不曾""未曾"来否定"曾经"。

6 * "安乐死"这个问题曾经在日本也引起很多的争论。

改为："安乐死"这个问题曾经在日本也引起过很多的争论。

* 我善于演讲，曾经在演讲比赛中夺冠。

改为：我善于演讲，曾经在演讲比赛中夺过冠。

分析："曾经"与"过"搭配。

词 类

7 * 曾经他在中国留过几年学。

改为：他曾经在中国留过几年学。

分析："曾经"一般放在主语之后。

教学提示

1 教师在教学的时候要注意区分"曾经"和"已经"。"已经"是二级语法点，"曾经"是三级语法点，可在"曾经"的教学中讲解二者的区别。

2 "曾经"常和"过"搭配使用，应采用构式的观念进行教学，使二者形成固定搭配。

教学案例

▶ **第一步：学习"曾经"与动词的搭配**

案例 **1**：图片法

1. 导入和讲解

师：（出示图片）看，这是漂亮的长城。你们去过长城吗？

大卫：老师，我去过。

师：你什么时候去的呢？

大卫：我两年前去过长城。（板书）

师：那是很久以前的事情了，我们可以说：我曾经去过长城。（板书，齐读）

生：我曾经去过长城。

安娜：老师，我上周去的。

师：那我们一般只说"我去过长城"，而不用"曾经"。

师：（出示图片）有人很久之前吃过北京烤鸭吗？

玛丽：老师，我三年前吃过北京烤鸭。（板书）

师：那我们可以怎么说？

生：我曾经吃过北京烤鸭。（板书，齐读）

师：老师昨天吃了烤鸭，能说"老师曾经吃过烤鸭"吗？

生：不能。

223

师：（出示图片）有人考过 HSK 吗？

山本：老师，<u>我半年前考过 HSK</u>。（板书）

师：还可以怎么说？

生：<u>我曾经考过 HSK</u>。（板书，齐读）

师：如果有人昨天考了 HSK，可以说"他曾经考过 HSK"吗？

生：不能。

师：（根据例句总结格式）当我们想说比较久以前的经历，我们可以说：

  S ＋ 曾经 ＋ V ＋ 过 ＋ O

2. 操练

旅行经历

说说曾经去过哪些地方、做过什么。

如：我五年前曾经去过巴黎。

  三年前，我曾经在非洲看过大象。

▶ 第二步：学习"曾经"与形容词的搭配

📖 **案例 2：图片法**

1. 导入和讲解

师：（出示图片）大家看，左图是杰克三十年前拍的，右图是最近的。你们觉得怎么样？

生：三十年前杰克很年轻，但现在他很老。

师：我们可以说：<u>杰克曾经很年轻，但现在老了</u>。我们也可以说：<u>杰克曾经年轻过</u>。（板书，齐读）

生：杰克曾经很年轻，但现在老了。／杰克曾经年轻过。

师：（出示图片）这是玛丽，她用了五年时间来减肥，我们可以怎么说？

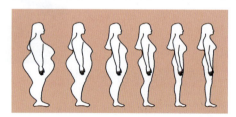

生：<u>玛丽曾经很胖，但现在很瘦</u>。（板书，齐读）

师：我们也可以说：<u>玛丽曾经胖过</u>。（板书，齐读）

生：玛丽曾经胖过。

师：（出示图片）这是大卫，他十年前很穷，现在他有很多钱，可以怎么说？

生：大卫曾经很穷，但是现在有钱了。（板书，齐读）

师：我们还可以怎么说呢？

生：大卫曾经穷过。（板书，齐读）

师：（根据例句总结格式）当我们想说某人或某个东西很久以前怎么样，但现在不这样了，我们可以说：

S + 曾经 + 很 + Adj

S + 曾经 + Adj + 过

2. 操练

看图说话

课堂活动

1　人大十八变

拿出小时候的照片，看看自己有哪些变化。

如：我曾经比较胖，但现在很瘦。

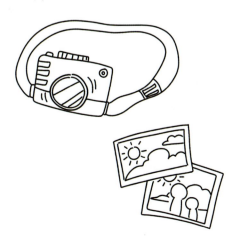

2 多才多艺

你有什么才艺？用"曾经"谈谈自己的故事。

如：我会弹钢琴，因为我小时候曾经上过钢琴课。

3 曾经的坏习惯

说说你曾经有哪些不好的习惯。

如：我曾经喜欢把手放在嘴巴里。

课后练习

一、选词填空。

> 曾经　　已经

1. 以前，我（　　）喜欢过他。

2. 他不住在这儿，（　　）搬走了。

3. 十几年前，他（　　）在中国学习过汉语。

4. 明天这个时候，我（　　）到达上海了。

5. 你（　　）三十岁了，可以照顾自己了。

二、连词成句。

1. 曾经　学　我　过　日语

2. 她　过　曾经　胖

3. 爷爷　当　医生　过　曾经

4. 这 街 窄 条 曾经 很

_____

5. 姐姐 帮助 曾经 过 我

_____

三、判断下面的句子对不对，如果不对，请改正。

1. 我曾经没有去过美国。

_____

2. 我曾经弹了两年钢琴，现在还要继续弹下去。

_____

3. 她曾经一周没吃饭了。

_____

4. 我已经出发了。

_____

四、小作文：家乡的变化。

说说你的家乡曾经是怎样的，现在是怎样的。

词 类

32 副词：始终（三级）

本体知识

　　副词"始终"常放在动词和形容词前面作状语，表示从开始到结束的时间段里某种状态或动作的持续，常和"坚持、保持"等词搭配使用。

格式：
1. S + 始终 + V

   丽娜这些年始终坚持锻炼。

2. S + 始终 + Adj

   丽娜这些年身材始终很好。

常见偏误

1. * 始终我反对那个意见。

   改为：我始终反对那个意见。

   分析：语序错误，"始终"不能放在主语前。

2. * 沿着这条路始终走，就到食堂了。

   改为：沿着这条路一直走，就到食堂了。

   分析："始终"和"一直"的误用。"始终"不能用于表达空间上的延续。

3. * 我打算在这儿始终住下去。

   改为：我打算在这儿一直住下去。

   分析："始终"和"一直"的误用。"始终"暗含始点和终点，将来没有"终点"，所以"始终"不能指向将来。

4. * 大雪始终下了三天。

   改为：大雪一直下了三天。

   分析："始终"和"一直"的误用。"始终"暗含时间段，所以不能与表示时间段的时间词共现。

5 *＊ 我始终等到十二点。

改为：我一直等到十二点。

分析："始终"和"一直"的误用。"始终"暗含始点和终点，所以不能与表示终点的时间词共现。

6 *＊ 始终到了山顶，我觉得很高兴。

改为：终于到了山顶，我觉得很高兴。

分析："始终"和"终于"的误用。"始终"表示动作状态在时间上的持续，而此处表示经过较长过程最后出现某种结果，故换成"终于"。

教学提示

注意区分"始终"和"一直"：

1 "一直"可以表示空间上的延续，"始终"没有这种用法。

2 在表示时间上的持续时，"一直"强调从某一时间点开始后的动作、状态，只存在起点，没有明确的终点，甚至可以延续到将来。"始终"意为从始至终，包含始点和终点，暗含着一个时间段，因此"始终"不能与表示时间段和终点的时间词共现。

教学案例

案例1：图片法

1. 导入和讲解

师：（出示图片）看，这是乐乐，我朋友玛丽的小狗。它小时候可爱吗？长大以后呢？

生：乐乐小时候很可爱，长大以后也很可爱。

师：我们可以说：乐乐始终很可爱。（板书，齐读）

生：乐乐始终很可爱。

师：（出示图片）为了让乐乐更健康，这些年，玛丽每天都坚持让它运动、吃新鲜的食物。我们可以怎么说？

生：乐乐始终坚持运动、吃新鲜的食物。（板书，齐读）

师：（出示图片）你们觉得玛丽爱乐乐吗？

生：玛丽始终很爱乐乐。（板书，齐读）

师：（根据例句总结格式）如果想表达某人某物从开始到最后一直怎么样，我们可以说：

S ＋ 始终 ＋ V

S ＋ 始终 ＋ Adj

2. 操练

看图回答问题

❶

为什么乌龟赢了比赛？

❷

小明从小到大喜欢吃蔬菜吗？

❸

这是不同年龄的玛丽，她漂亮吗？

案例 2：情景举例法

1. 导入和讲解

师：（出示图片）看，家里的窗户坏了。爸爸妈妈觉得是谁把窗户打破的？

生：他们觉得是女儿。

师：爸爸妈妈说话时，女儿一直在干什么？

生：她不说话。

师：我们可以说：女儿始终不说话。（板书，齐读）

生：女儿始终不说话。

师：你们觉得是女儿把窗户打破的吗？

生：是。/ 不是。

师：（出示图片）老师告诉你们发生了什么吧！窗户是儿子打破的。

生：为什么儿子始终不说是自己打破的？（板书）

师：因为爸爸妈妈始终相信儿子，不相信女儿。（板书）

生：我觉得这样不好。

师：老师也觉得不好。你们觉得爸爸妈妈应该怎么做？

生：爸爸妈妈对儿子和女儿应该始终公平。（板书，齐读）

师：（根据例句总结格式）如果想表达某人某物从开始到最后一直怎么样，我们可以说：

　　S + 始终 + V

　　S + 始终 + Adj

2. 操练

看图回答问题

①
在图书馆可以大声说话吗？

②
去爬山要注意什么？

③
开车可以喝酒吗？

课堂活动

1 感谢妈妈

在母亲节写一段表示感谢的话给妈妈。

如：感谢妈妈，这么多年始终爱我，始终对我好，始终给我做好吃的饭菜。

2 黄金睡眠

说说怎么才能睡得好。

如：睡觉的时候，要始终把手机关上，要始终保持房间干净。

3 坚持的力量

请说说自己坚持很多年的事情。

如：我始终坚持运动，所以我的身材始终很好。

课后练习

一、听一听，判断对错。🎧

  1. 大卫始终喜欢吃苹果。　　　　　　　　　　　　　（　　）

  2. 儿子始终坐在那儿没动。　　　　　　　　　　　　（　　）

  3. 丽丽始终很努力地弹琴。　　　　　　　　　　　　（　　）

二、选词填空。

始终　　　一直

  1. 麦克写作业（　　）写到了晚上10点。

  2. 大雪（　　）下了三天。

  3. 去长城那天，大卫（　　）没有喝过一口水。

  4. 等我离开中国，回到英国以后，我还是会（　　）学习汉语。

  5.（　　）往前走，友谊宾馆就在前面。

三、用"始终"改写句子。

1. 她的体重三年前是 50 千克，现在还是 50 千克。

2. 丈夫陪着妻子，妻子生病的时候也没离开。

3. 小明小时候很喜欢游泳，长大了也喜欢。

4. 昨天我向他借钱，他不愿意，今天还是不愿意。

5. 五年前，大卫买不起房子，现在还是买不起。

四、书法课。

说说写毛笔字要注意什么。

词 类

33　副词：从来（三级）

本体知识

副词"从来"多用于否定句，表示某一行为、状态从过去到现在都没有改变。如：
（1）我爸爸从来不抽烟不喝酒。
（2）我从来没喝过白酒。
（3）他从来没考得这么好过。

否定用法中，"从来"可简化为"从"。如：
　　我爸爸从不抽烟喝酒。

"从来"偶尔也可以用于肯定句中，表示从过去到现在一直如此。在肯定句中，"从来"后一般需要"就（是）、都（是）"等表示强调的词语。如：
　　老张从来就是这么小气，你别指望他会请你去吃大虾。

格式：

1 S + 从来不 + V + O
　　他从来不隐瞒自己的观点。

2 S + 从来没（有）+ V + 过（+ O）
　　我从来没有说过那样的话。
　　我从来没迟到过。

3 S + 从来没（有）+ Adj + 过
　　我从来没马虎过。

4 S + 从来没（有）+ V + 得 + Adj + 过
　　他从来没写得这么认真过。

5 S + 从来 + 都 / 就……
　　我跟她下棋从来都要输的。
　　我的屋子从来就很干净。

词 类

常见偏误

1 * 我从来对中国很有兴趣。
改为：我对中国一直很有兴趣。

* 我从来很想当广告设计师。
改为：我一直很想当广告设计师。
分析："从来"一般用在否定句中，肯定句可以用"一直"。

2 * 从来，我也遇到了许多困难和挫折。
改为：从前，我也遇到了许多困难和挫折。
分析："从前"和"从来"的误用。"从前"表示过去的时间，"从来"表示从过去到现在的持续。

3 * 他们曾经没有逼我学习过。
改为：他们从来没有逼我学习过。
分析："曾经"和"从来"的误用。"曾经"表示事情发生在过去，具有非延续性，"从来"表示从过去到现在的持续。该句表达的是后者。

4 * 我从来没打太极拳过。
改为：我从来没打过太极拳。
分析：语序有误，宾语应该放在"过"的后面。

5 * 昨天她很伤心，因为她等了男朋友一个多小时，但她男朋友从来没来。
改为：昨天她很伤心，因为她等了男朋友一个多小时，但她男朋友始终/一直没来。
分析：句中有具体时间词语"昨天"，不可用"从来"，只能用"始终"或"一直"。

6 * 他从就是这样刻苦。
改为：他从来就是这样刻苦。
分析：只有在否定句中"从来"才可以简化为"从"，肯定句中不可。

7 * 到目前为止，我从来没有抽烟。
改为：到目前为止，我从来没有抽过烟。
分析：正确的语序应该是："从来没有＋V＋过＋O"。

教学提示

1 注意"从来"多用于否定句，肯定句中一般要有"就、都"等表示强调的词语。

2 注意"从来"和"一直""始终"的不同：

从来	否 肯（限制）	句中不能有具体的时间状语 *今天我从来没看见他。	不可指将来 *我会从来关注这件事。	动词不可带时间词语 *我从来等到12点。
一直	肯 否	句中可有具体的时间状语 今天我一直没看见他。	可指将来 我会一直关注这件事。	动词可带时间词语 我一直等到12点。
始终	肯 否	句中可有具体的时间状语 今天我始终没看见他。	不可指将来 *我会始终关注这件事。	动词不可带时间词语 *我始终等到12点。

从上表的分析可以看出，"从来"的使用范围是最小的，而"一直"的使用范围是最大的。

3 注意"从来"和"曾经"的不同：

从来	表示从过去到现在持续；多否定	我从来不喝酒。
曾经	过去发生过，不持续；肯定否定都可以	我曾经喝过一次酒。 我曾经不理解他为什么这样。

4 注意句中带宾语和补语时，"过"的句中位置不同。

教学案例

📖 案例1：图片法

1. 导入和讲解

师：（出示图片）这是什么？
生：大熊猫。
师：对，这是中国的国宝——大熊猫。你们摸过吗？抱过大熊猫吗？
生：没有。

师：你们以前一次都没摸过大熊猫，更没抱过大熊猫。我们可以说：

我们从来没有摸过（大熊猫）。/ 我们从来没有抱过（大熊猫）。（板书，齐读）

生：我们从来没有摸过（大熊猫）。/ 我们从来没有抱过（大熊猫）。

师：你们在四川见过大熊猫吗？

大卫：我在四川见过大熊猫。

安娜：我没在四川见过大熊猫。

师：安娜从来都没在四川见过大熊猫，因为她从来没去过四川。（板书，齐读）

生：安娜从来都没在四川见过大熊猫，因为她从来没去过四川。

师：（根据例句总结格式）

如果一件事情，你从过去到现在一次都没有做过，我们可以用"从来没"或者"从来没有"：
S + 从来没（有）+ V + 过（+ O）

2. 操练

操练1：看图说话

两人一组，说说你吃过这些东西吗。

操练2：文化体验

师：中国有很多好吃的东西、好玩的地方。你们有什么从来没做过的，想在中国体验呢？

生1：我从来没听过京剧，所以我想去体验听京剧。

生2：……

📖 案例2：图片法

1. 导入和讲解

师：（出示图片）这是鸡爪，（问美国学生）在你们国家吃不吃鸡爪？

生：我们不吃。

师：我们可以说：在美国他们从来不吃鸡爪。（板书）

（问俄罗斯学生）在你们国家吃鸡爪吗？

生：在我们国家，我们也从来不吃鸡爪。

师：（再问其他国家学生）

生：……

师：（根据例句总结格式）如果你没有做一件事的习惯，我们可以用"从来不"：

S＋从来不＋V＋O

2. 操练

操练1：用"从来不"表达下列意思

（1）我妹妹从小到大都不喜欢打扫房间。

（2）老张虽然是经理，但不喝酒也不抽烟。

（3）他吃饭前不洗手。

（4）我们的老师都不体罚学生。

（5）大卫上学不会迟到。

（6）我认识安娜这么久，没看见过她玩游戏。

操练2：两人一组，说说在你们国家从来不做的事情

案例3：情景举例法

1. 导入和讲解

师：大卫每次参加考试都没有得过100分，我们可以说：<u>大卫从来没有得过100分</u>。（板书，齐读）

生：大卫从来没有得过100分。

师：他每次上学都没有迟到，我们可以说：<u>大卫从来没迟到过</u>。（板书，齐读）

生：大卫从来没迟到过。

师：（根据例句总结格式）如果一件事情，你从过去到现在一次都没有做过，我们可以用"从来没"或者"从来没有"：

S＋从来没（有）＋V＋过（＋O）

师：这次考试，大卫考了100分。他特别特别高兴，以前都没有这么高兴过，可以说：<u>他从来没有这么高兴过</u>。（板书，齐读）

生：他从来没有这么高兴过。

师：你今天把姐姐最喜欢的东西弄坏了，她特别伤心，以前没这么伤心过。我们可以说：<u>姐姐从来没这么伤心过</u>。（板书，齐读）

生：姐姐从来没这么伤心过。

师：（根据例句总结格式）以前没这么伤心／高兴／开心／激动等，这次特别伤心／高兴／开心／激动等，可以说：

S＋从来没（有）＋Adj＋过

2. 操练

操练 1：快速回答问题

（1）你去过沙漠吗？骑过骆驼吗？

（2）你去过北极吗？见过北极熊吗？

（3）你养过蛇吗？你养过宠物吗？

（4）你参加过奥运会吗？

操练 2：句型转换

（1）他今天特别激动，以前没见他这么激动过。

（2）她妈妈要来北京看她了，所以她特别高兴。

（3）大卫的房间一直很乱，今天特别干净。

案例 4：情景举例法

1. 导入和讲解

师：老师不能喝酒，一喝酒就要去医院。所以老师从来不喝酒。（板书，齐读）

生：老师从来不喝酒。

师：你们呢？有什么不能吃不能喝的吗？

安娜：我不能吃桃。

师：安娜不能吃桃，所以她从来不吃桃。（板书）

（根据例句总结格式）如果你没有做一件事的习惯，我们可以用"从来不"：

S + 从来不 + V + O

2. 操练

两人一组，用"从来不"说说自己的好习惯

课堂活动

1 是真是假

教师先让学生用"从来"写下三句关于自己的话，其中两句话真，一句话假。如："我从来没有去过中国""我从来没睡过懒觉""我从来不吃肉"等。之后，邀请学生向全班同学念出自己写的三句话，大家一起辨别真伪。最后由学生自己公布答案。

2 比一比

两人一组，找出对方从来没做过的坏事，在一定的时间内，看看谁被找出的最多。

课后练习

一、听一听，选一选。

1. A. 女生今天没有睡懒觉。　　B. 男生从来没有睡过懒觉。
   C. 女生从来没有睡过懒觉。　　D. 男生始终都很晚起床。

2. A. 男人说他撒过谎。　　B. 女人相信男人没有撒谎。
   C. 女人认为男人在撒谎。　　D. 女人说她撒过谎。

3. A. 女生相信教练能帮助球队获胜。
   B. 男生认为教练不能帮助球队获胜。
   C. 女生不相信教练能帮助球队获胜。
   D. 男生认为教练不好。

4. A. 他们始终一起做饭。　　B. 他们从来没有一起做过饭。
   C. 这周末不能一起做饭。　　D. 男生不想这周末一起做饭。

二、看图回答问题。

1.

你见过这种动物吗？

2.

你吃过这样的食物吗？

3.

你去过喜马拉雅山吗？

4.

你摸过老虎吗？

三、用"从来"完成对话。

1. A：这种菜好吃吗？

   B：对不起，我不知道，_____。

2. A：这个甜品不错，尝尝吧。

   B：谢谢，我不吃，_____。

3. A：你去过纽约吗？那儿的东西贵不贵？

   B：_____，所以也不太了解。

4. A：下周周杰伦在北京举办演唱会，你去吗？

   B：去呀，_____。

5. A：明天我们一起去喝酒，你去吗？

   B：对不起，_____。

6. A：你们家经常开空调吗？

   B：我们住在一楼，很凉快，_____。

四、选词填空。

> 从来　　一直　　始终　　曾经

1. 去年爷爷的身体_____不好。
2. 我对历史_____很感兴趣。
3. 我_____没说过那样的话。
4. 昨天开会的时候，他_____一言不发。
5. 他是素食主义者，所以_____不吃肉。
6. 我会_____坚持到胜利。
7. 我_____怀疑过他。

五、连词成句。

1. 从来　这么　整齐　过　没有　大卫的宿舍

   _____

2. 没有　从来　吃　我　过　臭豆腐

   _____

3. 《傲慢与偏见》　看　琳达　从来　过　没有

   _____

241

词 类

34 副词：往往（三级）

本体知识

"往往"是频率副词，表示某种情况时常存在或经常发生且具有一定的规律性，含有总结规律、凭经验得出结论之义。其使用有些特殊要求：

1. "往往"是在一定条件下事情时常发生，所以不能只有动作本身，还必须有发生的时间、方式、状态等。如：

（1）她往往在秋冬之交生病。

（2）*她往往生病。（没体现规律性）

2. "往往"只能用于过去、现在，用于已经发生的事情，不能用于将来。如：

（1）她往往在十月份来看老师。

（2）*毕业后我会往往来看您。

3. "往往"一般用于对客观事实的推论或规律性总结，不能表达主观意愿。如：

*以后我会往往给你写信。

4. "往往"不用于祈使句、疑问句。如：

（1）*不要往往到办公室找我。

（2）*你往往去图书馆看书吗？

格式：

1 **S + 往往 + 时间、方式、状态等 + V/Adj**

她往往早上八点到办公室。

他往往坐公交车去上班。

面包往往刚出炉的时候更可口。

2 **时间、方式、状态等（+ S）+ 往往 + V/Adj**

化雪的时候往往很冷。

得到之后往往不懂得珍惜。

词 类

常见偏误

1 * 我们需要往往聊聊天，我想要你来看我！

改为：我们需要聊聊天，我想要你来看我！

分析：句子表达说话人主观意愿，"往往"一般用于对客观事实的推论或规律性总结，不能表达主观意愿，应删掉"往往"或改成"常常"。

2 * 我现在也往往去老师家做客。

改为：我现在也常常去老师家做客。

分析："往往"用于具有规律性的行为前，不具有规律性的、单纯的某种动作行为，不能用"往往"。该句中"去老师家做客"只是一种单纯的动作行为，不能用"往往"。

3 * 以后我有钱了，我希望我能往往带家人去旅游。

改为：以后我有钱了，我希望我能常常带家人去旅游。

分析："往往"不能用于将来的事情，也不能用于主观愿望。

教学提示

注意"往往"与"常常"的不同：

1 "往往"强调按经验在某种情况下通常是这样，含有总结规律、凭经验得出结论之义。"常常"强调事情或行为动作发生的经常性和频繁性[①]，与"规律"无关。如：

（1）他往往周一早上迟到。

（2）他常常周一早上迟到。（只是强调经常发生）

2 "常常"可用于表达主观愿望，用于将来的事。"往往"是对到目前为止出现的情况的总结，有一定的规律性，不能用于主观意愿和将来的事。如：

（1）以后我一定常常给你写信。

（2）* 以后我一定往往给你写信。

3 "常常"可省略为"常"，"往往"不能省略为"往"。如：

（1）真理往往只掌握在少数人手中。

（2）* 真理往只掌握在少数人手中。

（3）我常常来这家小店吃面。

（4）我常来这家小店吃面。

对学生来说，"常常"偏误较少，但"往往"的偏误较多，因此讲练最好以"往往"为主，辅以"常常"的比较。

[①] 陆俭明、马真《现代汉语虚词散论》，1985，北京大学出版社。

教学案例

▶ 第一步：学习"往往"

案例 1：图片法

1. 导入和讲解

师：（出示图片）12月份有个重要的节日，是什么节日？

生：圣诞节。

师：说到圣诞节，你们会想到什么？

生：圣诞老人。

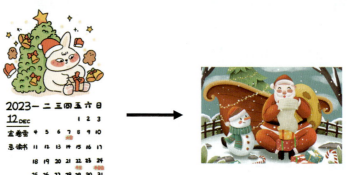

师：（出示图片）很好。说到圣诞节，我们往往会想到圣诞老人。（板书，齐读）

生：说到圣诞节，我们往往会想到圣诞老人。

师：说到圣诞节，你们还能想到什么？

生：下雪。

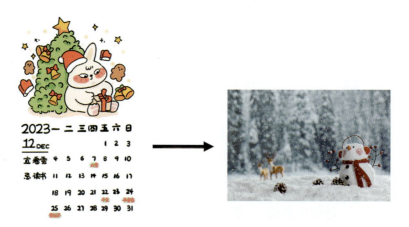

师：（出示图片）对，很好。说到圣诞节，我们往往会想到下雪。（板书，齐读）

生：说到圣诞节，我们往往会想到下雪。

师：因为每年到了圣诞节，常常会下雪，这已经成了一个规律，我们可以说：<u>一到圣诞节，往往就会下雪</u>。（板书，齐读）

生：一到圣诞节，往往就会下雪。

师：北京一般什么时候下雪呢？

生：1月份。

师：对。<u>北京往往在1月份下雪</u>。/<u>北京往往1月份最冷</u>。（板书，齐读）

生：北京往往在1月份下雪。/北京往往1月份最冷。

师：（出示图片）下雪的时候冷还是化雪的时候更冷？

生：化雪的时候更冷。

师：你们说得很对，<u>化雪的时候往往更冷</u>。（板书，齐读）

生：化雪的时候往往更冷。

师：所以我们有句俗话叫"<u>下雪不冷化雪冷</u>"。（板书，齐读）

生：下雪不冷化雪冷。

师：我们还可以说：<u>下雪往往不冷，化雪往往很冷</u>。（板书，齐读）

生：下雪往往不冷，化雪往往很冷。

师：（根据例句总结格式）好，我们来看一下，根据以前的经验得出，一个有规律的事情经常发生，我们就可以说：

　　S＋往往＋时间、方式、状态等＋V/Adj

　　时间、方式、状态等（＋S）＋往往＋V/Adj

2. 操练

操练1：交际练习

（1）根据你的经验，做了坏事的人会有什么表现？

（2）人在生气的时候会怎么样？

（3）人在紧张的时候会怎么样？

（4）人在高兴的时候会怎么样？

（5）人在压力大的时候会怎么样？

（6）人在着急的时候会怎么样？

（7）你们家的家务一般是谁做？

操练 2：判断下面的句子是否能用"往往"

（1）冬天下雪。

（2）他今天骑车摔了一跤。

（3）爱吃甜食的人比不爱吃甜食的人更容易发胖。

（4）国庆节景区的人很多。

（5）北京夏天很热。

（6）压力大的时候，她喜欢吃东西。

（7）商场最近买一送一。

（8）他上班出车祸了。

▶ 第二步：学习"往往"和"常常"的不同

📖 案例 2：对比法

1. 导入和讲解

师：同学们，还记得我们以前学过一个表示事情经常发生的词是哪个吗？

生：常常。

师：对！"往往"也表示经常发生，我们来对比一下，下面的"常常"能不能换成"往往"：
（1）她常常生病。
（2）他常常听音乐。
（3）大卫常常去故宫。

生：不能。

师：我们刚才说根据以前的经验得出的有规律的事情才能用"往往"，这三个句子只是说动作发生得多，但不是经验，所以不能用"往往"。"往往"必须是有规律的事情，使用"往往"需要有一定的条件，这个条件可以是时间、方式、状态等。那么我们试着来改一下上面这几个句子，加上一个条件，使它能够用"往往"来说。

师：（出示图片）她常常生病，加上时间，用"往往"怎么说？

生：冬天的时候她往往生病。/ 她往往冬天生病。（板书）

词 类

师：（出示图片）他常常听音乐。加上方式，用"往往"怎么说？
生：他往往用手机听音乐。（板书）

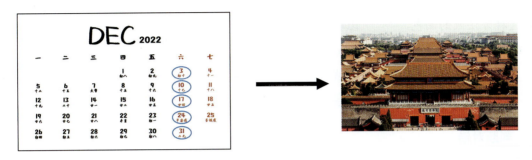

师：（出示图片）大卫常常去故宫。加上时间，用"往往"怎么说？
生：大卫往往星期六去故宫。（板书）
师：大家说得很好！下面我们来总结一下"往往"和"常常"的区别。

常常	往往
她常常迟到。	她往往星期一迟到。（有规律，有条件，时间＋动作）
她不常常迟到。	*她不往往星期一迟到。（"往往"前不加"不""没有"）
她常常上学迟到吗？	*她往往星期一上学迟到吗？（"往往"不用在疑问句）
不要常常迟到！	*不要往往迟到！（"往往"不用在祈使句）
欢迎你常常来家里玩。	*欢迎你往往来家里玩。（"往往"不用于将来）
她常上学迟到。	*她往星期一上学迟到。（"往往"不能省略为"往"）

师：好，我们来练习一下，用"常常"和"往往"分别说说下面的句子。

	常常	往往
他游泳。	他常常游泳。	他往往周末游泳。
他帮助我。	他常常帮助我。	我有困难的时候，他往往帮助我。
我以后会来看你。	我以后会常常来看你。	×
我散步。	我常常散步。	休息的时候，我往往散步。
我们看电子书。	我们常常看电子书。	我们往往用手机看电子书。

师：（总结）当我们根据经验得出，某种情况经常是这样且具有一定规律性的时候，可以用"往往"来表示，如果没有规律，只是说发生的次数很多，就用"常常"。

2. 操练

操练1：选词填空

> 常常　　往往

（1）我_____来这家小店吃面。

（2）他_____迟到。

（3）用这种方法做的面包_____比较硬。

（4）睡眠不足的人_____比睡眠充足的人更容易发胖。

（5）很多错误_____都是因为粗心造成的。

（6）好话_____都不好听，好听的话_____都不是好话。

操练2：判断对错

（1）他往往周末去超市吗？

（2）等我工作了，我要往往给妈妈买新衣服。

（3）他往往和朋友一起吃饭。

（4）他常常上课睡觉。

（5）老师对他说："不要往往在课上吃东西！"

（6）我刚来北京的时候，我的中国朋友往往帮助我。

课堂活动

1 可怕的后果

学生分两组，看哪个组说出的"可怕的后果"更多、更可怕。

晚上吃得太多往往……

经常吸烟的人往往……

长时间用电脑往往……

久坐不动往往……

吃太多的甜食往往……

吃得太咸往往……

过量喝酒往往……

过度劳累往往……

生气往往……

一切为了钱的人往往……

2 交际练习

大卫的妻子怀孕了,他想找一个保姆帮忙照顾妻子、做饭、做家务,他应该找一个什么样的保姆呢?

请全班学生帮忙出主意。每个学生提出一条建议,并用"往往"说明原因。如:

生1:他应该找一个年纪大并且生过孩子的保姆,年纪大的保姆往往有经验。

生2:他应该找一个做饭好吃的保姆,因为吃得好往往能补充营养。

生3:他应该找一个女保姆,女保姆往往更细心。

生4:我不同意你的说法,我认为他应该找一个男保姆,男保姆往往更有精力,可以分担更多家务。

最后,教师和学生一起整理所有的建议,为大卫总结找保姆的标准。

注意:如果学生短时间内想不到那么多的角度和方面,教师可以提供一些主题词来帮助学生思考,如:

男/女、善良、能干、会做饭、有责任心、有耐心、年纪大/小……

课后练习

一、连一连,完成句子。

请从 B 组中选择合适的语句与 A 组的语句连成一个完整的句子。

A 组	B 组
1. 性格外向的人	往往都是虚假的
2. 孩子的很多习惯	往往是儿童发生意外的危险时期
3. 下午六点钟左右	往往都是从父母那里学来的
4. 天冷的时候	往往更容易交朋友
5. 假期	来吃饭的人往往比较多
6. 很多好听的话	他往往待在家里不出门

二、选词填空。

> 常常　　往往

1. 老师（　　）对我说："你可以的！"
2. 假期，来北京旅游的人（　　）很多。
3. 我（　　）和朋友出去吃饭。
4. 这首歌你（　　）听吗？
5. 中国人请人吃饭时，（　　）做很多菜。
6. 我以后要（　　）运动。
7. 他（　　）做家务。
8. 秋天（　　）是收获的季节。

三、小作文。

根据下面的表格，用"常常"和"往往"写一篇100字左右的小作文，介绍自己的一天。

时间	活动
7:30	起床　洗漱　吃早饭
8:30	写作业
10:30	看电视
11:30	吃午饭
14:30	画画
18:30	吃晚饭
19:30	看电视
20:30	画画
21:30	吃夜宵
22:30	睡觉

词 类

35　副词：并（三级）

本体知识

语气副词"并"用在否定句中，放在"不、没、非、未"等前，用来加强否定语气，强调说明事实不是对方所说的，或一般人所想的，或自己原先所认为的那样，含有辩驳或说明真实情况的意味。如：

（1）A：这篇课文生词很多，一定很难。
　　　B：虽然生词多，可并不难。
（2）他看起来很老，实际上年龄并不大。
（3）他说他听懂了，其实并没听懂。
（4）他们虽然天天在一起，但并非无话不谈的好朋友。
（5）杯子并非只是用来喝水的。
（6）爷爷生病了，但并无大碍。

即本有看法 A，说话人要否定或者反对 A，用"并 + 否定词 + A"（A 为预设，可以出现也可以不出现）。

格式： S + 并 + 不 / 没 ……

　　这件衣服这么贵，可并不好看。
　　A：你昨天为什么又迟到了？
　　B：我昨天并没迟到。

常见偏误

1 * 只是长寿不意味着好的人生，在自己的人生路上充满生命力地活下去才是好的人生。

　　改为：只是长寿并不意味着好的人生，在自己的人生路上充满生命力地活下去才是好的人生。
　　分析：强调事实不是一般人所想的，具有辩驳语气，应该用"并"。

2 * 人类并有生死，不只活着的时间，死也是人生的一部分。

    改为：人类都有生死，不只活着的时间，死也是人生的一部分。

    分析：将"都"和"并"混淆。句子没有强烈否定、反驳的意味，不需要使用"并"。

3 * A：昨天的中文之夜你参加了吗？

       B：*我并没有参加，我明天要考试。

    改为：B：我没有参加，我明天要考试。

    分析：问话人只是问 B 是否参加了中文之夜，并没有认定他参加了，所以 B 只需要回答，没必要反驳，不宜使用"并"。如果 A 说："昨天的中文之夜你表演得不错？"B 可以说："我并没有参加。"

4 * 我从来并不喜欢跳舞。

    改为：我从来都不喜欢跳舞。

    分析：并没有人认为"我喜欢跳舞"，只是单纯说明，没必要反驳，不宜使用"并"。

5 * 她说她能来，可是并她没有来。

    改为：她说她能来，可是她并没有来。

    分析：语气副词"并"一般出现在主语后、述语前作状语，且句法位置单一，只能出现在否定形式之前。

教学提示

1 语气副词"并"的使用需要一定的语境或者说要有一定的预设，即上文中或明确说明或暗含了某情况，说话人对该判断表示不同意或反驳。这一点需要结合合适的语境让学生真正理解。

2 注意语气副词"并"只能用在否定句中：并 + 不 / 没 / 没有 / 未 / 非……

教学案例

📖 案例 1：图片法

1. 导入和讲解

师：（出示图片）大家看，安娜（班级某个女生的名字）跳得多好啊！

生：（大家觉得很奇怪）老师，她不是安娜。

师：哦，我刚才说错了。你们可以说：<u>她并不是安娜</u>。（板书，齐读）

生：她并不是安娜。

师：如果我说你们看索菲亚（班里另一个女生的名字）跳得多好啊，你们怎么说？

生：老师，她并不是索菲亚。（板书）

师：（出示图片）大卫（班级某个男生的名字）在演电影。

生：（表示奇怪）老师，他不是大卫。

师：老师又错了。那你们可以说：他并不是大卫，大卫并没演过电影。（板书，齐读）

生：他并不是大卫，大卫并没演过电影。

师：（根据例句总结格式）

S＋并＋不/没……

2. 操练

操练1：回答问题

（1）你去过中国的很多城市，一定去过上海吧？

（2）她英语这么好，是英国人吧？

（3）他个子这么高，很爱运动吧？

（4）你都这么大了，一定喝过酒吧？

（5）她歌唱得这么好，是音乐专业的吧？

操练2：看图说话

❶

爸爸妈妈批评了她，
但她没有做错。

❷

妈妈让他多吃蔬菜，
但实际上他一点儿也不想吃。

❸

老板批评她这些工作做得不好，
但不是她做的。

❹

妈妈觉得绿色的葡萄一定很酸，
但这种葡萄不酸。

他的身高有 120cm。

案例 2：情景举例法

1. 导入和讲解

师：（对着一个日本学生说）山本，你们韩国人春节有什么习俗？

山本：老师，我不是韩国人，是日本人。

师：哦，对不起，老师记错了。像刚才这样，我认为山本是韩国人，但他实际上不是日本人。山本就可以说：<u>我并不是韩国人。</u>（板书，齐读）

生：我并不是韩国人。

师：（对着一个美国人说）麦克，你们阿根廷人都会踢足球吧？

大卫：老师，我不是阿根廷人，我是美国人。

师：哦，对不起，我又错了。<u>大卫是美国人，并不是阿根廷人。</u>（板书，齐读）

生：大卫是美国人，并不是阿根廷人。

师：（对一个昨天没迟到的学生说）麦克，你昨天为什么迟到了？

麦克：老师，我昨天没迟到。

师：像刚才我说大卫迟到了，但麦克没有迟到，麦克就可以说：<u>老师，我昨天并没迟到。</u>（板书，齐读）

生：老师，我昨天并没迟到。

师：（根据例句总结格式）

　　　S ＋ 并 ＋ 不 / 没……

2. 操练

操练 1：快速补充后半句

（1）他以为她是美国人，实际上……

（2）大家都以为这种病很可怕，实际上……

（3）他给女朋友点了冰激凌，但……

（4）她以为贵的东西一定好，实际上……

（5）我想约她去看电影，但……

操练2：判断下列建筑是否与国家相符，如果不相符，请用"并"表达

英国　　　　　　　韩国　　　　　　　法国　　　　　　　俄罗斯

课堂活动

1 你错了

两个学生为一组，学生A先说一个关于学生B的句子（可以是不符合事实情况的，也可以是真实的），再由学生B判断对错，如果认为是错的，则要说"你错了，我并……"。以此类推。

2 演一演

三个学生为一组，设计一段情景对话，要求至少运用两次"并 + 不 / 没"句式，并向全班表演展示。

课后练习

一、判断下列传统服装是否与国家相符,如果不相符,用"并"写句子。

    韩国   泰国   法国   日本

二、用"并"完成句子。

1. 他看起来很善良,其实_____。

2. 我们都以为她是英国人,但_____。

3. 他是法国人,可_____。

4. 她汉语这么好,我以为她从小就学汉语,可_____。

5. 我们都以为她学习这么好,一定很刻苦,但_____。

三、用"并"完成对话。

1. A:你做泡菜做得这么好,一定是韩国人吧?

   B:_____。(我是中国人)

2. A:既然你们都互相喜欢,就结婚吧。

   B:_____。(我们只是普通朋友)

3. A:你们俩一起去,一起回,是提前约好的吧?

   B:_____。(我们没提前约好)

4. 便宜的东西_____。(不一定质量差)

5. A:你复习那么长时间,考得一定很好。

   B:我复习了很长时间,可_____。(不好)

四、用"并"改写下列句子。

1. 广东话只是汉语方言,不是另一种语言。

2. 你记错了，我不是上海人。
_____

3. 大家都以为他们是夫妻，其实他们只是普通朋友。
_____

4. 做错事不可怕，可怕的是犯了错不知道悔改。
_____

5. 谁说你的语法错误多？你的汉语其实挺好的。
_____

词 类

36　副词：到底（三级）

本体知识

副词"到底"有如下几种用法：

1. 用在疑问句中，表示面对不确定的事情，提问的人进一步追问，想要知道确定的答案。如：

　　你一会儿去一会儿不去，到底去不去？

2. 表示强调无论如何，人或者事物应该有的典型特点、规律都不会改变，常用在表示原因的小句中，这个小句可以放在前面也可以放在后面。如：

　　他到底是个孩子，刚哭过，看到玩具就高兴了。

3. 表示经过很长时间、比较复杂的过程，最后有了结果，这个结果可以是好的，也可以是不好的。如：

　　（1）他努力了大半年，到底是成功了。
　　（2）她吵了好几天，爸爸到底还是没答应。

本教学设计仅涉及第一种用法。

格式：

1 到底 + V 不 V？

你到底去不去？

2 到底 + Adj 不 Adj？

他到底聪明不聪明？

3 到底 + A 还是 B？

你到底喜欢这个还是那个？

4 到底 + 谁 / 哪儿 / 怎么 / 多少 / 几？

到底谁去参加？
你到底去哪儿？
我们到底怎么去？
你到底要多少？
你到底几点到？

词 类

常见偏误

1. * 到底为了我的未来，为了爸妈的幸福，我该怎么办？

   改为：为了我的未来，为了爸妈的幸福，我到底该怎么办？

   分析："到底"一般应该放在说话人的疑问焦点之前。

2. * 安乐死到底是犯罪或者无罪？

   改为：安乐死到底是犯罪还是无罪？

   分析："到底"应该用在疑问句中，如果是选择疑问句，应该用"A 还是 B"，"或者"用在陈述句中。

3. * 对我影响最大的人是到底谁？

   改为：对我影响最大的人到底是谁？

   分析："到底"是副词，如果疑问焦点是主语，"到底"应该放在主语之前，其他情况一般应该放在谓语动词前。

4. * 他们到底没有感情吗？

   改为：他们到底有没有感情？/ 他们难道没有感情吗？

   分析："到底"应该用在一般疑问句之外的其他疑问句中，比如特殊疑问句、选择疑问句、正反疑问句等，不能用在一般疑问句。说话人如果要强调他们有感情，也可以用反问句。

5. * 什么到底叫流行歌曲呢？

   改为：到底什么叫流行歌曲呢？

   * 谁到底参加？

   改为：到底谁参加？

   分析："到底"应该放在疑问焦点之前，疑问焦点如果是"什么""谁"，"到底"应该放在"什么""谁"的前面。

教学提示

1. "到底"一定要放在疑问焦点之前，当疑问焦点是"谁"时，学生容易出错，应以格式化的方式告诉学生，"到底"应该放在"谁"的前面。

2. 带"吗"的是非疑问句中，不能用"到底"。

3. "到底"多个用法的用例要分清楚，不要把不同用法的"到底"用例放在一起。

教学案例

📖 **案例1：情景举例法**

1. 导入和讲解

师：周末我们一起出去玩。你们想去哪儿？

生1：去长城。

生2：去故宫。

生3：去颐和园。

师：<u>我们到底去哪儿呢？</u>（板书）

大卫：去颐和园吧，听说那儿现在可以滑冰。

生：好，那我们就去颐和园。

师：那我们明天几天出发？

生1：早上8点吧。

生2：太早了，10点吧。

生3：10点太晚了，9点吧。

师：<u>那我们到底几点出发？</u>（板书）

生：那就9点吧。

师：我们怎么去呢？

生1：坐公共汽车去。

生2：公共汽车太挤了，还是骑自行车吧。

生3：骑自行车太累了，还是打车吧。

师：<u>我们到底怎么去？</u>（板书）

生：那就打车吧。

……

师：（根据例句总结格式）当出现了多种可能的答案，问话的人想知道一个确定的答案的时候，可以用：

到底＋哪儿/几/怎么？

2. 操练

看图，用"到底"提问

吃火锅？

吃饺子？

去长城？   去故宫？

坐地铁去？   打车去？

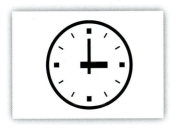

三点去？   四点去？

案例 2：实物道具法

1. 导入和讲解

（教师选择本班学生的照片，一定选择既有照得好的又有照得不好的，否则就不会出现不同的答案，就不会出现使用"到底"的语境）

师：我们把照片贴在教室吧。

生1：（照片好看的）贴吧。

生2：（照片不好看的）不要贴。

师：那我们到底贴不贴？（板书）

生：贴吧。

师：贴几张啊？

生3：贴4张。

生4：贴5张。

师：我们到底贴几张？（板书）

生：……

师：你们到底选哪一张？（板书）

生：……

师：你们到底要贴在哪儿？（板书）

生：……

师：（根据例句总结格式）

　　到底 + V 不 V？

　　到底 + 几 / 哪 / 哪儿？

2. 操练

根据情景，用"到底"提问

（1）大卫昨天说要去长城，今天说要去颐和园。你想知道他去哪儿，该怎么问？

（2）安娜昨天说她20岁，今天说她19岁。你想知道她的真实年龄，该怎么问？

（3）班长刚才说坐火车去长城，现在又说坐大巴。你想知道最后决定怎么去，该怎么问？

（4）玛丽昨天说今天去跳舞，刚才又说不去了。你想知道她最后的决定，该怎么问？

（5）麦克一会儿说放假要回国，一会儿说放假去旅游。你想知道他放假去哪儿，该怎么问？

（6）一个人不明白什么是爱情，问了很多人，每个人说的都不一样，这时候他会怎么问？

课堂活动

1 周末计划

　　三人一组，设计周末活动，每人至少提出两种方案（去哪儿、做什么、怎么去……）。

2 知识竞赛

　　教师提前准备卡片，上面写有以前学过的多音字或者有歧义的句子，如：

| 行　好　了 | 咬死他的狗 | 鸡不吃了 |
| 这些词念什么？ | 什么意思？ | 什么意思？ |

　　找两个以上学生回答同一个问题，答案可能不一样，然后让其他学生用"到底"问问题。

课后练习

一、听一听，为问句选择最恰当的回答。

1. A. 他坐车来。　　　　　　　B. 他肯定来。
   C. 他和妈妈一起来。　　　　D. 他昨天来的。

2. A. 听说很好玩。　　　　　　B. 我不想去。
   C. 我去过了。　　　　　　　D. 那儿不太远。

3. A. 他很喜欢。　　　　　　　B. 我喜欢他。
   C. 他也不知道喜欢谁。　　　D. 他现在不喜欢了。

4. A. 因为下雨了。　　　　　　B. 我明天来。
   C. 我不能来吗？　　　　　　D. 我坐公共汽车来的。

5. A. 他们不想去。　　　　　　B. 他们坐火车去。
   C. 半个小时以后。　　　　　D. 10年前就来了。

二、看图说话：用"到底"提问。

1.

2.

3. 　　4. 　　5.

三、完成句子。

1. 你一会儿想吃米饭，一会儿想吃面条，_____？

2. 她昨天说去，今天说不去，_____？

3. 他早上说想去打球，下午又说想去游泳，_____？

4. 这件大衣好看，那件大衣更舒服，_____？

5. 你一会儿说参加，一会儿说不参加，_____？

四、连词成句。

1. 什么　想　到底　买　你

   _____

2. 是　到底　爱情　什么

   _____

3. 去不去　他　长城　到底

   _____

4. 书　哪本　喜欢　你　到底

   _____

5. 去　到底　怎么　你

   _____

词 类

37 副词：反正（三级）

本体知识

副词"反正"的语义可分为以下两种情况：

第一，强调在任何情况下都不改变结论或决定。上文常有"无论、不管"或表示正反两种情况的词语（即上文一般为不确定的内容）。多用在后一分句主语前。

格式： 不管/无论 + S1 + V不V/怎么/哪儿，反正 + S2……

不管你去不去，反正我不去。
不管你怎么想，反正我对得起自己的良心。
无论你去哪儿，反正我都跟着你。

第二，指明情况或原因，强调因为这种情况或事实，做某事是可以的，有劝说意味。多用在动词、形容词或小句主语前。

格式：

1 反正……，……（可以做某事）

反正他不是外人，我就实话实说了。
反正不远，咱们就走着去吧。
反正你说什么他都不信，你就别说了。
反正今天干不完了，睡觉吧！明天再接着干。

2 ……（可以做某事），反正……

喜欢就买吧，反正也不贵。
我帮你买吧，反正我也要去食堂吃饭。
算了，干脆让工人回家过年吧，反正年前也干不完了。
你不来也行，反正我们已经快做完了。

常见偏误

1 * 终于人多了，反正没有水喝了。

  改为：终于人多了，反而没有水喝了。

  分析："反正"和"反而"的误用。"反正"用于情况不因某条件而改变，"反而"用于出现了按照常规不应该出现的情况。

2 * 虽然父母的想法当中也可能存在一些不符合现实的地方，可他们反正是过来人，所以孩子们得先听听父母的意见。

  改为：虽然父母的想法当中也可能存在一些不符合现实的地方，可他们毕竟是过来人，所以孩子们得先听听父母的意见。

  分析："毕竟"强调最根本的原因，如"他毕竟是外国人，发音有点儿问题也正常"；"反正"强调结果不因条件而改变。

3 * 反正我们小时候只能学他们，所以可以说父母是我们的老师。

  改为：因为我们小时候只能学他们，所以可以说父母是我们的老师。

  分析："反正"指明原因时，两小句之间的关系必须是"因为这种事实或情况，做某事是可以的"，有劝说意味。此处两小句之间不存在这样的关系，所以原因不能用"反正"引出，应用"因为"。

4 * 你不愿意给我面子，我就反正不理你。

  改为：你不愿意给我面子，我就不理你了。

  分析：如果没有情况不因某条件而改变的意思，不需使用"反正"。

5 * 我们人够了，反正你去不去没关系。

  改为：反正我们人够了，你去不去没关系。

  分析：用于指明原因时，"反正"应用在表示原因的小句开头。

6 * 她说了很多，反正我不答应。

  改为：不管她说什么，反正我不答应。／不管她怎么说，反正我不答应。

  分析："反正"在强调任何情况下都不改变结论或决定时，前一分句表示的内容必须是不确定的内容。

教学提示

1 要注意区分"反正"的两种用法：

第一种用法中，前一分句表示的内容多是不确定的内容，要特别注意。

第二种用法中，"反正"用来指明可以做某事的原因，是为了强调和说明"因为这种事实或情况，做某事是可以的，不会有问题、麻烦或不好的影响、结果等，所以不必担心或有顾虑"。"反正"的核心语义是主观增信，用于提升言语交际的说服力。但学生在理解和使用时容易把"反正"简单地当成"因为"，试比较以下句子：

（1）反正你不是外人，我也就不客气了。
（2）*反正你这么过分，我也就不客气了。
（3）我帮你买吧，反正我也要去超市。
（4）我帮你买吧，反正我也没什么事。
（5）*我帮你买吧，反正你这么忙。

以上都是因果关系的句子，但只有特定的原因（因为这种事实或情况，做某事是可以的，不会有麻烦、不便或不好的影响、结果等）才能用"反正"引出，否则不可以。

2 "反正"的语义透明度低，比较抽象，学生最常见的偏误就是把"反正"和其他词语混淆，教师应通过典型的例子使学生掌握其语义和使用环境，当学生出现误用时也可适当设置词语辨析。

教学案例

▶ 学习在任何情况下都不改变结论或决定的"反正"

案例 1：情景举例法

1. 导入和讲解

师：（出示图片）你们相信有外星人吗？
生1：我相信有外星人。
生2：我不相信有外星人。
师：<u>不管你们相不相信，反正我相信有外星人。</u>（板书，齐读）
生：不管你们相不相信，反正我相信有外星人。
师：你呢？（依次问其他学生）
生：……
师：你们想见到外星人吗？
生1：我不想见到外星人。
生2：我想见到外星人。
师：<u>无论你们想不想见到外星人，反正我想见到外星人。</u>（板书，齐读）
生：无论你们想不想见到外星人，反正我想见到外星人。
师：我对外星人很感兴趣，你们呢？

生1：不感兴趣。

生2：不管你们感不感兴趣，反正我对外星人很感兴趣。（板书，齐读）

师：（根据例句总结格式）如果要强调在任何条件或情况下都不会改变某一结论或决定，可以用"反正"：

不管／无论＋S1＋V不V，反正＋S2……

2. 操练

看图回答问题

遇到下面这些情况，你能接受吗？

A：这个很简单，你也可以的。

B：＿＿＿＿＿＿＿＿＿＿＿＿＿＿。

A：快来参加吧，冠军奖励500元。

B：＿＿＿＿＿＿＿＿＿＿＿＿＿＿。

A：它很乖，对人很友好，你也来亲亲它吧！

B：＿＿＿＿＿＿＿＿＿＿＿＿＿＿。

A：挑战成功的人，奖励5000元！

B：＿＿＿＿＿＿＿＿＿＿＿＿＿＿。

▶ 学习指明情况或原因的"反正"

案例2：实物道具法

1. 导入和讲解

师：（准备一些有中国特色的、不太贵的小物件，如剪纸、中国结等，拿出一个中国结）这是什么？

生：中国结。

师：你们会编中国结吗？

生：不会。

师：<u>反正也不麻烦，你们可以学一学啊。</u>（板书）

生：应该很难吧？

师：开始可能会很难，不过只要多练习，肯定能学会，而且这个练起来也比较方便。当然，<u>喜欢的话也可以买，反正也不贵。</u>（板书，齐读）

生：喜欢的话也可以买，反正也不贵。

师：（拿中国结，对前排学生）李丽，你喜欢吗？

李丽：喜欢。

师：<u>这个送给你吧，反正我家里还有。</u>（板书）

李丽：太好了，谢谢老师！

师：（根据例句总结格式）当我们认为可以怎么样，或提议可以做某事，而且要指明之所以可以这样做，是因为某种情况或事实，可用"反正"：

反正……，……（可以做某事）

……（可以做某事），反正……

2. 操练

用"反正"补全对话

A：请问幸福旅馆怎么走？

B：就在前面，要不我带你过去吧，＿＿＿＿＿＿＿＿＿＿。

女儿：妈妈，我发高烧了，不能去上学了。

妈妈：没关系，我给你请假，＿＿＿＿＿＿＿＿＿＿。

小云：谢谢你！但是你不用送我礼物啊。我只是帮了一个小忙而已。

小莉：没事，＿＿＿＿＿＿＿＿＿＿＿＿。

课堂活动

1 坚持我的选择

让学生商量去哪里吃饭,每个人应该坚持自己的选择,但同时也要用"反正"劝说对方同意自己的提议。如:

生1:我们去吃火锅吧。

生2:火锅太辣了,我受不了。

生1:没事,你也可以吃,反正有鸳鸯锅。

生2:不如我们去吃寿司!学校附近新开了一家寿司,去试试吧!

生1:我不是很喜欢吃寿司。

生2:其实我也不是很喜欢吃寿司,但我还是想试试,反正今天打三折。

生1:你们去吧,我还是想吃火锅。

2 用"反正"看图写话

3 有理有据

教师提供一组提议或做法,学生针对这些提议或做法,找出能支持它们的理由并用"反正"说出。两组各自讨论、准备,看同一提议或做法,谁提供的合理说法更多。如:

1. 你就别想那么多了,……

   理由或原因:反正他也不缺钱;反正也不麻烦;反正这房子现在也没人住;……

2. 我送你过去吧,……

   理由或原因:反正我也没什么事;反正我也顺路;反正也不远;……

3. 全部都买下来吧,……

   理由或原因:反正以后用得上;反正现在打折;反正这两个颜色你都喜欢;……

注意:"提议"或"做法"最好不要太具体,即对应的答案具有开放性,这样便于学生思考、讨论。

课后练习

一、用"反正"改写或回答以下句子。

1. 苹果便宜的时候要买，贵的时候也要买。

2. 下个月放假我要去旅游，不放假我也要去旅游。

3. 你喜欢英语要学好英语，不喜欢英语也要学好英语。

4. 便宜不便宜，我都要买。

5. 你们说什么，我都不相信。

6. 你怎么求我，我都不会答应。

7. 不贵，买一个吧！

8. 很近，走着去吧。

9. 我还不饿，再等一会儿吧！

10. 有人喜欢夏天打伞，你呢？

11. 有人喜欢早上洗澡，有人喜欢晚上洗澡，你呢？

二、想法子。

　　用"反正"来给朋友想办法。
1. 情景一：朋友的手机丢了。
　　办法：_____

　　_____

　　_____

2. 情景二：朋友没有通过汉语水平考试。
　　办法：_____

　　_____

　　_____

三、低碳生活。

　　环境问题越来越严重，请用"反正"劝说他人，倡导绿色、低碳的生活方式。

四、乐观的人生态度。

　　分享自己遇到困难时的积极做法，并说明这种乐观背后的原因。

词 类

38 副词：简直（三级）

本体知识

语气副词"简直"常用来对某种事物和现象进行评价，强调完全如此，带有夸张的语气，并非描述客观情况。

"简直"语义所指向的谓词语义类型有四类：是否类、有无类、像似类、能否类。如：

（1）他公开侮辱顾客，简直是无法无天。（是否类）

（2）我所受过的苦，简直数不胜数。（有无类）

（3）洪水简直像野马一样东奔西窜。（像似类）

（4）他简直不敢相信自己的眼睛。（能否类）

"简直"主要用在陈述句和感叹句中。单独的形容词和心理动词一般不与"简直"搭配。"简直"后的形容词和心理动词一般有极性特征，或者附着了表示极端程度的语法成分，如"太、极了、透顶"。如：

（1）*人与动物简直不同。

（2）人与动物简直迥然不同。（有极性特征）

（3）王医生简直太厉害了，立马就能看出病因。（附着了表示极端程度的语法成分）

格式：

1 S + 简直 + 太 + Adj/ V$_心$ + 了

她简直太漂亮了。
我简直太喜欢这件衣服了。

2 S + 简直 + Adj/V + 补语 + 了

这个菜简直难吃死了。
他简直学傻了。

3 S + 简直 + 是 + 成语

一放假，景区简直是人山人海。
和你说话简直是对牛弹琴。

4 S + 简直 + 就是……

这么贵，简直就是抢钱啊！

5 S + 简直 + 像 + N（+ 一样）

北京大学简直像个花园。

6 S + 简直 + 否定

他的行为让我们简直无法相信。

常见偏误

1 * 她的举动几乎愚蠢透顶！

　　改为：她的举动简直愚蠢透顶！

　　* 今年学费简直比去年翻了一番。

　　改为：今年学费几乎比去年翻了一番。

　　分析："简直"和"几乎"的误用。"简直"表示主观评判，"几乎"表示客观评判，"愚蠢透顶"是主观评判，而"学费比去年翻了一番"属于客观评判。

2 * 客观地说，他简直连站都站不稳了。

　　改为：看样子，他简直连站都站不稳了。

　　分析："简直"具有主观评判性，不能搭配"客观地说"等客观性话语标记。

3 * 东东简直可爱，阿姨们都去抱他。

　　改为：东东简直太可爱了，阿姨们都去抱他。

　　分析："简直"表示主观判定程度极深，不可单独与形容词或心理动词搭配。后面的形容词或心理动词需要搭配"太、极了"等表示极端程度的成分。

4 * 代沟的问题简直是很严重的。

　　改为：代沟的问题简直是太严重了。

　　分析："简直"表示主观判定程度极深，不可单独与形容词或心理动词搭配。后面的形容词或心理动词需要搭配"太、极了"等表示极端程度的成分。"很"表示程度深，但尚未达到极端程度。

5 * 我问他怎么提高英语口语水平，他说"简直多说"。

　　改为：我问他怎么提高英语口语水平，他说"多说就行了"。

　　分析："简直"用于夸张，表示程度很高，如无夸张之意，则不宜使用。

教学提示

1 教师要注意区分副词"简直"和"几乎"："简直"表示主观评判，"几乎"表示客观评判。

2 单独的形容词或心理动词一般不与"简直"搭配。"简直"后面的形容词或心理动词需要搭配"太、极了"等表示极端程度的成分。

3 让学生明白"简直"的语用条件：夸张程度非常高。

案例：图片法

1. 导入和讲解

师：（出示图片）这是北京昨天的温度，你们觉得怎么样？

生：42℃，太热了！

师：是啊，<u>北京简直太热了。</u>（板书，齐读）

生：北京简直太热了。

师：听说昨天大卫去了颐和园。大卫，你是怎么去的？

大卫：我是坐地铁去的，人特别多。

师：（出示图片）我们可以说：<u>地铁简直挤死了。</u>（板书，齐读）

生：地铁简直挤死了。

师：（出示图片）虽然很热很挤，但是颐和园真的很美，很像一幅画，我特别喜欢。我们可以怎么说？

生：<u>颐和园简直像一幅画，我简直太喜欢了。</u>（板书，齐读）

师：（出示图片）老师的朋友家也很美，就像花园一样。我们可以说：<u>我朋友家简直像个花园。</u>（板书，齐读）

生：我朋友家简直像个花园。

师：（出示图片）这套房子特别贵，我们可以怎么说？

生：这套房子简直太贵了。

师：很好。我们还可以说：这套房子太贵了，<u>我简直不敢相信自己的耳朵。</u>（板书，齐读）

生：我简直不敢相信自己的耳朵。

师：（根据例句总结格式）当我们要夸张表达某一程度很高的时候，可以说：

S＋简直＋太＋Adj／V心＋了

S＋简直＋Adj＋补语＋了

S＋简直＋像＋N（＋一样）

S＋简直＋否定

2. 操练

看图说话

①

这样危险吗？

②

这只狗大吗？

③

你敢相信自己的眼睛吗？

④

这个玩具怎么样？

课堂活动

1 换房子

给房东说说现在的问题，要求房东给你换房。
如：晚上有人唱歌，有人装修。公寓简直太吵了。

2 中国印象

说说你最喜欢的动物、景点、食物、书籍等。
如：大熊猫简直太可爱了。

词 类

3 十年之变

说说自己、自己的国家或家乡、自己的朋友等十年的变化。
如：我的家乡简直发展得太快了。

课后练习

一、听一听，判断对错。🎧

1. 李明不喜欢上海的食物。　　　　　　　　　　　　（　）
2. 李明听得懂上海话。　　　　　　　　　　　　　　（　）
3. 上海的天气很好。　　　　　　　　　　　　　　　（　）
4. 李明不会回北京。　　　　　　　　　　　　　　　（　）

二、选词填空。

　　　　　　　简直　　　几乎

1. 两个多月的假期，他（　　）走遍了半个中国。
2. 他这个人啊，（　　）是个大傻瓜。
3. 他一个月的零花钱（　　）是我的两倍。
4. 她今天（　　）太漂亮了！
5. （　　）所有中国人都看过这部电影。
6. 你这样（　　）太没礼貌了！

三、用"简直"回答问题。

1. 你昨天为什么和同屋吵架？
2. 为什么你没在大城市买房子？
3. 北京发展快吗？
4. 你能听懂上海话吗？

四、用"简直"完成下列句子。

1. 他两天没睡觉了，_____。
2. 她长得太漂亮了，_____。

277

3. 我们的口语老师说话太快了，_____。

4. 王阿姨家养了很多花，_____。

5. 我生病的时候，老师天天去医院照顾我，_____。

五、难忘的旅行。

用"简直"说说旅行中有哪些难忘的事情。

词 类

39 副词：千万（三级）

本体知识

副词"千万"用于祈使句中，用以告诫、提醒或建议。如：
（1）这事千万不能让他知道。
（2）到了那里，千万（要）记得来个电话。

为加强语气，"千万"可以重叠使用。如：
记住，你千万千万不可以大笑。

格式：

1 千万（+要）+ V / Adj

你千万记得关窗户。
千万要慢一点儿。

2 千万 + 别 / 不要 / 不能 / 不可（以）+ V / Adj

你千万别忘了给爸爸打个电话。
千万不要忘了锁门。
陌生人的东西千万不能要，更不能吃。
这件事一定要考虑周全，千万不可大意。

常见偏误

1 *我千万不想一个人过生日。

改为：我真不想一个人过生日。/ 我实在不想一个人过生日。

*我千万不会因为苦而放弃。

改为：我一定不会因为苦而放弃。

*这让她千万开心。

改为：这让她非常开心。

*我们千万没想到他来了。

改为：我们万万没想到他来了。

分析："千万"只能用于祈使句，不能用于陈述句。

2 * 爸爸妈妈，千万你们别担心，你们的女儿聪明能干，一定能找到不错的工作！

改为：爸爸妈妈，你们千万别担心，你们的女儿聪明能干，一定能找到不错的工作！

分析："千万"用于祈使句时，句子若有主语，应位于"千万"之前。

教学提示

1. 注意引导学生："千万"只能用于祈使句，不能用于陈述句。

2. "千万"和"万万"易混淆，但"千万"是初等三级的语法点，"万万"是高等七—九级才出现的语法点，在"千万"的教学中不必讲解二者的区别。

教学案例

案例1：图片法

1. 导入和讲解

师：（出示图片）这是什么？

生：蛇。

师：这是眼镜蛇，看到它时，你会提醒人们什么？

生：小心，一定要离它远一点儿。

师：这时我们可以说：<u>看到眼镜蛇，千万要小心，千万别去打它，千万别走近它</u>。（板书，齐读）

生：看到眼镜蛇，千万要小心，千万别去打它，千万别走近它。

师：（出示图片）眼镜蛇很危险，可这个人敢这么做，那我们可以模仿吗？

生：不能，这个不可以随便模仿。

师：对，太危险了！<u>千万别随便模仿</u>。（板书）

师：（出示图片）眼镜蛇很危险，那在这样的地方开车也很危险，<u>在这种地方开车千万要小心，千万不能太快，千万要慢一点儿</u>。（板书，齐读）

生：在这种地方开车千万要小心，千万不能太快，千万要慢一点儿。

师：开车要注意安全，停车的时候也要特别小心。

师：（出示图片）我们应该怎样提醒司机？

生1：倒车时千万要小心。（板书）

生2：倒车时千万要注意看后面有没有人。（板书）

生3：倒车时千万不要太快。（板书）

生4：倒车时千万不可大意。（板书）

师：（根据例句总结格式）如果要提醒别人注意什么，希望他们记住应该怎样，不应该怎样，可以用：

千万（+要）+V/Adj

千万+别/不要/不能/不可（以）+V/Adj

2. 操练

操练1：安全问题

看到下面这些图片，你会提醒人们什么？

❶    ❷    ❸

❹    ❺    ❻

❼    ❽

操练2：事情的处理方式

你该提醒他（她）什么？

❶    ❷    ❸    ❹

案例 2：情景举例法

1. 导入和讲解

师：如果你的朋友要出国了，你怎么提醒他？比如，出国的时候要注意什么？要带什么？

生1：我告诉他一定记得带护照。

生2：我告诉他别把护照弄丢了。

生3：我告诉他记得换好钱。

师：很好！你们的提醒都特别好，不过这样提醒不容易引起别人的注意，如果我们特别希望别人能重视并且记住我们的提醒，那该怎么说呢？

生：（可能不止一种说法）一定不要把护照弄丢了……

师：我们可以说：<u>千万要带好护照。千万别把护照弄丢了。千万要换好钱。</u>（板书，齐读）

生：千万要带好护照。千万别把护照弄丢了。千万要换好钱。

师：你们出国的时候，你们的父母怎么说的？

生：他们说千万要注意安全，千万到了以后给家人打电话……（学生可能会说很多错句，教师帮助纠正）

师：我们可以这样说：<u>到了以后千万要记得给家人打电话。</u>……（板书）

师：（根据例句总结格式）

如果要提醒或告诫别人注意什么，希望他们记住应该怎样，不应该怎样，可以用：

千万（+要）+V

千万+别/不要/不能/不可（以）+V

2. 操练

看图说话

课堂活动

1 中国的禁忌

你的朋友要来中国旅游，请你给他一些提醒。如：

在中国千万不能戴绿帽子。　　在中国，吃面条时千万不要发出声音。
在中国，千万不要把筷子插在米饭里。
在中国，千万不要敲打碗。

你的外国朋友想给中国朋友送礼物，但是，在中国有一些礼物是不能送的，请你给他一些建议。如：

在中国千万不能送伞。　　在中国千万不能送钟表。　　在中国千万不能送梨。

2 去旅游

学生根据自己知道的信息，用"千万"提醒大家在出发前应该做哪些准备，旅行过程中应该特别注意什么，到了目的地又需要注意什么。如：

出发之前千万要把自己的旅行路线设计好。

千万别忘了带护照。

到了泰国千万别随便摸别人的头。

在埃及千万不可在自己碗里加盐。

在希腊拍照的时候千万不能使用三脚架。

教师可先让学生根据自己国家的实际情况，提出一些跟自己国家有关的必要提醒，然后再就其他一些注意方面做提醒。谁的提醒越多，谁的经验就越多。

3 话题讨论

学生分为两组，就"如何做一个好丈夫（妻子）、好妈妈（爸爸）"这一话题，用"千万"提出自己的看法。如：

如果你想做一个好丈夫，那么回家后千万记得帮妻子做一些家务。

如果你想做一个好妻子，那么千万别在丈夫面前唠唠叨叨。

如果你想做一个好妈妈，千万要在孩子问你问题时认真回答。

……

最后请全班一起总结好妻子（丈夫）和好妈妈（爸爸）应该是什么样的。

课后练习

一、用"千万"回答下面的问题。

1. 聚会时你的朋友喝了很多酒，可他还想自己开车回家，你会怎么说他？

2. 爸爸最近工作特别忙，很辛苦，你很担心他的身体，你想对他说什么？

3. 有位外国朋友要参加你们国家的一个葬礼，可是很多重要的礼节他不知道，你会提醒他什么？

4. 你的朋友明天有个重要的考试，你会提醒他什么？

5. 你的记者朋友要去某地采访，可是那里动乱不断，很危险，你会对他说什么？

6. 对想减肥的人来说，如果你希望他成功，你最想对他说什么？

7. 有位同学上课总是迟到，还经常忘带东西，明天他也参加 HSK 考试，你该怎么提醒他？

8. 雷雨天有些人喜欢跑到树下避雨，你会对他们说什么？

9. 早餐很重要，但你朋友经常不吃早餐，你会对他说什么？

10. 夏天经常下雨，你同屋不喜欢带伞，你会对他说什么？

二、看图片，写句子。

1.

2.

3.

4.

5.

6.

词 类

40 介词：从（一级）VS 离（二级）

本体知识

介词"从"可以引出时间、地点、变化的起点或者来源。如：
（1）这个学期从9月1号开始。
（2）A：你们从哪儿出发？　　　　B：我们从图书馆出发。
（3）从我做起，从现在做起。
（4）写作文要从生活中找素材。
（5）这个消息我是从王经理那儿知道的。
（6）我们从星期一到星期五工作。

"从"还可以表示经过。如：
（1）阳光从窗户缝里照进来。
（2）我背着孩子从桥上过去吧！

"从"还可以引出表示判断的根据。如：
（1）从她的脸色可以看出她生气了。
（2）从她的作品中就可以发现她的性格特点。
（3）从字体来看，不像是一个成人写的。

本教学设计仅涉及"从"的第一、二种用法。①

"离"表示一个地方到另一个地方或者一个时间到另一个时间，一般来说不强调方向性，且表示距离时，"离"前后衔接的两个地点互换不影响意思的表达。如：
（1）学校离我家很近。
（2）我家离学校很近。
（3）离放假还有一个月。

格式：　**1** 从：从 + 起点 + V　　　　　　从 + 起点（+ V）+ 到 + 终点
　　　　　从明天开始学习商务汉语。　　　从学校到地铁站不太远。
　　　　　我们从学校出发。　　　　　　　她从宿舍跑到教室。

---

① 表示经过的"从"是二级语法点，这里为了教学的方便，放在一起进行讲解。

词 类

从 + P + V（表示经过）

火车从桥上开过来。

2 离：(起点 +) 离 + 终点 + 远 / 近 / Num

学校离地铁不太远，我们走着去吧！

离过年还有一个多月，到时候就可以回家了。

注意：公式中的起点、终点表示时间、地点等。

常见偏误

1 * 离城南到首尔要二十分钟。

改为：从城南到首尔要二十分钟。

* 离我的城市到葡萄牙开车十分钟，很近。

改为：从我的城市到葡萄牙开车十分钟，很近。

分析："从"误用为"离"。表达两地之间的距离存在方向性，且与"到"搭配时，应使用"从"。

2 * 我的爸爸妈妈从我小时候就离婚了。

改为：我的爸爸妈妈在我小时候就离婚了。

* 从上海，我们到了浦东机场。

改为：在上海，我们到了浦东机场。

分析："在"误用为"从"。以上句子中所要表示的是静态的时间 / 地点，并没有表示位移的意思，所以应用"在"。

3 * 南京从大海太远，所以不能享受大海。

改为：南京离大海太远，所以不能享受大海。

分析："离"误用为"从"。可通过强调"从 + 地点 + V""从 + 起点 (+V) + 到 + 终点""(起点 +) 离 + 终点 + 远 / 近 /Num"等避免偏误产生。

教学提示

1 "从"和"离"都对应 from，学生容易出现偏误。但"从"是一级语法点，"离"是二级语法点，是两个各自独立的语法点，可以在学习"离"的时候适当强调二者的区别，做到防患于未然。教师可以根据自己的教学内容进行选择，如果是"从"的教学，可选择案例 1、2、3；如果是单独进行"离"的教学，可以选择案例 4、5。

2 "从"具有方向性，后面要接时间或地点的起点，而"离"后面一般接终点，不具有方向性，可用格式化的办法强调二者的不同。

教学案例

📖 案例1：情景举例法

学习"从+起点+V"

1. 导入和讲解

师：欢迎大家来到中国，你是哪国人？

生1：我是意大利人。

师：那么你可以说：<u>我从意大利来。</u>（板书）

生1：我从意大利来。

师：你呢？

生2：<u>我从希腊来。</u>（板书）

师：我们几点上课？

生：8点。

师：我们可以说：<u>我们从8点开始上课。</u>（板书，齐读）

生：我们从8点开始上课。

师：这个学期从什么时候开始？

生：<u>这个学期从9月1号开始。</u>（板书）

师：（根据例句总结格式）当我们要说明一个开始的时间或者地方的时候，我们可以说：

从 + 起点 + V

2. 操练

回答问题

（1）你每天几点开始上课？

（2）汉语课从几点开始？

（3）口语课从几点开始？

（4）你每天从宿舍到教室还是从食堂到教室？

（5）你的宿舍远吗？从宿舍到教室要多长时间？

词　类

📖 案例 2：图片法

> 学习"从＋起点（＋V）＋到＋终点"

1. 导入和讲解

师：（出示图片）他们在做什么？

生：他们在看电影。

师：电影几点开始？

生：8点。

师：几点结束？

生：10点。

8:00—10:00

师：我们可以说：他们从8点看到10点。（板书，齐读）

生：他们从8点看到10点。

师：你们几点睡觉？几点起床？

生1：我晚上10点睡觉，早上7点起床。

师：那么你可以说：我从晚上10点睡到早上7点。（板书）

生1：我从晚上10点睡到早上7点。

师：（出示图片）飞机要飞多长时间？

生：3个小时。

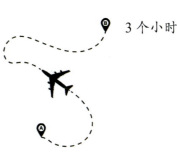

师：我们可以说：从A（飞）到B要3个小时。（板书，齐读）

生：从A（飞）到B要3个小时。

师：从意大利（根据学生情况换成：希腊、美国、法国、韩国等）飞到中国要多长时间？

生1：从意大利飞到中国要11个小时。

师：你们宿舍远吗？

生：不太远。

师：我们可以说：从宿舍到教室不太远。（板书，齐读）

生：从宿舍到教室不太远。

师：从宿舍走到教室，要多长时间？

生：我从宿舍走到教室要5分钟。（板书，齐读）

师：（根据例句总结格式）当我们要说明从一个时间或者地方开始，到另一个时间或者地方结束的时候，可以说：

　　从＋起点（＋V）＋到＋终点

2. 操练

操练1：用"从A到B……"说一说

（1）你每天从几点到几点睡觉？
（2）你每天从几点到几点学习？
（3）你们学校周围有地铁、银行、超市吗？远吗？
（4）你去过天安门（颐和园等）吗？远吗？要多长时间？

操练2：看表说话

起点	终点	坐高铁	坐飞机
成都	昆明	6小时30分钟	1小时30分钟
昆明	上海	11小时36分钟	2小时50分钟
上海	北京	5小时	2小时10分钟
北京	广州	8小时	2小时50分钟
广州	长沙	2小时30分钟	1小时30分钟

句子示例：坐高铁从成都到昆明要花六个半小时。

案例3：图片法

学习表示经过的"从"

1. 导入和讲解

师：（出示图片）我们看，圣诞老人要去给孩子送礼物，他要从哪儿进去？

生：（可能会说错）圣诞老人进去从chimney。

师：（教师引导）<u>圣诞老人从烟囱里爬进去。</u>（板书，齐读）

生：圣诞老人从烟囱里爬进去。

师：（出示图片）火车从哪里开过来？

生：<u>火车从桥上开过来。</u>（板书，齐读）

师：我们每天到教室都要经过梧桐大道，我们可以说：<u>我们每天都从梧桐大道走过来。</u>（板书，齐读）

生：我们每天都从梧桐大道走过来。

师：（根据例句总结格式）当我们要说经过一个地方的时候，就可以说：

从 + P + V

2. 操练

看图说话

📖 案例 4：情景举例法

学习"（起点+）离+终点+远/近/Num"

1. 导入和讲解

师：我们今天一起去天安门，你们觉得走着去可以吗？

生：不行。

师：为什么？

生：太远了。

师：对，从学校到天安门太远了。我们还可以说：<u>学校离天安门太远了。</u>（板书，齐读）

生：学校离天安门太远了。

师：那我们坐地铁去吧！你们觉得去地铁站应该怎么去？为什么？

生1：我觉得应该走着去，因为学校离地铁站很近。

师：好的，那我们就走着去，我们离地铁站很近，<u>学校离地铁站只有500米。</u>（板书，齐读）

生：学校离地铁站只有500米。

师：现在7点55分，我们8点出发，还有几分钟？

生：还有5分钟。

师：那我们可以说：<u>离出发还有5分钟。</u>（板书，齐读）

生：离出发还有5分钟。

师：（根据例句总结格式）

（起点+）离+终点+远/近/Num

2. 操练

操练1：回答问题

（1）你家离你的大学远不远？有多远？

（2）你家离你的朋友家远不远？

（3）你们每天怎么来教室？为什么？

（4）我们为什么不走路去长城？

（5）我们还有多长时间放假？

（6）你还有多长时间毕业？

操练2：根据下面的表格说一说

地点1	地点2	距离
宿舍	食堂	200米
宿舍	图书馆	300米
宿舍	快递站	500米
学校	机场	20千米
学校	长城	50千米

案例5：图片法

学习"（起点+）离+终点+远/近/Num"

1. 导入和讲解

师：（出示图片）他们怎么去学校？

生：坐校车。

师：为什么不走路去？

生：很远。

师：对，我们可以说：他们家离学校很远。（板书，齐读）

生：他们家离学校很远。

师：（出示图片）她怎么去学校？

生：走路。

师：为什么？

生：她家离学校很近。

师：没错，她家离学校只有1千米。（板书，齐读）

生：她家离学校只有1千米。

师：她很着急，因为8点开始上课，现在已经7点55分了。

我们可以说：离上课只有5分钟了。（板书，齐读）

生：离上课只有5分钟了。

师：（根据例句总结格式）

（起点＋）离＋终点＋远／近／Num

2. 操练

操练1：看图说话

事件	还有
期末考试	四个月
国庆节	一个月
开学典礼	三天
毕业典礼	两年

师：你们离期末考试还有多久？

生：我们离期末考试还有四个月。

操练2：用"从"或"离"填空

我叫恩星，_____韩国来。我的家乡_____北京不算太远，坐飞机_____我家乡到北京只需要两个小时。我现在在北京语言大学学习汉语，我每天上午_____8点到12点都有课。我现在住在宿舍里，_____教室很近，走路5分钟就到了。

课堂活动

1 去旅行

选择一个城市，规划寒假旅游路线，内容包括时间、地点（"从A到B"）、距离远近（"离"）等，和同桌说说你的旅行计划。

2 网购一下

在购物平台选一个你最想买的东西，看一看它从哪儿发货，再查一查发货的地方离北京远不远，有多远，要多久能收到货。

课后练习

一、听一听，补全句子。🎧

1. _____，可以坐地铁。
2. 我的家乡_____很远。
3. 他们一起看电影，_____。
4. 我很喜欢睡午觉，常常_____。
5. _____，可以坐公交车。
6. 北京_____很近。

二、选词填空。

> 从　　离

1. _____学校到机场，可以坐公交。
2. 北京_____海边很远。
3. _____学校到长城坐车要两个小时。
4. 我每天都是_____宿舍出发去教室。
5. 现在_____上课还有五分钟。
6. 现在_____新年还有四个月。

三、连词成句。

1. 只要　从　到　北京　我家　一个小时
   _____

2. 我的　离　很远　家乡　北京
   _____

3. 公交站　北京语言大学　离　很近
   _____

4. 学校　从　到　公交站　要花　走　10分钟
   _____

四、请用"从""离"说说你这周都去过哪些地方，花了多长时间。

词 类

41 动态助词：了（一级）

本体知识

动态助词"了"用在动词后表示动作或者状态的完成或者实现。如：

（1）他买了一套新房子。

（2）这本书我看了两遍。

有时动态助词"了"和语气词"了"是合二为一的。如：

（1）那棵树死了。

（2）他结婚了。

动态助词"了"具有非成句性，即如果"V+了"后面有宾语的话，宾语前通常有数量词或者其他定语修饰。如果没有的话，句尾就要有语气助词"了"，或者后面再带一个小句。

"了"只是表示动作或状态的实现，并非和时间直接对应，所以既可以表示过去完成，也可以表示将来完成。表示将来完成时常用：V1＋了＋O＋就＋V2。如：

我下了课就去找你。

格式：

1 肯定形式： S＋V＋了＋Num＋O（宾语前有数量词）

我买了一条裙子。

S＋V＋O＋了（宾语前没有数量词）

我买裙子了。

2 否定形式： S＋没（有）＋V＋O（不能用"了"）

她没吃东西。

3 疑问形式： S＋V＋O＋了＋吗/没有？

你去超市了吗？

你去超市了没有？

常见偏误

1 * 老师，我昨天没迟到了。

　　改为：老师，我昨天没迟到。

　　分析：否定动作发生的"没有"和肯定动作发生的"了"互相矛盾，不能共现。

2 * 我小时候经常生病了。

　　改为：我小时候经常生病。

　　分析：表达经常发生的动作时，即使是过去的事情，句尾也不能用"了"。

3 * 上个星期妈妈来了看我。

　　改为：上个星期妈妈来看我了。

　　分析：连动句中如果后一动词表示目的，只在表示目的的动词之后用"了"，前一动词后不用"了"。

4 * 我小时候就知道了哥哥得了很重的病。

　　改为：我小时候就知道哥哥得了很重的病。

　　分析：一般带小句宾语的动词后面不用"了"。

5 * 我才明白了。

　　改为：我才明白。／我明白了。

　　分析：如果不强调动作已经完成或者发生，就不用"了"。"才"表示动作刚刚发生，强调发生得晚或慢，而"了"强调动作已经发生或情况已经出现，二者语义冲突。

6 * 我们聊天了一会儿。

　　改为：我们聊了一会儿天。

　　分析："聊天"是离合词，"了"应放在离合词的中间，而且表示时间段的词语也应放在中间。

7 * 我买了书。

　　改为：我买了一本书。／我买了书了。／我买了书就去找你。

　　分析：句子感觉没说完，要么宾语前加上数量词，要么句尾加"了"或者小句。

教学提示

1 "V+了"后边的宾语前通常有数量词或者其他定语修饰。如果宾语前没有数量词或其他定语，句尾就要有语气助词"了"才能成句，或者后面再带一个小句，表示第二个动作紧跟第一个动作发生。否则给人的感觉是语意未完。对比如下：

（1）* 我买了书。　　我买了一本书。　　我买了书了。　　我买了书就过去。

（2）* 他吃了饭。　　他吃了一碗饭。　　他吃了饭了。　　他吃了饭就走了。

2 否定形式中动词后不能再用"了",宾语前一般不能用数量词修饰。如:

我没买书。

3 "了"用在"V+了+T段+O"这个结构中,不是表示动作完成,而是表示已完成动作(或状态)的持续。如:

我学了一年日语。

4 二语学习者在习得"了"的过程中经常出现的偏误是不该用而用"了",教师在教学过程中应该强化几种不能用"了"的情况。如:

(1)*没(有)+V+了　　　　　　　如:*没迟到了。
(2)*T段+V+了　　　　　　　　如:*他三天吃饭了。
(3)*经常/常常/每天/每……+V+了　　　如:*他经常迟到了。
(4)*非动作性动词(是、好像、希望、认为)+了　　如:*她是了老师。

5 注意"V+了+Num+O"和"V+了+Num+O+了"的区别:

前者一般表示事情、动作已经发生、完成;后者表示事情或动作已经完成一部分或进行了一段时间,可能现在还在进行,以后也可能还要进行。如:

(1)他吃了三个苹果。(他吃完了三个苹果)
(2)他吃了三个苹果了。(他吃完了三个苹果,还要继续吃)

教学案例

📖 案例1:动作演示法

1. 导入和讲解

师:(故意看了看杯子)老师喝水了吗?(板书)

生:没有。

师:(喝水动作,然后放下杯子)现在呢?

生:老师喝水了。(板书)

师:对。老师喝了一口水。(板书,齐读)

生:老师喝了一口水。

师:老师喝饮料了吗?(板书)

生:(可能会说)老师没有喝饮料了。

师:我们应该说:老师没有喝饮料。(板书,齐读)

生:老师没有喝饮料。

师：（做倒水的动作）老师做了什么？

生：老师倒了一杯水。（板书）

师：非常好，老师倒饮料了吗？

生：老师没有倒饮料。（板书）

师：（根据例句总结格式）当我们要表达事情或者动作已经发生或者完成的时候，我们可以用：

S + V + 了 + Num + O （宾语前有数量词）

S + V + O + 了　　　（宾语前没有数量词）

当我们要问是不是做了某动作，可以说：

S + V + O + 了 + 吗 / 没有？

如果没有做某动作，应该说：

S + 没（有）+ V + O

2. 操练

操练 1：你问我答

两人一组，根据教师给的提示词相互问答。

提示词：早饭、午饭、逛街、逛超市、去图书馆、去电影院、逛公园……

如：早上吃了什么？

中午吃了什么？

周末逛街了吗？买了什么？

最近逛超市了吗？买了什么？

这周去图书馆了吗？借了几本书？看了几本书？

最近去电影院了吗？看了几部电影？

最近逛公园了吗？

操练 2：看图说话

说一说他做了什么。

词 类

📖 案例 2：视频法

1. 导入和讲解

师：(播放第一个视频) 她在做什么呢？
生：她在逛超市。
师：她买东西了吗？
生：她买东西了。(板书)
师：她买了什么？(板书)
生：(可能会说) 薯片。
师：我们可以说：她买了一袋薯片。(板书，齐读)
生：她买了一袋薯片。

师：(播放第二个视频) 现在她在买什么？
生：蜂蜜。
师：她买蜂蜜了吗？(板书)
生：(可能会说) 她没买蜂蜜了。
师：我们应该说：她没买蜂蜜。(板书，齐读)
生：她没买蜂蜜。

师：(根据例句总结格式) 当我们要表达事情或者动作已经发生或者完成的时候，我们可以用：

S + V + 了 + Num + O （宾语前有数量词）

S + V + O + 了　　　（宾语前没有数量词）

当我们要问是不是做了某动作，可以说：

S + V + O + 了 + 吗 / 没有？

如果没有做某动作，应该说：

S + 没（有）+ V + O

2. 操练

看图说话

图片中是人物上周末做的事情，请说说他们分别做了什么，并说说自己曾经是否做过。

④  ⑤  ⑥

案例 3：图片法

1. 导入和讲解

师：（出示图片）大家看，她在做什么？

生：吃苹果。

师：（出示图片）她现在不吃了，她吃了几个苹果？

生：两个。

师：我们可以说：她吃了两个苹果。（板书，齐读）

生：她吃了两个苹果。

师：她吃了两个苹果，还在吃苹果，我们可以说：她吃了两个苹果了。（板书，齐读）

生：她吃了两个苹果了。

师：（根据例句总结格式）表示事情、动作已经发生、完成，我们可以说：

  V + 了 + Num + O

表示事情或动作已经完成一部分或进行了一段时间，可能现在还在进行，以后也可能还要进行，我们可以说：

  V + 了 + Num + O + 了

2. 操练

看图说话

①  看完了  继续看

②
我还要再吃一碗　我吃饱啦

③  2018年—2020年学法语　 2020年开始学汉语

课堂活动

1 我是小记者

学生两人一组进行角色扮演，一个学生扮演记者，一个学生扮演被采访的人。记者负责采访两方面的问题：

（1）周末做了什么？

（2）你之前做过什么？做了多久？现在还在做吗？

如：

（1）你周末去哪儿了？你去干什么了？你吃什么了？吃了几碗饭？睡了多久？买东西了吗？买了什么？看电影了吗？看了什么电影？

（2）你学过舞蹈吗？你学舞蹈多久了？你现在还喜欢跳舞吗？你以前玩过羽毛球吗？你学汉语多久了？你现在还在学汉语吗？你学象棋多久了？

2 她为什么生气

麦克的妻子生气了,请根据麦克和他妻子昨天的时间表,推测他妻子为什么生气。

时间	麦克	妻子
早上 6:00	起床出门吃早饭	起床在家做早饭
上午 9:00	逛街	逛街
上午 10:00	买了一台游戏机	买菜
中午 12:00	在外面吃饭	在家做饭
下午 2:00	看电影	收拾家
下午 4:00	书店买书	在家看视频
下午 6:00	回家想吃饭	出去吃饭

3 回忆完全不一样的两天

学生制作时间表,回忆自己最忙的一天做了什么以及自己最清闲的一天做了什么,在全班同学面前展示。

课后练习

一、听一听,选择正确答案。🎧

1. 你去哪儿了?
   A. 我去图书馆了。　　B. 我去图书馆。　　C. 我不去图书馆。

2. 你借了几本书?
   A. 我没借书。　　B. 我借了两本书。　　C. 我借了一本书。

3. 你去超市了吗?
   A. 我没去超市。　　B. 我去超市。　　C. 我没去超市了。

4. 你喝了几杯咖啡?
   A. 我喝了两杯咖啡了。　　B. 我喝了两杯咖啡。　　C. 我喝了咖啡。

5. 你买了些什么?
   A. 我买了两杯咖啡。　　B. 我买了水果。　　C. 我买了水果和咖啡。

二、制作时间表。

制作自己上周末的时间表，向同学们描述自己周末做了什么。如：

时间	活动
早上 6:00	起床
上午 8:00	吃早饭
上午 10:00	买衣服
中午 12:00	在外面吃饭
下午 2:00	看电影
下午 4:00	在书店买书
下午 6:00	回家吃饭

三、把"了"放在合适的位置。

1. 他买 A 三双 B 袜子 C。
2. 我 A 昨天 B 看 C 一场电影。
3. 他 A 前几天 B 结婚 C。
4. 我 A 吃 B 三碗 C 米饭。
5. 昨天 A 她做 B 很多家务 C。

词类

42 动态助词：过（二级）

本体知识

动态助词"过"用在动词后，表示动作曾经发生，但没有持续到现在，强调过去的某种经历。

"过"和"了"的不同：

"了"强调动作完成，"过"强调经历。如：

（1）他去了日本，已经去了两年了。

（2）他去过日本，而且还在那儿生活过两年。

"了"用在动作可能持续到现在的句子中，"过"用在动作已经结束、现在很可能已经不再如此的句子中。如：

（1）他当了三年医生。（现在可能还是医生）

（2）他当过三年医生。（现在已经不再是医生）

（3）她去了法国。（她现在还在法国）

（4）她去过法国。（她现在不在法国）

格式：

1 **肯定形式**：S + V + 过（+ O）

我去过长城。

2 **否定形式**：S + 没（有）+ V + 过（+ O）

我没有去过长城。

3 **疑问形式**：S + V + 过（+ O）+ 吗/没有？

你去过长城吗/没有？

S + V + 没 + V + 过（+ O）？

你去没去过长城？

常见偏误

1 *所以我放弃过这个梦想。

改为：所以我放弃了这个梦想。

分析：这个句子强调的是"事情已经结束了"，而不再强调过去发生过，应用"了"，而非"过"。

词 类

2 * 我常常看过长得很美的女人。

改为：我常常看到长得很美的女人。

分析："过"表示动作曾经发生，强调过去的某种经历，它和表示经常性、反复性的"一直""常常"不能共现。

3 * 我认识过一个中国朋友，但是很少见面。

改为：我认识一个中国朋友，但是很少见面。

分析：认知类动词"认识""知道""懂""明白"表示某状态，而"过"则强调"曾经"，已不再如此，二者矛盾，后边一般不能用"过"。

4 * 昨天，我去找你过两次。

改为：昨天，我去找过你两次。

分析："过"应放在动词后。

5 * 他从来不骂过我。

改为：他从来没骂过我。

分析："从来不V"表示一种一贯的情况，表示经历需使用"从来没V过"。

6 * 上个周末，我去游泳池游泳过。

改为：上个周末，我去游泳池游过泳。

分析："过"应放在动词之后，宾语之前，离合词也是一样，"过"应放在离合词的中间。

教学提示

1. 注意"过"的位置，特别强调应该放在离合词的中间。
2. 注意"过"和"了"的区别。
3. 连动句中"过"应放在第二个动词后面，如：
   （1）她来这儿游过泳。
   （2）她来我家做过客。
4. 注意经常性、反复性的动作后不用"过"。

教学案例

📖 **案例1：图片法**

▶ **第一步：学习"普通动词+过"**

1. 导入和讲解

师：（出示烤鸭、长城或者学生熟悉或感兴趣的照片）这是什么？好吃吗？

大卫：这是烤鸭，很好吃。

师：大卫知道烤鸭好吃，因为他吃过烤鸭。（板书，齐读）
生：他吃过烤鸭。
师：烤鸭是北京的特色菜，吃起来有点儿复杂。大卫，你知道烤鸭怎么吃吗？
大卫：知道。
师：你是怎么知道的？
大卫：我吃过。（板书）
师：（出示图片）你们看，这是全聚德。全聚德的烤鸭很有名，但是老师没有去过全聚德。（板书，齐读）

生：老师没有去过全聚德。
师：你们去过全聚德吗？（板书）
生：我们没有去过全聚德。/ 我们去过全聚德。（板书）
师：我们还可以这么问：你们去没去过全聚德？（板书，齐读）
生：你们去没去过全聚德？
师：（根据例句总结格式）
　　S＋V＋过（＋O）
　　S＋没（有）＋V＋过（＋O）
　　S＋V＋过（＋O）＋吗/没有？
　　S＋V＋没＋V＋过（＋O）？

2. 操练

操练1：两人一组，看图问答

操练2：口语交际

每人说三件事，其他人猜猜哪件事是真，哪件事是假。教师先开始，进行示范。如"我去过北京""我爬过长城""我看过升旗仪式"。

词 类

▶ **第二步：学习"离合词 + 过"**

1. 导入和讲解

师：（出示图片）他们在做什么呢？

生：他们在跳舞。

师：你们跳过舞吗 / 没有？（板书）

大卫：（可能说错）我跳舞过。

师：我们可以说：大卫以前跳过舞。（板书，齐读）

生：大卫以前跳过舞。

师：大卫，你现在还经常跳舞吗？

大卫：我现在很忙，不经常跳舞了。

师：你跳过中国的民族舞吗？

大卫：（可能会说错）我不跳过中国的民族舞。

师：大卫没（有）跳过民族舞。（板书，齐读）

生：大卫没（有）跳过民族舞。

师：（根据例句总结格式）大家注意，如果"跳舞、唱歌、睡觉、游泳、滑冰、散步、聊天"这样的词和"过"放在一起的时候，"过"要放在这些动词的中间。

S + V + 过 + O + 吗 / 没有？

S + V + 过 + O

S + 没（有）+ V + 过 + O

2. 操练

操练 1：两人一组，看图问答

①    ②    ③

④    ⑤    ⑥

操练 2：口语交际

教师准备一些常见离合词，学生两两一组对这些词语进行问答。

词语：散步、聊天、见面、生病、吵架、帮忙、打拳、撒谎、理发、看病、上课

案例 2：情景举例法

▶ 第一步：学习"普通动词 + 过"

1. 导入和讲解

师：（根据本班学生的具体情况，学习已经学过的内容）
（板书：大）大家看，这个字念什么？

生：大。

师：你们都知道念"大"，因为<u>你们学过这个字。</u>（板书）

师：<u>你们学过这个字吗？</u>（板书）

生：我们学过这个字。

师：（板书：龘）这个字念什么？什么意思？

生：不知道。

师：你们不知道，因为<u>你们没学过这个字，也没见过这个字。</u>（板书）

师：<u>你们学过这个字吗？你们见过这个字吗？</u>（板书）

生：我们没学过这个字，也没见过这个字。

师：（根据例句总结格式）

S + V + 过（+O）+ 吗？

S + V + 过（+O）

S + 没（有）+ V + 过（+O）

2. 操练

操练 1：你问我答

就下列词语（也可以换成图片）两两对话，一问一答，然后交换角色。

美国　英国　日本　韩国　越南　泰国　巴基斯坦　印度
西安　南京　武汉　长城　故宫　饺子　烤鸭　月饼　火鸡
臭豆腐　寿司　泡菜……

操练 2：口语交际

四人一组，分别分享一下自己的经历，如旅游经历、学习经历等。

如：我去过北京，我吃过北京烤鸭，我去过故宫，我坐过飞机……
　　我学过中文，我写过汉字，我听过京剧……

词 类

▶第二步：学习"离合词＋过"

1. 导入和讲解

师：（根据季节选择语境）现在已经很冷了，可以去滑冰了，你们喜欢滑冰吗？<u>你们滑过冰吗/没有？</u>（板书）

生：（可能会说错）我喜欢滑冰，我滑冰过。

师：<u>我滑过冰。</u>（板书，齐读）

生：我滑过冰。

师：大卫，你呢？

大卫：（可能会说错）我没滑冰过。

师：大卫滑过冰吗？

生：<u>大卫没滑过冰。</u>（板书）

师：（根据例句总结格式）大家注意，"跳舞、唱歌、睡觉、游泳、滑冰、散步、聊天"这样的词和"过"放在一起的时候，"过"要放在这些动词的中间。

S＋V＋过＋O＋吗/没有？

S＋V＋过＋O

S＋没（有）＋V＋过＋O

2. 操练

操练1：两人一组，看图问答

操练2：补全句子

（1）我最喜欢的运动是滑雪，_____。

（2）我会开车，_____。

（3）_____，但是我还是很饿。

（4）_____，大卫很感谢我。

309

课堂活动

1 试运气

每张图片对应一个数字或者一种颜色或者最近刚学过的词语,其中有一个炸弹,让学生自由选择图片,给大家介绍一下图片内容,并用"过"说说为什么了解。说对几个"过"得几分,选中炸弹的扣一分。

2 帮玛丽找钱包

玛丽的钱包丢了,但不知道丢在哪儿了。请帮她回忆一下这一天她都去过哪儿,在那儿做过什么,最后提醒她可能会在哪儿找到钱包。

食堂　　　　　　　　操场　　　　　　　　超市

游泳馆　　　　　　　咖啡馆　　　　　　　电影院

词 类

课后练习

一、听一听，完成表格，并写出完整的句子。🎧

	听京剧	吃烤鸭	爬长城	看升旗仪式	学太极拳	去故宫	去圆明园
大卫							
安娜							

二、根据实际情况回答问题。

1. 你以前学过汉语吗？学过多长时间？
2. 你参加过中国婚礼吗？
3. 你吃过中国菜吗？吃过什么菜？
4. 你以前抽过烟吗？
5. 你以前打过针吗？
6. 你坐过飞机没有？
7. 你打过太极拳没有？
8. 你唱过中国民歌吗？唱过几首？
9. 你看过美国电影吗？看过什么电影？
10. 你去过韩国吗？见过电影明星吗？
11. 你去过哪些国家？
12. 你学过什么语言？

三、把"过"放在合适的位置。

1. 我们 A 去年 B 爬 C 泰山 D。
2. 以前，我去 A 海边 B 游 C 泳 D。
3. 两年前，A 张东和 B 玛丽 C 见 D 面。
4. 我 A 曾经 B 在日本学 C 日语 D。
5. 我 A 从来没 B 画 C 山水画 D。

四、判断下面的句子对不对，如果不对，请改正。

1. 玛丽小时候学舞蹈过。

2. 我以前用过筷子吃饭。

　　_____

3. 我和李老师聊天过两次。

　　_____

4. 小时候，我们常常在那家饭店吃过饭。

　　_____

5. 周末，我有时候在家看过书，有时候去看过电影。

　　_____

五、用"过"或"了"填空。

1. 今天我没上课，去_____一个朋友家做客。
2. 妈妈没坐_____飞机，所以有点儿害怕。
3. 我们今天去故宫，拍_____很多照片。
4. 马老师去英国_____，明天回来。
5. 张东从来没吃_____那么多好吃的中国菜，所以一个人就吃_____三碗饭。
6. 我还没去_____北京，真想去看看。
7. 林老师，请问这个字怎么读？我没学_____。
8. 我以前得_____肺炎，那时身体很不舒服。
9. 我昨天去看_____一部韩国电影，你看_____韩国电影没有？
10. 我没在中国过_____春节，也没有包_____饺子，所以觉得中国的春节很有意思。

六、用"过"描述自己的经历，下节课互相交流。

词 类

43 动态助词：着1（动作的持续）（二级）

本体知识

　　动态助词"着"用在动词或形容词后表示持续，包括动作的持续和状态的持续。动作的持续是动态的；状态的持续包括行为动作实现后所造成的状态和一直保持的状态的持续，这种持续是静态的。可简单总结如下：

　1. 表示动作的持续。如：
　　（1）他上着课呢，你待会儿再打电话吧。
　　（2）她认真地听着，仔细地观察着，还不停地在笔记本上写着。
　　（3）大家激动地跳着，唱着。

　2. 表示状态的持续。如：
　　（1）她手上戴着一个大戒指。
　　（2）窗关着呢。
　　（3）奶奶睡着觉呢，你别那么大声。

　　"着"的不同用法，在教学中切记不可一次"倒"给学生。表示动作持续的"着"也可用于不同的情况，本教学设计仅涉及表示动作持续的用法，即下面的格式。

格式： S + V + 着 + O + 呢

　　妈妈可能做着饭呢，没听到电话铃声。
　　我们上着课呢，你待会儿再打来吧！

常见偏误

1 * 离开着你们，我一个人在这里生活已经习惯了。
　　改为：离开你们，我一个人在这里生活已经习惯了。
　　分析："离开"为瞬间动词，不能带表示动作持续的"着"。

2 * 我看他的背影，流泪了。
　　改为：我看着他的背影，流泪了。
　　分析："看"只说明动作，并没说明动作的持续，应加"着"。

3 * 大家正在上课着。

改为：大家正在上着课。

分析："着"要紧跟在动词或动词性语素之后。

4 * 我们正吃饭着，厨房里突然传来了"砰"的一声。

改为：我们正吃着饭，厨房里突然传来了"砰"的一声。

分析："着"应放在动宾短语之间。

教学提示

1 表示动作持续的"V+着"一般不能独立成句。如：

* 她看着书。

要想使之以单句的形式独立，要么在动词前加状语，要么在"着"后加小句。最常用的是在动词前加"正""正在"或"在"，在句尾加"呢"。如：

（1）她正看着书呢。

（2）他们在喝着酒呢。

（3）他们正在看着电视，妈妈突然回来了。

（4）我们聊着天呢。

这种用法的"V着"有提醒听话人的意思。如：

她看着书呢，你别打扰她。

2 如果动作不可持续，瞬间完成瞬间结束，则不能用动态助词"着"。如：

（1）* 她死着。

（2）* 他们结着婚。

3 分清楚不同用法，分阶段教学，切忌不同用法混在一起教给学生。

教学案例

案例1：情景举例法

1. 导入和讲解

师：大卫，现在有朋友让你出去打球，你能去吗？

大卫：不能。因为我们正在上课。

师：对，你要告诉朋友你正在上课。所以，你可以说：<u>我不能去打球，我们上着课呢。</u>（板书，齐读）

生：我不能去打球，我们上着课呢。

师：如果有人现在给你打电话，你能接电话吗？怎么告诉他？

生：对不起，我现在不能接电话，<u>我们上着课呢。</u>（板书）

师：（根据例句总结格式）如果一个人正在做一件事，我们提醒另一个人注意，他正在做其他事的时候，可以用：

S + V + 着 + O + 呢

2. 操练

操练 1：我做你说

师：电话响了，但是老师在做什么？（做跑步的动作）

生：老师跑着步呢。

师：（做洗澡的动作）

生：老师洗着澡呢。

师：（做看书的动作）

生：老师看着书呢。

师：（做睡觉的动作）

生：老师睡着觉呢。

操练 2：一起来接龙

每个人想一个动作，用"V 着"拒绝邀请的人。

师：大卫，我们现在去吃饭，可以吗？

大卫：对不起，我看着书呢。玛丽，我们一起看书，可以吗？

玛丽：对不起，我吃着饭呢。

山本：……

📖 案例 2：图片法

1. 导入和讲解

师：（出示图片）他正在做什么？

生：他正在洗澡。

师：如果我现在给他打电话，他能接吗？

生：不能。

师：对，我们可以说：他洗着澡呢，不能接电话。（板书，齐读）

生：他洗着澡呢，不能接电话。

师：（出示图片）他们正在做什么？

生：他们正在吃饭。

师：现在有人叫孩子出去玩，可以吗？

生：（可能有学生说：他们正在吃饭。教师注意引导）

　　不可以，他们正吃着饭呢。

师：我们可以说：他们吃着饭呢，不能出去玩。（板书，齐读）

生：他们吃着饭呢，不能出去玩。

师：（根据例句总结格式）当说话人提醒听话人注意别人或者自己正在做一件事情的时候，可以说：

S + V + 着 + O + 呢

2. 操练

操练1：看图完成句子

①

A：我们现在去图书馆吧！

B：对不起，我_____，你先去吧。

②

A：你在做什么？方便聊天吗？

B：我_____，等一会儿再聊吧。

③

A：他为什么不接电话？

B：他_____，我一会儿让他给你回电话。

操练2：两人一组，回答问题

现在如果有人给他们打电话，请他们出去玩，可以吗？为什么？两个人一组，说一说。

①

②

③

④

课堂活动

1 接电话

教师提前准备一段音乐、电话铃声（或实物按铃）和一个玩偶。音乐响起时，教师开始把玩偶传给学生，学生按顺序传递。当教师按下电话铃声时，传递立即停止。教师邀请拿着玩偶的学生出去玩／写作业等，学生必须要用"S + V + 着 + O + 呢"句式拒绝，如："我不能出去玩，我上着课呢。"之后，音乐继续，该学生上台背对同学随机按铃，邀请下一个拿着玩偶的同学。

2 找朋友

教师提前准备不同场景的卡片，如咖啡厅、公园、图书馆等。每个场景的卡片数量至少两张。学生抽取卡片后，想一件自己在这个场景里做的事情，离开座位并邀请其他学生一起做这件事。如，抽到咖啡厅的学生可以问"一起喝咖啡吗？"不同场景的学生要用"S + V + 着 + O + 呢"描述自己场景中正在做的事情并拒绝。如，抽到图书馆的学生可以说"我正看着书呢，不能去。"相同场景的学生可以结成一组，就是找到了朋友。

课后练习

一、听一听，选一选。🎧

1. 他们现在为什么不能去游泳？　　　　　　　　　　　　　　　（　　）
   A. 他们现在看着电视呢。　　　　B. 现在已经很晚了。
   C. 他们看着书呢。　　　　　　　D. 大卫不会游泳。

2. 她周四早上在做什么？　　　　　　　　　　　　　　　　　　（　　）
   A. 她睡着觉呢。　　　　　　　　B. 她扫着地呢。
   C. 她写着作业呢。　　　　　　　D. 她听着音乐呢。

3. 比伯现在在做什么呢？　　　　　　　　　　　　　　　　　　（　　）
   A. 他正在玩游戏。　　　　　　　B. 他踢着球呢。
   C. 他跑着步呢。　　　　　　　　D. 他吃着饭呢。

4. 她能和朋友一起去商场吗？　　　　　　　　　　　　　　　　（　　）
    A. 不能，她洗着衣服呢。　　　　B. 能，她现在有空。
    C. 不能，她上着课呢。　　　　　D. 能，她洗完衣服就去。

二、看图回答问题。

他们的朋友给他们打电话，但没人接听，为什么？

1.

2.

3.

4.

5.

6.

三、阅读短文，回答问题。

  我是一位网络主播，每天都和村民们一起用手机直播带货，把村子里好吃的苹果卖给全国各地的网友。可是今天有点儿奇怪。上午11点，平时和我一起直播的老李没有来。我给他打电话，他说他正在看电视，不能和我一起直播。之后，我自己开了直播。但是老李又发消息说，让我现在看电视。可是我正在直播，不可能看电视。就在我疑惑的时候，一群人走了过来。他们是电视台的工作人员，村民们和他们说了我是怎么帮助村子发展经济的，所以他们想要采访我。原来他们是想给我一个惊喜啊！

1. "我"每天的工作是什么？

   _____

2. 电话里，老李是怎么拒绝和"我"一起直播的？

   _____

3. 上午 11 点的时候，"我"能看电视吗？为什么？

   _____

4. 电视台的工作人员为什么采访"我"？

   _____

词 类

44 动态助词：着2（状态的持续）（二级）

本体知识

"着"表示状态的持续，主语常常是事物，如果是人，后面的动词往往是静态动词，如"坐、站、躺"等。表示状态的持续，用法有以下几种：

1. 用于存现句中，表示以某种动作或状态存在。如：
   （1）墙上挂着一张爷爷的照片。
   （2）门口围着一群人。
   （3）他头上戴着一顶黑帽子。
   （4）路旁长椅子上坐着一对老年夫妇。

2. 用在动词、形容词后，描写人、事物的状态。如：
   （1）门开着呢，你直接进去吧！
   （2）他还站着呢！
   （3）杯子空着呢。

3. 用在"V1 着 V2"中，表示两个动作同时进行，前面是后面的伴随状态。如：
   （1）躺着看。
   （2）哭着说。

4. 用在"Adj 着 V"中，表示 Adj 和 V 之间有一种状态和目的的关系。如：
   （1）急着赶车。
   （2）忙着装修。

本教学设计仅涉及"着"表示状态持续的初等语法点，即第一、二、三种。

格式：

1 P + V + 着（+ Num）+ N
墙上挂着一张地图。
桌子上摆着一个花瓶。
路边种着高高的杨树。

2 S + V/Adj + 着（+ 呢）
门开着呢。
他躺着呢。
灯还亮着。

3 S + V1 + 着 + V2
他躺着玩游戏呢。
她笑着走了进来。

词 类

常见偏误

1 * 春天快要到了，到处开了漂亮的花。
　　改为：春天快要到了，到处开着漂亮的花。

* 当我该上小学的时候，我面临了一个重大的问题——我不会讲韩文。
　　改为：当我该上小学的时候，我面临着一个重大的问题——我不会讲韩文。
　　分析："着"表状态的持续，"了"表示动作已完成。

2 * 我坐着汽车里看书。
　　改为：我坐在汽车里看书。/ 我在汽车里坐着看书呢。
　　分析：可以说"在哪里 V 着"或者"V 在哪里"，不能混用。

3 * 一般人都希望活着很久很久。
　　改为：一般人都希望活得很久很久。
　　分析："着"表示状态的持续，后面不能带表示时间的词语，换成"得"则可以带补语。

4 * 窗台上站着鸟。
　　改为：窗台上站着一只鸟。
　　分析：存现句后面的名词前一般要有数量词。

教学提示

1 在存现句"P + V + 着 + N"中，名词前常有数量词。如：
（1）前面站着一个人。　？前面站着人。
（2）桌上摆着一些书。　？桌上摆着书。

2 分清楚"着"的不同用法，不要不分义项集中教给学生。

教学案例

📖 案例1：情景举例法

▶ **第一步：学习存现句中的"着"**

1. 导入和讲解

师：我说一个人，大家听一听我说的是谁。
　　他头上戴着一顶黑色的帽子，上身穿着白色的T恤，下身穿着黑色的裤子，脚上穿着一双蓝色的运动鞋，手上戴着一块手表。（板书）
生：是大卫。

师：对，是大卫。请大卫站起来，大家来说一下大卫……

生：大卫头上戴着一顶黑色的帽子，上身穿着白色的T恤，下身穿着黑色的裤子，脚上穿着一双蓝色的运动鞋，手上戴着一块手表。

师：他脖子上戴着项链吗？

生：他脖子上没戴（着）项链。

师：（根据例句总结格式）一个地方有什么，我们也可以用"着"来说：

P＋V＋着（＋Num）＋N

2. 操练

操练1：师生问答

师：大家看，教室的墙上有什么？

生：教室的墙上贴着一张地图。

师：墙上还有什么？

生：墙上还有一个黑板。

师：黑板上有什么？

生：黑板上写着几个字。

师：老师的桌子上有什么？

生：老师的桌子上有几本书、一台电脑和一个本子。

操练2：看图说话

用"着"说说图片上有什么。（可两人一组，教师借机融入中国文化）

师：中国过春节的时候到处都是红色。（出示图片）我们看，门两边贴着什么？

生：对联。

师：门两边贴着对联。门前挂着红灯笼。

师：（出示图片）碗里有什么？

生：（可能大部分学生知道饺子，但不知道汤圆）

师：左边的碗里是汤圆。圆圆的，里面有馅儿。中国人在元宵节的时候吃汤圆。我们可以说左边的碗里——？

生：左边的碗里放着汤圆，右边的碗里放着饺子。

师：勺子上呢？筷子上呢？

生：勺子上放着汤圆，筷子上夹着饺子。（可以提示学生筷子的动词用"夹"）

师：（出示图片）他们手上拿着什么？

生：（可能不知道）

师：这是风筝。有很多图案，比如鸟、鱼、花纹，都是吉祥的意思。我们一起来说，他们手上——？

生：他们手上拿着风筝。

师：（出示图片）他身上穿着什么？

生：他穿着长衫。

师：手上呢？

生：他手上拿着扇子。

▶第二步：学习单纯表示状态持续的"着"

1. 导入和讲解

师：我现在有点儿冷，你们能帮我关上窗户吗？（天气热的话就说有点儿热，让学生开窗户）

生：老师，窗户已经关了。

师：窗户已经关上了，我们可以说：<u>窗户关着呢</u>。（板书，齐读）

生：窗户关着呢。

师：那可以帮我关上门吗？

生：门已经关上了。

师：我们可以说：<u>门关着呢</u>。（板书，齐读）

生：门关着呢。

师：旁边的教室有人吗？

生：没有。

师：我们可以说：<u>旁边的教室空着</u>。（板书，齐读）

生：旁边的教室空着。

师：（根据例句总结格式）说一个东西或者一个人一直是一个状态，我们可以用：

　　S + V/Adj + 着（+ 呢）

2. 操练

操练1：句型转换

教师说一句话，学生用"着"来表达相同的意思。

师：我进门的时候，他躺在床上。

生：我进门的时候，他在床上躺着呢。

师：他现在很累，我们不要去打扰他。

生：他累着呢，我们不要去打扰他。

师：他听音乐的时候闭上了眼睛。

生：他听音乐的时候闭着眼睛。

师：他最近很忙，不能出去玩了。

生：他最近忙着呢，不能出去玩了。

操练 2：找不同（每次放两张相同场景但状态不同的图片）

（1）她们都在等车，有什么不同？

（2）她们都在听音乐，有什么不同？

（3）他们都在看电影，有什么不同？

▶ 第三步：学习表示伴随状态的"着"

1. 导入和讲解

师：我们现在在做什么？

生：我们在上课。

师：上课的时候老师是站着的，可以说：老师站着讲课。（板书，齐读）

生：老师站着讲课。

师：你们呢？

生：我们坐着。

师：可以说：我们坐着听课。（板书，齐读）

生：我们坐着听课。

师：老师坐着讲课好吗？

生：老师坐着讲课不好。

师：学生可以站着听课吗？

生：学生可以站着听课。

师：（根据例句总结格式）当我们想说做一个动作时的状态，可以用：

S + V1 + 着 + V2

2. 操练

操练1：我做你猜

教师发下一些纸条，上面有状态和动作。请两个学生上来表演，大家一起说。

状态：跳着、站着、坐着、跑着……

动作：唱歌、喝水、看书、聊天……

操练2：说一说

你平时怎么样写作业、看电视、等车、吃饭？和你的朋友说说，看看你们一样吗。

案例2：文化体验法

▶ 第一步：学习存现句中的"着"

1. 导入和讲解

师：（出示图片）看，这是茶馆。墙上有什么？

生：墙上有画。/墙上有一幅画……（复习旧知：表存现的有字句）

师：对，我们也可以说：墙上挂着一幅画。（板书，齐读）

生：墙上挂着一幅画。

师：墙上有地图吗？

生：没有。

师：我们可以说——？

生：墙上没挂着地图。

师：地上有什么？

生：有桌子、椅子、架子。

师：我们可以说：茶馆里面放着桌子、椅子和架子。（板书，齐读）

生：茶馆里面放着桌子、椅子和架子。

师：（根据例句总结格式）一个地方有什么，我们也可以用"着"来说：

　　P＋V＋着（＋Num）＋N

2. 操练

看图说话（茶叶的制作）

师：中国人喜欢喝茶。我们看看茶叶是怎么做的。第一步是采茶，摘茶树的叶子。（出示图片）她身上穿着什么？

生：她身上穿着一件白色的上衣。

师：她的手上呢？

生：她手上拿着茶叶。

师：采完的茶要晒一晒。第二步是晒茶。
（出示图片）蓝色的布上有什么？

生：蓝色的布上放着茶叶。

师：第三步是炒茶，在锅里炒茶叶。
（出示图片）锅里有什么？

生：锅里放着/炒着茶叶。

师：他手上——？

生：他手上戴着手套。

师：最后一步晒干。（出示图片）筛子上——？

生：筛子上晒着茶叶。

▶ **第二步：学习单纯表示状态持续的"着"**

1. 导入和讲解

师：今天老师请你们喝茶。大卫能帮我打开灯吗？

大卫：灯已经打开了。

师：那大卫可以说：<u>灯开着呢。/灯亮着呢。</u>（板书，齐读）

生：灯开着呢。/灯亮着呢。

师：外面有点儿吵，门开着呢吗？

生：没有。

师：门没开着，也可以说：门——？

生：门关了。

师：我们可以说：<u>门关着呢。</u>（板书，齐读）

生：门关着呢。

师：（根据例句总结格式）当我们想表达一个东西或者一个人一直是一个状态，可以用：

S + V / Adj + 着（+呢）

2. 操练

看图说话（茶文化体验）

师：茶艺师一直在另一个房间等我们。她在做什么？

生：她在等着我们。/她等着我们呢。

师：她是什么姿势？

生：她坐着呢。

师：茶壶里有茶叶吗？

生：没有，茶壶空着呢。

师：茶杯里有水吗？
生：没有，茶杯空着呢。
师：我们想请茶艺师帮我们，但她现在正在忙别的事情，怎么说？
生：她忙着呢。

▶ 第三步：学习表示伴随状态的"着"

1. 导入和讲解

师：喝完茶，我们去外面看看。（出示图片）他在做什么？
生：他在喝茶。/ 他在看书。
师：我们可以说：<u>他看着书喝茶。</u>（板书，齐读）
生：他看着书喝茶。
师：（出示图片）她在做什么？
生：她在喝茶。
师：她喝茶的时候是站着的，我们可以说：<u>她站着喝茶。</u>（板书，齐读）
生：她站着喝茶。
师：（根据例句总结格式）当我们想说做一个动作时的状态，可以用：

S + V1 + 着 + V2

2. 操练

操练1：看图说话

师：（出示图片）她是怎么喝茶的？
生：她站着喝茶。/ 她闭着眼睛喝茶。
师：（出示图片）他们在做什么？怎么做的？
生：他们听着京剧喝茶。
师：（出示图片）她在做什么？怎么做的？
生：她闭着眼睛弹琴。/ 她坐着弹琴。
师：（出示图片）他们呢？
生：他们聊着天下棋。/ 他们坐着下棋。

操练2：你做我猜

（教师可在课前准备一些茶叶，在讲解完第二步"状态持续"的用法后，泡茶，分给学生们）

师：现在茶泡开了。你们想怎样喝茶呢？请同学上来做动作，我们一起来猜猜。

生：（看书，喝茶）

师：他想怎么样喝茶？

生：他想看着书喝茶。

……

课堂活动

1 你说我画

教师需要提前准备一些图片或照片。根据所讲解的不同用法，可以选择不同类型的图片。如：讲解存现句中的"V着"时，可以准备房间或其他布置好的场景的图片；讲解单纯表示状态持续的"V/Adj + 着"和表示伴随状态的"V1着V2"时，可以准备人物做事情的图片。也可以准备综合场景的图。之后教师把学生分组，出示图片。一个人描述，一个人画，看看哪组画得最像原来的图片。如：

房间的左边放着……。

她戴着……，手里拿着……。

2 机场接人

一个学生扮演刚下飞机的人，另一个学生扮演去机场接机的人。两人打电话，描述各自的穿着、带着的东西以及正在做的事情。

课后练习

一、听一听,选一选。

1. 谁是周莹? ( )

2. 大熊猫在做什么? ( )

3. 现在茶碗是什么样的? ( )

二、你的房间是什么样的?请介绍一下。需要使用句式"P + V + 着"。

_____

_____

三、你知道这是什么节日吗?请用"V1 着 V2"说一说他们在做什么。

1.

2.

329

3.

四、阅读短文，回答问题。

中国的春节

春节是中国的传统节日之一，也是中国最重要的一个节日。在除夕这一天，人们会穿上红色的衣服并开始装饰自己的家。门的两边贴春联，门上贴"福"字，门口挂灯笼。这样的装饰代表着好运和对新一年的祝福。到了晚上，人们都会包饺子。和家人一起一边包饺子，一边看春晚、聊天，十分热闹。

1. 人们在除夕这天穿着什么衣服？

2. 过春节的时候，中国人的家是什么样子的？

3. 除夕晚上，中国人会怎样包饺子？

词 类

语气词：了① （一级）

本体知识

语气词"了"指的是用在句尾，表示到某一时刻为止出现了新情况，用来肯定事态出现了变化或即将出现变化，有成句的作用。如：

（1）苹果红了。
（2）他累了。
（3）苹果快红了。

有时句尾的"了"前面是动词，该"了"则是动态助词"了"和语气词"了"的合体。如：

（1）他突然哭了。
（2）他们结婚了。

语气词"了"的语用功能：

1. 引起说话人注意，进而表达说话人的某种意向，如：下班了！（提醒）
2. 表示肯定语气，肯定某一事实，并把这一事实作为依据为自己所说的观点或情况做解释、引证和辩白，如：春天了，花都开了。
3. 位于句尾，有成句功能，如：你胖了。

用在感叹句末尾表示感叹语气，如：太好了！

格式：

1 肯定形式： S + V + 了　　　　S + Adj + 了　　　　S + 都 / 已经 + Num + 了
　　　　他结婚了。　　　　树叶黄了。　　　　她已经50岁了。

2 否定形式： S + 没（有）+ V　　　　　　S + 没（有）+ Adj
　　　　他没结婚。　　　　　　　　树叶没有黄。

3 疑问形式： S + V + 了 + 没有 / 吗？　　S + Adj + 了 + 没有 / 吗？
　　　　他结婚了没有 / 吗？　　　　树叶黄了没有 / 吗？

---

① 语气词"了"还广泛用于"太……了""该……了""要……了"等，但本教学设计暂不涉及。

常见偏误

1 * 可是一位中国人帮助我了。

改为：可是一位中国人帮助了我。

分析：如果不是要强调变化，则不需要使用语气词"了"。本句说话人只是要表达"帮助"这个动作已经发生，并没有强调变化，应该用动态助词"了"，而不应该用语气词"了"。

2 * 艾美丽是从法国来了，也是大一。

改为：艾美丽是从法国来的，也是大一。

分析："了"和"是……的"的混淆。当要强调已经发生的事情的局部信息时，如具体时间、地点、方式等，应该用"是……的"句；当说话人要传递一个新信息时，应该用"了"。本句显然是要强调"来自哪里"，应用"是……的"句。

3 * 我没睡觉了。

改为：我没睡觉。

分析："没"表示动作没有发生，而"了"表示变化，既然变化，就已经发生，所以二者矛盾，不能共现。二语学习者经常出现二者共现的偏误。

4 * 我问了司机先生才知道了，这辆汽车的终点站不是曲阜。

改为：我问了司机先生才知道，这辆汽车的终点站不是曲阜。

分析：句中因为有"才"，显然是要强调动作发生得晚，而"了"是强调发生变化，一个句子不应有两个强调的焦点，所以"才"和"了"不能共现。

5 * 北京人常常骑自行车了。

改为：北京人常常骑自行车。

分析：语义冲突造成的偏误。表示动作行为经常发生的副词"经常、常常、每"等和表示变化的"了"不能共现。

6 * 我以前有很多中国朋友了。

改为：我以前有很多中国朋友。

* 高中的时候，我第一次学汉语了。

改为：高中的时候，我第一次学汉语。

* 我听到那件事情以后真的很吃惊了。

改为：我听到那件事情以后真的很吃惊。

* 到上海的时候我很高兴了。

改为：到上海的时候我很高兴。

分析：以上偏误都是因为二语学习者误以为只要是过去的事情就要用"了"，实际上只有要强调变化时才需要使用语气词"了"，如果只是描述状态，即使是过去的事情，也不应使用"了"。以上各句显然并未强调变化，只是单纯陈述当时的状态，不应使用"了"。

7 * **我来中国四个月。**

改为：我来中国四个月了。

分析：强调到说话时为止的时间变化，应该用"了"。

教学提示

1. "了"在初级阶段学习者的语言产出中偏误率很高，其中偏误率最高的是不该用而用了"了"。

2. 否定副词"没（有）"和"了"不共现。如可以说"我没迟到"，不能说"我没迟到了"。但动词"没（有）"和"了"可以共现。如：我没有钱了。

3. 有些强调动作发生得晚的副词如"刚、才"和"了"不共现。

4. 表示动作行为经常发生的副词如"经常、常常、每"等和"了"不共现。

5. 注意"了"和"是……的"句的区别，通过鲜明的对比进行教学。

6. 只有强调变化时才需要使用"了"。

教学案例

案例 1：图片对比法

1. 导入和讲解

师：（出示图片）这是10月份的树，这是11月份的树，大家看有什么不一样？

生：树叶不一样。

师：对，树叶变黄了。我们可以说：秋天到了，叶子黄了。（板书，齐读）

生：秋天到了，叶子黄了。

师：（指着第一幅图）这时候树叶黄了吗？（板书）

生：（可能会说）这时候树叶没黄了。

师：我们应该说：<u>这时候树叶没有黄</u>。（板书，齐读）

生：这时候树叶没有黄。

师：（出示图片）这是不同时间的天气，大家看，有什么不一样？

生：天气变凉了。

师：很好。（指着第一幅图）这时候天气变凉了吗？

生：<u>这时候天气没有变凉</u>。（板书）

师：（出示图片）天气变凉了，大卫没有立马多穿衣服，大家看，他怎么了？

生：（可能会说错）他有病。

师：我们可以说：<u>他生病了</u>。（板书，齐读）

生：他生病了。

师：（出示图片）安娜立马穿了很多衣服，<u>她生病了吗?</u>（板书）

生：<u>她没生病。</u>（板书）

师：（根据例句总结格式）当我们要表达一种变化，以前不是这样，现在是这样了，我们就在句子的末尾用"了"：

　　S + Adj/V + 了 + 吗？

　　S + Adj/V + 了

　　S + 没（有）+ Adj/V

　　* 没 + Adj/V + 了

2. 操练

操练 1：看图说话

操练2：四季的变化

教师在PPT上出示提示词，如"天气、树、花、衣服、吃的东西"等，学生根据自身情况说出四季有什么变化。

案例2：情景举例法

1. 导入和讲解

师：（根据班里的具体情况而设定）大卫为什么没来上课？

生：大卫有病，所以没来上课。

师：<u>大卫病了，所以没来上课。</u>（板书，齐读）

生：大卫病了，所以没来上课。

师：<u>大卫病了，今天他好了吗？</u>（板书）

生：（可能会说）大卫没好了。

师：我们应该说：<u>大卫没好。</u>（板书，齐读）

生：大卫没好。

师：安娜为什么也没来上课，<u>安娜也病了吗？</u>（板书）

生：<u>安娜没病。</u>（板书）

师：天气暖和了吗？

生：<u>天气暖和了。</u>（板书）

师：（根据例句总结格式）当我们要表达一种变化，以前不是这样，现在是这样了，我们就在句子的末尾用"了"：

S + Adj/V + 了 + 吗？

S + Adj/V + 了

S + 没（有）+ Adj/V

＊没 + Adj/V + 了

2. 操练

好的变化与坏的变化

师：你自己、你的爸爸妈妈、爷爷奶奶和5年前有什么不一样？你认为这些变化好不好呢？你喜欢这些变化吗？

生1：我爷爷变老了，爷爷的头发变白了。我不喜欢这些变化，我希望爷爷永远陪着我。

生2：我爸爸不喝酒了，脾气变好了。我喜欢我爸爸的变化，我觉得他变好了。

生3：我自己变胖了。我不喜欢我的变化，我想瘦一点儿。我和爸爸妈妈的关系变好了，我喜欢这些变化，我爱我的父母。

> 课堂活动

1 来中国后的变化

学生轮流说出自己来中国或者接触中国文化后的变化。其他同学要评价自己是否也有这方面的变化。如：

来中国后，我爱喝热水了。我不爱喝咖啡了。我会用筷子了。……

2 不同的人生

教师给出一个人不同阶段的提示词，学生两人一组，一个人按照教师所给提示词介绍这个人从小到大的变化，另一个人按照与教师所给的完全相反的提示词介绍这个人从小到大的变化。

3 变化最大的一个人

学生给大家介绍自己认为变化最大的一个人，这个人可以是自己，可以是自己的家人、朋友，也可以是明星。

4 你做我猜

两人一组，一个学生做动作，另一个学生说"你……了"，如"你笑了，你胖了……"。做三个动作后换角色。

5 唱反调

两人一组，一个学生说出表示变化的句子，另一个学生就要说出相反的内容。如，第一个学生说"我瘦了"，另一个学生就要说"我胖了"或者"我没瘦"；第一个学生说"我生气了"，另一个学生就要说"我高兴了"或者"我没生气"等。为了节省时间，教师可以提前给出一些提示词，如：

下雨、刮风、冷、生气、病、迟到、上课、下课、胖、瘦……

课后练习

一、听一听，选择正确答案。🎧

1. 现在天气怎么样？
   A. 天气凉了。　　　　B. 天气暖和了。　　　　C. 天气不好不坏。

2. 树叶黄了没有？
   A. 树叶黄。　　　　　B. 树叶黄了。　　　　　C. 树叶不黄了。

3. 作业写完了没有？
   A. 不写完。　　　　　B. 没写。　　　　　　　C. 写完了。

4. 他最近怎么样？
   A. 他长高了。　　　　B. 他没有变。　　　　　C. 他不长高。

5. 你们决定了没有？
   A. 我们不决定。　　　B. 我们决定了。　　　　C. 我们没有决定。

二、选择正确的答案。

1. 最近我瘦（　　）。
   A. 了　　　　　　　　B. 的　　　　　　　　　C. 过

2. 树叶还（　　）黄呢。
   A. 没　　　　　　　　B. 不　　　　　　　　　C. 正

3. 大卫病好（　　）。
   A. 的　　　　　　　　B. 了　　　　　　　　　C. 过

4. A：他结婚了吗？
   B：他还（　　）结婚。
   A. 不　　　　　　　　B. 没有　　　　　　　　C. 在

5. A：他结婚了吗？
   B：他结婚（　　）。
   A. 了　　　　　　　　B. 的　　　　　　　　　C. 过

三、小作文。

请你说说近五年的变化，这些变化可以是自己的，可以是家人、朋友的，也可以是自己国家的。

句子成分

01 定语：名词、形容词、数量短语作定语（一级）

汉语中名词前面通常有一些起修饰或者限定作用的成分，这样的成分叫作定语，被修饰或者限定的成分叫作中心语。定语通常由形容词、代词、名词、动词及其构成的短语充当。

定语和中心语之间是限制与被限制、描写与被描写的关系。但定语表示的语法意义其实是很复杂的。主要有以下几种：

1. 表示数量。如：我买了<u>两本</u>书。
2. 表示质料。如：那个<u>木头</u>房子很漂亮。
3. 表示范围。如：<u>全班</u>同学都喜欢这次活动。
4. 表示时间。如：<u>今年的</u>计划还没出来。
5. 表示处所。如：<u>教室里的</u>学生全都坐不住了。
6. 表示领属。如：<u>孩子的</u>书包越来越重了。
7. 表示性质。如：<u>幸福的</u>生活才刚刚开始。
8. 表示用途。如：<u>洗澡的</u>水烧好了吗？
9. 表示事物的状态。如：她长着一张<u>圆圆的</u>脸，很可爱。

"的"的使用：定语和中心语之间通常用"的"连接。但有时"的"可省略。规律大概如下：

一、形容词作定语：
  1. 单音节形容词作定语，一般不加"的"。如：红苹果。
  2. 双音节形容词作定语，一般要加"的"。如：通红的苹果。
     但口语中比较常用的定语后"的"也可省略。如：聪明（的）学生。
  3. 多音节形容词作定语，一定要加"的"。如：通红通红的苹果。

二、代词作定语：代词作定语是否加"的"，主要看中心词和定语之间的关系。如果中心语是亲属称谓或表示集体、单位的名词，"的"可省略，否则要使用。如：
    我妈妈   我们学校   他的观念   我们的办法

三、名词作定语：名词作定语时加不加"的"的情况比较复杂，列举如下：
  1. 名词作定语表示领属关系的时候一般要加"的"。如：小王的书包。
  2. 有些名词作定语不表示领属关系，而表示人的职业或事物的属性、来源及原材料等，这样的定语和中心语结合比较紧密，一般不加"的"，有时甚至不能加"的"。如：化学老师 / *化学的老师、丝绸衬衫 / *丝绸的衬衫。

3. 有些名词作定语时加不加"的"所表示的语法关系不同，意思也不同。如：
（1）李明哥哥还没有来。（指"李明"）
（2）李明的哥哥还没有来。（指"李明的哥哥"）

4. 方位名词作定语时一般要加"的"，如：里面的房间；一般名词修饰方位名词时一般不加"的"。如：桌子上面。

四、短语作定语：短语作定语都要加"的"。如：
最漂亮的女孩　　教室前边的车　　姐姐买的衣服

多项定语的顺序：领属词语＋时间/处所词语＋指量短语＋动词性短语＋形容词性短语＋不带"的"的表示质地、属性的形容词、名词。如：

哥哥的 那件 新买的 羊皮大衣丢了。

本教学设计仅涉及名词、形容词、数量短语作定语的情况。

格式：**定语（＋的）＋中心语**

小明	的	书
蓝色	的	裙子
大		西瓜
那三件		衣服

常见偏误

1 * 这是火车去广州。
　　改为：这是去广州的火车。

　　* 南边的教学楼是停车场。
　　改为：教学楼的南边是停车场。
　　分析：汉语中无论是什么类型的定语都应该位于中心语之前。

2 * 他是我最好朋友。
　　改为：他是我最好的朋友。

　　* 我们见面时间确定了吗？
　　改为：我们见面的时间确定了吗？
　　分析：短语作定语一定要加"的"。

3 * 我没见过这样事情。
　　改为：我没见过这样的事情。

分析：代词"这样"作定语时一定要加"的"。

4 * 那双我的运动鞋很贵。
　　改为：我的那双运动鞋很贵。
　　分析：中心语有多个定语时，领属性的定语一般放在最前面。

5 * 我的家有五口人，爸爸、妈妈、弟弟、妹妹和我。
　　改为：我家有五口人，爸爸、妈妈、弟弟、妹妹和我。
　　分析：中心语是亲属称谓或者表示集体、单位的名词时，如果关系比较紧密，一般不可随便转让的话，"的"可以省略。如"我（的）爸爸""我（的）家"。

教学提示

1 定语的位置问题：无论是什么定语都要放在中心语的前面，特别是小句作定语时，学生容易将其放在中心语的后边。

2 "的"的使用：
　（1）一定要加"的"的情况：短语作定语，特别是形容词性短语作定语时一定要加"的"。
　（2）"的"的省略：当"的"后是亲属称谓或者表示集体、单位的名词时，"的"可省略。如：我（的）妈妈。

3 多项定语的顺序，可通过带有典型多项定语的例句用简单的语言总结规律，应避免大讲语法术语。

4 关于定语的语法知识比较多，不宜一次都教给学生，应采取分散教学的方法，比如先教领属性定语，让学生初步感受汉语的定语，然后再逐渐加大难度。

5 定语和方位词、量词、颜色词、亲属称谓词等的教学密切相关，在学习这些词语的同时肯定已经学习了定语，所以可以温故知新，在定语教学以前，快速复习一下这些词语，总结定语知识。

教学案例

▶ **第一步：学习带"的"的定语：表示领属和性质（主要是颜色词）的定语**

📖 **案例 1**：实物道具法

1. 导入和讲解

师：大家看，这是什么？（拿起大卫的书包）
生：这是书包。

师：对，这是书包。这是谁的书包？（板书）

生：这是大卫的书包。（板书，齐读）

师：这是什么颜色的书包？（板书）

生：这是黑色的书包。（板书）

师：（拿起大卫的笔）这是谁的笔？

生：这是大卫的笔。

师：这是安娜的笔吗？

生：这不是安娜的笔。

师：这是什么颜色的笔？

生：这是红色的笔。

师：（根据例句总结格式）

  Sb 的 + N

  ……色的 + N

2. 操练

看图说话

安娜　　安妮

▶ **第二步：学习不带"的"的定语：数量短语、单音节形容词作定语**

案例 2：图片法

1. 导入和讲解

师：（出示图片）这是什么？

生：这是西瓜。

师：这是一个西瓜。（板书，齐读）

生：这是一个西瓜。

师：这个西瓜大吗？

生：很大。

师：我们可以说：大西瓜。（板书，齐读）

生：大西瓜。

师：有几个大西瓜？

生：一个大西瓜。（板书，齐读）

师：（出示图片）这是多少个西瓜？

生：这是四个西瓜。

师：西瓜大吗？

生：不大，很小。

师：四个小西瓜。（板书，齐读）

生：四个小西瓜。

师：（出示图片）这是什么颜色的花？

生：这是红色的花。

师：对，所以我们可以叫"红花"。（示意跟读）

生：红花。

师：有几朵红花？

生：（可能会说）二朵红花。

师：不对，我们应该说：两朵红花。（板书，齐读）

生：两朵红花。

师：（根据例句总结格式）

Num＋M＋N	Adj＋N	Num＋M＋Adj＋N
一　个　西瓜	红　花	一　朵　红　花
两　只　鸟	绿　叶	一　片　绿　叶
	大　西瓜	两　个　大　西瓜

2. 操练

看图说话

第三步：学习"的"的省略

案例3：图片法

1. 导入和讲解

师：（教师拿出一张事先准备好的全家福，向大家介绍自己的家人）这是我（的）妈妈，这是我（的）爸爸，这是我（的）姐姐。我妈妈今年65岁。妈妈的个子不高，爸爸的个子很高。我姐姐的头发很长，姐姐的眼睛很大。

师：（总结）当我们要说明我的什么、你的什么、她的什么的时候，如果后面是"爸爸、妈妈、哥哥、姐姐"等表示亲属关系的词语或者表示集体、单位的名词时，前面可以不加"的"，如"我爸爸、我妈妈、我哥哥"等。

2. 操练

交际练习

学生把事先准备好的全家福拿出来，向大家介绍自己的家人。

课堂活动

1 失物招领

教师把学生的东西收在一起，然后拿起某一种东西，随便问一个学生"这是你的N吗？"如果是，学生可以拿回自己的东西。然后让学生轮流提问，其他学生回答。教师注意听有没有错误，如有错误则进行纠正。

师：安娜，这是你的手机吗？

安娜：这不是我的手机。

师：这是谁的手机？

大卫：这是我的手机。不是安娜的手机。（拿回自己的东西）

2 描写一个同学

描写一个同学，如他的个子、眼睛、头发等，其他同学猜。如猜不出来，可用"他的名字是……"揭晓答案。

课后练习

一、听一听，选择正确答案。

1.

　　A　　　　　B　　　　　C　　　　　D

2.

　　A　　　　　　　　　　B

　　C　　　　　　　　　　D

3.

　　A　　　　B　　　　C　　　　D

二、看图说话。

你看到了什么？请用"……的……"回答。

1. 　　2. 　　3.

4. 　　5. 　　6.

三、用"……(的)……"回答下列问题。

1. 桌子上是谁的笔？

   _____

2. 你们是哪个学校的学生？

   _____

3. 你同桌穿了一件什么颜色的衣服？

   _____

4. 你最喜欢哪件衣服？

   _____

四、小作文。

准备一张全家福，写一篇作文介绍你的家人，然后在班里口头汇报。

句子成分

02 方式状语：形容词作状语（一级）

本体知识

方式状语即语义上对动作的方式进行描写的状语，通常由多种词语充当，如形容词、拟声词、数量短语等。

本教学设计仅涉及形容词作状语。

格式：

1 S + Adj + 地 + V (+ O)

她认真地学习。
他仔细地检查了一遍。
他深情地望着她。
他彻底地解决了问题。

2 S + 没 + Adj (+ 地) + V (+ O)

她没认真学习。
他没积极地回答问题。

常见偏误

1 * 这些比赛我都很积极的参加了。
改为：这些比赛我都很积极地参加了。

* 我慢慢的知道了老师的一片苦心。
改为：我慢慢地知道了老师的一片苦心。
分析：状语的标志词应该是"地"，误用成了定语标志"的"。

2 * 因为生词很难，在上课的时候我认真得听老师讲课。
改为：因为生词很难，在上课的时候我认真地听老师讲课。
分析：状语的标志词应该是"地"，误用成了补语标志"得"。

3 * 我每天读课文用大声五六遍。
改为：我每天大声地读五六遍课文。
分析：应该用状语表达动作的方式而未用。

4 * 当时我们不努力地学习，经常出去玩。
改为：当时我们学习不努力，经常出去玩。
分析：说话人想说明当时学习的情况，并非描述学习的方式，不应用状语。

句子成分

5 * 我们一起学习汉语努力。

改为：我们一起努力地学习汉语。

* 对我的朋友来说，我们要学习很努力。

改为：对我的朋友来说，我们要很努力地学习。

分析："努力"是"学习"的方式，应作状语，置于动词前。

6 * 我很喜欢我们的老师，他们都很认真回答我们的问题。

改为：我很喜欢我们的老师，他们都很认真地回答我们的问题。

分析：形容词前带副词一起作状语时必须用"地"。

7 * 我上个学期效率学习了。

改为：我上个学期高效地学习了。／上个学期我的学习效率很高。

分析："效率"是名词，除了时间名词和个别普通名词如"科学、历史"等，名词一般不单独作状语。

教学提示

1 对于母语是英语的学生来说，不太好理解方式是什么意思，可大概理解成 in a/an...manner/way。

2 注意在讲解时强调方式状语是语义上对动作进行描写的，注意与语义上对动作者进行描写的状语进行区分。

3 状语标志词是"地"，学生容易误用成"的"或"得"。

4 形容词作状语和作补语的区别：

如果是尚未发生的动作，说话人希望抱着某种态度做某事，一定要用状语。如：

（1）你要认真学习。

（2）狼来了，快跑。

（3）你们要热情周到地接待客人。

如果动作已经发生，说话人重在描写动作，可用状语也可用补语。如：

（1）他学得很认真。　　　　　　　　他认真地学习。

（2）他跑得很快。　　　　　　　　　他飞快地跑。

（3）他们接待得很热情很周到。　　　他们热情周到地接待了我们。

作状语一般用于偏书面语的场合，作补语一般用于偏口语的场合。

教学案例

📖 **案例1：图片法**

▶ **第一步：学习"S + Adj + 地 + V（+ O）"**

1. 导入和讲解

师：（出示图片）这位同学在干什么呢？

生：他在学习。

师：对，他在学习，他很认真，<u>他在认真地学习</u>。/ <u>他在认真地写作业</u>。（板书，齐读）

生：他在认真地学习。/ 他在认真地写作业。

师：（出示图片）在这张图里有一个不一样的汉字，你们能找出来吗？现在开始找。

生：（有的同学看得很快，有的同学一行一行地看）

师：找到了吗？

生：没找到。

师：请<u>再仔细地看一下</u>。（板书）

大卫：找到了，里面有一个"一"。

师：<u>大卫仔细地看了一遍</u>，所以大卫找到了。没找到的同学请<u>再仔细地找一下</u>。（板书）

生：（仔细地看图片）找到了，是一个"一"。

师：你们都<u>仔细地看了一遍</u>，都找到了。（板书）

师：（根据例句总结格式）

当我们想要说一个动作的方式的时候我们可以说：

S + Adj + 地 + V（+ O）

2. 操练

看图说话

▶第二步：学习"S＋没＋Adj（＋地）+V（+O）"

1. 导入和讲解

师：（出示图片）他在认真地学习。（出示图片）她呢？

生：不。

师：我们可以说：她没认真学习。（板书，齐读）

生：她没认真学习。

师：我看看，现在谁没认真学习？（若有学生走神，可提示）啊，大卫在认真地学习。大家都在认真地学习。

师：（出示图片）谁没积极地回答问题？

生：左边的小朋友没积极地回答问题。（板书）

师：大家应该积极地举手，积极地回答问题。

师：（根据例句总结格式）S＋没＋Adj（＋地）+V（+O）

2. 操练

看图说话

案例 2：动作演示法

▶ 第一步：学习 "S + Adj + 地 + V（+ O）"

1. 导入和讲解

（教师做动作，慢慢地坐下）

师：老师坐下了，慢吗？

生：慢。

师：老师慢慢地坐下了。（板书，齐读）

生：老师慢慢地坐下了。

（教师做动作，慢慢地站起来）

师：老师站起来了，你们可以怎么说？

生：老师慢慢地站起来了。（板书）

师：大家读一下这个句子，请你们慢慢地读。

生：（慢慢地读）老师慢慢地站起来了。

师：请你们快快地读。

生：（快快地读）老师慢慢地站起来了。

师：（写几个字，有小错误）同学们仔细地看看这几个字。（板书）

玛丽："我"字写错了。

师：玛丽看出来了。其他同学仔细地看看"我"字。（板书）

生：看出来了。

师：（根据例句总结格式）S + Adj + 地 + V（+ O）

2. 操练

看句子，讲故事

爷爷身体不太好。他今天去超市。

（1）他_____地走出家门。

（2）他_____地走到公交车站。

（3）他_____地上公交车。

（4）有人_____地给爷爷让座。

（5）爷爷_____地说"谢谢"。

（6）爷爷_____地坐下。

（7）爷爷_____地坐车。

（8）到站了，爷爷_____地站起来。

（9）爷爷_____地下车。

（10）爷爷_____地走到超市。

（11）爷爷_____地看商品。

（12）爷爷_____挑选商品。

（13）爷爷去结账，人很多，爷爷_____地排队。

（14）到爷爷了，爷爷_____地听收银员说话。

（15）买完东西，爷爷_____地回家了。

▶第二步：学习"S + 没 + Adj（+ 地）+ V（+O）"

1. 导入和讲解

［教师表演（或找学生表演）不认真看书］

师：她在认真地看书吗？

生：不。

师：我们可以说：她没认真看书。（板书，齐读）

生：她没认真看书。

师：我看看，现在谁没认真学习？（若有学生走神，可提示）啊，大卫在认真地学习。

［教师表演（或找学生表演）没有小心地拿东西，把东西掉了］

师：她小心地拿东西了吗？

生：她没小心地拿东西。（板书）

师：（根据例句总结格式）S + 没 + Adj（+ 地）+ V（+O）

2. 操练

游戏"我不听"

教师说动作指令，一个学生做相反的动作，其他学生说句子。如：

师：请你慢慢地坐下。（学生表演快快地坐下）

其他学生：大卫没慢慢地坐下。

师：请你认真地写字。（学生表演不认真写字）

其他学生：玛丽没认真地写字。

课堂活动

1 你表演我来说

教师提前准备一些卡片，卡片上展示要表演的内容。如：

慢慢地走

小心地拿东西

快快地跑出去

认真地看书

仔细地打扫卫生

请一些学生上台表演，其他学生根据表演的内容用方式状语说句子。

2 游戏：我们不一样

两个学生表演相反的动作，其他学生说句子。

A 表演慢慢地走出去，B 表演快快地跑出去。

生：A 慢慢地走出去了，B 没慢慢地走出去。

B 快快地跑出去了，A 没快快地跑出去。

课后练习

一、听一听，连一连。

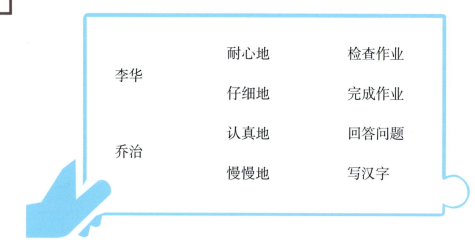

李华	耐心地	检查作业
	仔细地	完成作业
	认真地	回答问题
乔治	慢慢地	写汉字

二、看图片，写句子。

1.    快

2.    小心

3. 认真

4. 高兴

_____

_____

三、选词填空。

> 热情地　耐心地　积极地　深情地

1. 朋友_____等他来。　　2. 小朋友_____回答问题。

3. 乔治_____望着安娜。　　4. 大卫_____帮助别人。

四、判断下面的句子对不对，如果不对，请改正。

1. 大卫有力地写作业。

_____

2. 小朋友仔细的找。

_____

3. 老师深情地检查作业。

_____

4. 安娜走慢慢。

_____

句子成分

03 时间状语：时间名词（一级）

本体知识

时间名词和时间副词经常放在谓语之前表示动作或事件发生的时间，这样的成分叫作时间状语。时间状语一般放在谓语之前，但如果要强调时间，时间名词也可以放在主语之前。

常用来作状语的时间名词有：今天、明天、昨天、今年、明年、去年、现在、过去、将来、……点。

常用来作状语的时间副词有：马上、有时、正在、已经、刚、刚刚、忽然。

本教学设计仅涉及时间名词。

格式：

1 疑问形式：S + 几点 / 什么时候 / 哪天 / 几号 + V？

大卫几点上课？

学校什么时候放假？

你哪天去北京？

你几号回国？

2 肯定形式：S + T + V

我每天八点起床。

她明天过生日。

T + S + V

明天她过生日。

常见偏误

1 * 每天七点我起床，起床以后吃饭。

改为：我每天七点起床，起床以后吃饭。

分析：如果不是特别强调，时间状语应放在主语后谓语前。

2 * 我回家吃饭八点。

改为：我八点回家吃饭。

分析：受英语等语言影响，时间状语误置于句尾。

3 * 在上海今天我出差。

改为：今天我在上海出差。

* 他们在北京去年学习。

改为：他们去年在北京学习。

分析：当时间状语和处所状语同时出现时，时间状语放在处所状语之前。

教学提示

1 时间状语无论是在动词前还是主语前，总是在谓语之前，不可放在句尾。

2 时间状语放在句首时有强调时间之意，但在初级阶段不必讲给学生。

3 如果句中既有时间状语又有处所状语，一般情况下时间状语放在处所状语之前。如：

（1）我上午在图书馆学习。

（2）* 我在图书馆上午学习。

（3）我下午在公园散步，晚上在湖边跑步。

教学案例

案例1：情景举例法

1. 导入和讲解

师：现在几点？

生：（根据实际情况作答）现在8点。

师：我们8点做什么？

生：（可能会说错）我们开始上课8点。

师：我们8点开始上课。（板书，齐读）

生：我们8点开始上课。

师：我们几点下课？（板书）

生：我们12点下课。（板书，齐读）（可能会说错，教师指着上面的例句引导学生注意语序）

师：（根据例句总结格式）

S + 几点 + V？

S + T + V

2. 操练

操练1：两人一组，互相问答

教师提前准备一些词语，如：起床、刷牙、吃早饭、上课、吃午饭、运动、做作业、睡觉……，学生根据这些词语互相问答。

（1）你每天几点起床？

（2）你每天几点吃早饭？

（3）你每天几点睡觉？

……

操练2：说一说

认读下列时间，并告诉你的同桌每天的这个时候你开始做什么。

7：00　　7：45　　8：30　　12：10　　14：15　　16：50　　17：30　　18：45

案例 2：情景举例法

1. 导入和讲解

师：今天几号？

生：（根据实际情况回答）今天3月5号。

师：我们几号考试？（板书）

生：（可能会说错）我们考试3月26号。

师：我们3月26号考试。（板书，齐读）

生：我们3月26号考试。

师：我们什么时候放假？（板书）

生：我们5月1号放假。（板书）

师：放假去旅游吗？

大卫：去旅游。

师：你几号去旅游？几号回来？（板书）

大卫：我5月2号去旅游，5月4号回来。（板书）

师：我们为什么放假？

生：劳动节。

师：我们哪天过劳动节？（板书）

生：我们5月1号过劳动节。（板书，齐读）

师：（根据例句总结格式）

　　　S＋什么时候/哪天/几号＋V？

　　　S＋T＋V

2. 操练

操练 1：说一说

看校历、年历，说一说自己哪一天考试，哪一天放假，哪一天回国，哪一天去旅游。

操练 2：交际练习

三个学生一组，一个学生说日期，另一个学生说时间，最后一个学生说动作并形成句子。如：

A：6 月 1 号。

B：9 点半。

C：我 6 月 1 号 9 点半看电影。

案例 3：图片法 / 实物道具法

1. 导入和讲解

师：（出示图片或者真实钟表）现在几点？

生：（根据实际情况作答）现在 2 点。

师：我们 2 点做什么？

生：（可能会说错）我们上课 2 点。

师：我们 2 点上课。（板书，齐读）

生：我们 2 点上课。

师：我们几点下课？（板书）

生：我们 4 点下课。（板书，齐读）（可能会说错，教师指着上面的例句引导学生注意语序）

师：（根据例句总结格式）

　　S + 几点 + V？

　　S + T + V

2. 操练

操练 1：说一说

拿出课程表，说出所有课程的上下课时间。

生 1：我们 8 点开始上中文课，8 点 50 分下课。

生 2：我们 9 点开始上数学课，9 点 50 分下课。

操练 2：我做你说

教师在表上调整时间，随机停下，找学生用"S + T + V"句式说句子。

生 1：我 7 点起床。

生 2：我 8 点 15 分玩手机。

案例 4：图片法

1. 导入和讲解

师：（出示图片）这是大卫的日历。你们看，<u>大卫什么时候 / 哪天 / 几号考试？</u>（板书）

生：（可能会说错）大卫考试 2 月 15 号。

师：<u>大卫 2 月 15 号考试。</u>（板书，齐读）

生：大卫 2 月 15 号考试。

师：大卫什么时候放假？

生：<u>大卫 2 月 18 号放假。</u>（板书）

师：大卫什么时候回国？

生：<u>大卫 2 月 26 号回国。</u>（板书）

师：（根据例句总结格式）

S + 什么时候 / 哪天 / 几号 + V？

S + T + V

2. 操练

操练 1：我做你说

教师翻动日历，随机停下，找学生说句子。

生 1：我 8 月 1 号开学。

生 2：我妈妈 6 月 2 号过生日。

操练 2：问答游戏

场所	开门时间	关门时间	休息日
熊猫餐厅	10：00	15：00	周三
狮子餐厅	16：00	20：00	周二
游乐园	15：00	21：00	周日，周一
银行	10：00	16：00	周日
图书馆	7：00	17：00	周六
商场	9：00	16：00	周四

学生互相提问，根据表格回答问题。如：

（1）熊猫餐厅几点开门？

句子成分

（2）狮子餐厅哪天休息？
（3）银行几点关门？
（4）银行周一开门吗？
（5）你几点去银行？/你哪天去银行？
（6）你几点去吃饭？
（7）你几点去取钱？

课堂活动

1 你的生活健康吗

说一说自己几点做什么。

2 张冠李戴

把学生分成三组，第一组在纸条上写人名，第二组写时间，第三组写动作。如果学生不明白，教师可用一个句子"安娜 每天七点 起床"作例子。把学生的纸条按组放在老师的桌子上，让学生从每组纸条中分别抽出一张，然后组成一个完整的句子，看学生能否正确掌握时间状语的语序。

3 句子"增肥"

两人一组，一个学生说动作，另一个学生增加时间状语。如：
　　A：我吃饭。
　　B：我八点半吃饭。

或者一个学生说时间，另一个学生说动作。如：
　　A：下午两点。
　　B：我们下午两点上课。

课后练习

一、听一听,连一连。 🎧

	6月2号	
	7月1号	
我	7月8号	过生日
	7月20号	开学
	7月23号	放假
大卫	8月20号	考试
	8月24号	回国
	9月1号	回学校
	9月5号	

二、连词成句。

1. 麦克　打　篮球　8点　每天　晚上

_____

2. 今天　下午　唱歌　大卫

_____

3. 去　图书馆　每天　8点　安妮　早上

_____

4. 我们　考　15号　6月　口语

_____

5. 我哥哥　8月　结婚　8号

_____

三、小作文：我的一天。

写一篇作文，介绍自己一天都做了什么，在什么时候做的。下一次上课时在班里汇报。

提示词：起床　吃早饭　运动　睡觉……

四、阅读短文，判断对错。

今天是 11 月 20 日星期一，我接到了妈妈的电话。妈妈说她后天来北京看我，我特别高兴。她的飞机上午 9 点起飞，12 点 40 分到北京。我后天上午有汉语课，11 点下课，下课后我就去机场接妈妈。

1. 我妈妈星期二来北京。　　　　　　　　　　　　　　　　　　（　　）
2. 我不去机场接妈妈，因为我有汉语课。　　　　　　　　　　　　（　　）
3. 妈妈的飞机 12：40 到北京。　　　　　　　　　　　　　　　　（　　）
4. 我 12 点下课。　　　　　　　　　　　　　　　　　　　　　　（　　）
5. 我 11 月 22 日有汉语课。　　　　　　　　　　　　　　　　　（　　）

五、小调查。

调查一下商店、银行、医院等地方的工作时间和休息时间。

句子成分

04 处所状语1：在 + 处所 + V（一级）

本体知识

位于谓语动词之前表示动作行为发生的处所或者动作的起点的句子成分叫作处所状语。处所状语通常由介词"在、从"及其宾语构成的介宾短语充当。

"在 + 处所"表示动作行为发生的处所，"从 + 处所"表示动作的起点或来源。本教学设计仅涉及"在 + 处所"。

有些"在 + 处所"既可以作状语，也可以作补语。如：

（1）我在北京住了20多年了。
（2）我住在北京20多年了。

但并非任何"在 + 地方"都可以这样使用。如：

（1）他在银行工作。　　＊他工作在银行。
（2）她在食堂吃饭。　　＊她吃饭在食堂。

到底哪些可以，哪些不可以？取决于动词。如果该动词具有附着义，如"住、生活、站、睡、坐、蹲、跪"等，"在 + 处所"就既可以放在前面作状语，也可以放在后面作补语，否则就不能。但即使是具有附着义的动词，"在 + 处所"作状语还是作补语，也不是随意的，通常是根据上文或者问话人怎么发问。如：

（1）A：你住在哪儿？
　　 B：我住在宿舍。
（2）A：你在哪儿住？
　　 B：我在北京住，我在北京住了20多年了。

格式：

1 **S + 在 + P + V**

我在北京语言大学学习汉语。

2 **S + 在 + 哪儿 / 哪里 / 什么地方 + V？**

你哥哥在哪儿上大学？

3 **S + 想 + 在 + P + V**

我想在宿舍看书。

4 **S + 想 + 在 + 哪儿 + V？**

你想在哪儿工作？

句子成分

常见偏误

1 * 我从在仁川出发，坐船到了青岛，然后坐汽车去北京。
  改为：我从仁川出发，坐船到了青岛，然后坐汽车去北京。
  分析："从某地"和"在某地"意思不同，不能叠加使用。

2 * 我在北京里生活。
  改为：我在北京生活。

  * 第33届夏季奥运会在法国里举办。
  改为：第33届夏季奥运会在法国举办。
  分析："在 + 处所"，该处所后面是否需要加"里"取决于该处所是平面还是一个封闭的空间，如果不是一个封闭的空间，就不必用"里"。

3 * 古时候，在越国农村有一个美丽的姑娘，叫西施。
  改为：古时候，越国农村有一个美丽的姑娘，叫西施。

  * 在韩国也有贡茶，但是我觉得中国的更便宜，而且味道也不一样。
  改为：韩国也有贡茶，但是我觉得中国的更便宜，而且味道也不一样。
  分析：存现句句首处所词语前一般不用"在"。

4 * 所以不少的男生和女生这里约会。
  改为：所以不少的男生和女生在这里约会。
  分析：动作进行的处所前一般要用"在"。

5 * 我学习汉语在南京师范大学。
  改为：我在南京师范大学学习汉语。
  分析：处所状语应该放在谓语前面。

6 * 我在南京师范大学要学好汉语。
  改为：我要在南京师范大学学好汉语。
  分析：能愿动词一般位于处所状语之前。

7 * 昨天晚上在网上聊天的时候他说："我很想见你，在学校门口明天下午四点见，怎么样？"
  改为：昨天晚上在网上聊天的时候他说："我很想见你，明天下午四点在学校门口见，怎么样？"
  分析：时间状语和处所状语共现时，如不是特殊强调，时间状语位于处所状语前。

8 * 他们前天晚上在南京站出发了。
  改为：他们前天晚上从南京站出发了。
  分析：处所状语到底用"在"还是"从"取决于是动作发生的地方还是起点。"出发"要求前面的是起点，应用"从"。

教学提示

1. 处所状语一定要放在谓语动词之前，有时为了强调，可放在句首，但不能像英语那样放在句尾。

2. 注意时间状语和处所状语的顺序，一般情况下时间状语放在处所状语之前。

教学案例

案例 1：情景举例法

1. 导入和讲解

师：我们在哪儿？

生：<u>在教室</u> / 在学校 / 在北京语言大学。（板书"在教室"）

师：干什么？

生：<u>学习</u> / 学汉语 / 学中文。（板书"学习"）

师：在哪儿？干什么？

生：在教室，学习。

师：在教室学习。<u>我们在教室学习。</u>（板书，齐读）

生：我们在教室学习。

师：谁，在哪儿，干什么。注意先说"在哪儿"，再说"干什么"。

师：老师在学校干什么？

生：<u>老师在学校教汉语。</u>/ 老师在学校工作。（板书，齐读）

师：麦克，你妈妈呢？你妈妈在哪儿工作？（板书）

麦克：我妈妈在银行工作。

师：他妈妈在银行工作。（板书，齐读）

生：他妈妈在银行工作。

师：（根据例句总结格式）

    S + 在 + P + V

    S + 在 + 哪儿 + V？

2. 操练

抽纸条问答

学生抽纸条，读出问题并回答。

安娜：你在哪儿学习？

大卫：我在宿舍学习。

大卫：你在哪儿吃饭？

安娜：……

案例 2：图片法

1. 导入和讲解

师：（出示图片）他们是医生，他们在哪儿工作？（板书）

生：（可能会说）他们工作在医院。

师：（引导正确表达）他们在医院工作。（板书）

（出示图片）她在哪儿工作？

生：她是老师，她在学校工作。（板书，齐读）

师：（指图中学生）他们呢？他们在学校干什么？

生：他们在学校学习。

师：你爸爸妈妈在哪儿工作？

生：（轮流回答）我爸爸在……工作，妈妈在……工作。

师：（根据例句总结格式）

S + 在 + P + V

S + 在 + 哪儿 + V？

2. 操练

操练 1：看图说话

他（们）在哪儿？他（们）在干什么？

①    ②    ③

④    ⑤    ⑥

操练 2：配音

教师提前拍摄视频，视频内容如"在食堂吃饭""在图书馆看书""在宿舍睡觉""在操场跑步"等，让学生为视频配音。

案例 3：情景举例法

1. 导入和讲解

师：<u>你们想在哪儿工作？</u>（板书）

麦克：<u>我想在银行工作。</u>（板书）

师：麦克想在哪儿工作？

生：麦克想在银行工作。

师：安娜，你想在哪儿工作？

安娜：我想在学校工作。

师：（根据例句总结格式）

　　S＋想＋在＋哪儿＋V？

　　S＋想＋在＋P＋V

2. 操练

操练1：接龙练习

师：安娜，你想在哪儿学习（吃饭……）？

安娜：我想在宿舍学习。

安娜：大卫，你想在哪儿学习？

大卫：……

操练2：看图说话

句子成分

课堂活动

1. 抢红包

PPT 上出示多个红包,每个红包对应不同的图片或动态,学生选择序号,用 "S + 在 + P + V" 进行描述。答对的加分,答错的扣分。

2. 我的家人

拿出自己的全家福,向全班介绍自己的家人。如:

我家有五口人。我爸爸在医院工作,我妈妈在银行工作,我在北京语言大学上学。……

3. 句子"增肥"

两人一组,一个学生说一个动作,另一个学生加上处所状语。如:

A:我吃饭。

B:我在家吃饭。

课后练习

一、听一听，连一连，说一说。🎧

在饭店吃饭　在家做饭　　　　　　在家看电影　在电影院看电影

安娜　　　　　　　　　　玛丽

在家学习　在图书馆学习　　　　　在医院工作　在学校工作

二、连词成句。

1. 我　在　工作　妈妈　医院

_____

2. 现在　汉语　北京语言大学　我　学习　在

_____

3. 经常　我　在　东西　网上　买

_____

4. 我　学习　家　不　喜欢　在

_____

5. 我　裙子　姐姐　商场　昨天　在　买　了　一条

_____

句子成分

05 处所状语2：从 + 处所 + V（一级）

本体知识

位于谓语动词之前表示动作行为发生的处所或者动作的起点的句子成分叫作处所状语。处所状语通常由介词"在、从"及其宾语构成的介宾短语充当。

"在 + 处所"表示动作行为发生的处所，"从 + 处所"表示动作的起点或来源。本教学设计仅涉及"从 + 处所"。

格式：

1 S + 从 + P + V

我从学校出发。
他从这里开始。

2 S + 从 + 哪儿 / 哪里 / 什么地方 + V？

你从哪儿出发？
他从哪里来？

3 从 + N + 上 / 那里 + V

从大卫那里知道。
从书上了解。

4 从 A 到 B + 多长时间 / 多远？

从宿舍到教室多长时间？

5 从 A 到 B + Num（时间 / 距离）

从安娜家到学校10千米。

常见偏误

1 * 我出发从五道口。

改为：我从五道口出发。
分析：处所状语应该放在谓语前面。

2 * 我是从朋友知道这件事的，他不会骗我。

改为：我是从朋友那里知道这件事的，他不会骗我。

分析:"从"的后面应该跟表示地方或者时间的词语,"朋友"是普通名词,如要表示地方,需要在后面加上"这儿/这里"或"那儿/那里"。

3 * 我们六点从山下来。

改为:我们六点从山上下来。

分析:"从"的后面应该跟处所词语,"山"是普通名词,如要表示处所,需要在后面加上方位词"上"。

4 * 我家从学校很近。

改为:我家离学校很近。/ 从我家到学校很近。

分析:"从"的后面应该是起点,"离"的后面是终点。该句中"我家"是起点,"学校"是终点。

教学提示

1 处所状语一定要放在谓语动词之前,不能像英语那样放在句尾。

2 "从"的后面应该是处所词语,如果是普通名词,该名词后应该加"这儿/这里""那儿/那里"或者方位词"上"等。

3 注意"从"和"离"的区别,见"从 VS 离"。

从＋起点＋V(到/出发……)

从＋起点(＋V)到＋终点

(起点＋)离＋终点＋远/近/Num……

教学案例

案例1:情景举例法

1. 导入和讲解

师:周末我们一起去颐和园,你们从哪儿出发?(板书)

生1:(可能会说错)我出发从宿舍。

师:(引导正确表达)大卫从宿舍出发。(板书,齐读)

生:大卫从宿舍出发。

生2:我从食堂出发。(板书)

生3:……

师:同学们都从学校出发,老师从家出发。(板书,齐读)

生:同学们都从学校出发,老师从家出发。

师:(根据例句总结格式)

S＋从＋哪儿＋V?

S＋从＋P＋V

2. 操练

操练1：接龙练习

师：你从哪儿来？

安娜：我从美国来。托尼，你从哪儿来？

托尼：我从意大利来。大卫，你从哪儿来？

大卫：我从英国来。维克多，你从哪儿来？

维克多：……

操练2：看图说话

说一说，他们从哪儿来？（给出日本、韩国、美国、英国、意大利、加拿大等常见国家的信息图片）

案例2：情景举例法

1. 导入和讲解

师：大卫，你住在哪儿？

大卫：我住在1号楼宿舍。

师：1号楼宿舍远吗？从宿舍到教室多长时间？（板书）

大卫：不太远，从宿舍到教室10分钟。（板书）

师：大卫从宿舍到教室多长时间？

生：大卫从宿舍到教室10分钟。

师：安娜，你呢？你住在哪儿？

安娜：我住在外面。

师：从你家到学校大概多远？（板书）

安娜：从我家到学校大概10千米。

师：我们可以说：从安娜家到学校大概10千米。（板书，齐读）

生：从安娜家到学校大概10千米。

师：（根据例句总结格式）

从 A 到 B + 多长时间 / 多远？

从 A 到 B + Num（时间 / 距离）

2. 操练

操练1：师生问答

师：你们猜一猜，老师的家远不远？从老师家到学校有多远？

生1：从老师家到学校可能10千米。

生2：……

师：从老师家到学校大概需要多长时间？

生1：从老师家到学校大概需要20分钟。

生2：……

师：从学校到天安门呢？颐和园呢？长城呢？

生：……

操练2：口语交际

每人介绍从自己的家乡到北京（或学校所在的城市）有多远，需要多长时间。或介绍从自己家到学校有多远，需要多长时间。

案例3：情景举例法

1. 导入和讲解

师：（根据最近的消息设计情景）你们知道大卫为什么突然要回国吗？

生：因为他爷爷生病了。

师：你们怎么知道的？谁告诉你们的？

生：大卫自己说的。

师：你们都是从大卫那里知道的。（板书，齐读）

生：我们都是从大卫那里知道的。

师：我也是从大卫那里知道的。大卫说他爷爷得了肺炎。你们觉得这个病厉害吗？

生：好像很厉害。

师：关于这个病的知识你们从哪里知道的？（板书）

生1：我是从网上知道的。（板书）

生2：我是从书上知道的。（板书）

生3：我是从父母那里知道的。（板书）

师：（根据例句总结格式）

    S＋从＋哪里＋V？

    从＋N＋上/那里＋V（知道/了解……）

"大卫""父母"都是人，在表示人的名词后面加"那里"。

2. 操练

操练 1：回答问题

（1）你们从哪儿知道学校的新闻？

（2）你们从哪儿了解世界新闻？

操练 2：小组问答

两个学生一组，提问对方一个汉语知识点，看对方知道不知道，如果知道，就继续询问并回答是从哪里知道的。

操练 3：抽纸条问答

纸条上写一些词语，如"世界新闻""关于中国的知识""汉字的写法""家人的情况"等，一个学生抽纸条，使用问句问下一个学生，下一个学生回答后抽取纸条问其他人。

操练 4：看图讲故事

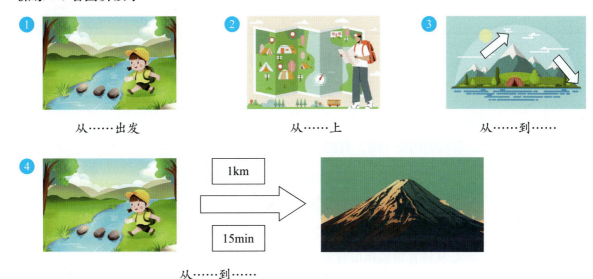

课堂活动

1 看地图

教师可以根据自己所在学校的位置，出示一张地图，把学校标注出来，请每一个学生在地图上找到一个自己熟悉的地方，给大家介绍一下从学校到这个地方大概多远，怎么去最方便，需要多长时间等。

2 我说你做

教师找学生 A 做动作，如："从第一排到最后一排"，学生 A 看表，说："从第一排到最后一排需要 2 秒。"

学生 A 再找学生 B 做动作，如："从前门到后门"，学生 B 看表，说："从前门到后门需要 3 秒。"

学生B找学生C做动作，如："从手机上找一首歌"，学生B看表，说："从手机上找一首歌需要20秒。"

3 **你用网络做什么**

请每个学生说一说自己平时上网做什么，从网上可以知道什么，了解什么。

课后练习

一、听一听，回答问题。🎧

1. 学校要举行活动，同学们从哪里知道的消息？
   _____

2. 同学们从哪里出发？
   _____

3. 从学校到公园大概需要多长时间？
   _____

二、在校园内走一走，并回答问题。

1. 从食堂到图书馆需要多长时间？
2. 从操场到教学楼需要多长时间？
3. 从东门到西门有多远？
4. 从体育馆到超市有多远？

三、连词成句。

1. 从北京　　到上海　　需要　　大概　　6个小时
   _____

2. 从网上　　我　　了解　　学校的信息
   _____

3. 大卫　　美国　　来　　从
   _____

4. 从　　学校　　出发　　我
   _____

句子成分

06 对象状语：跟（一级）/ 给（二级）/ 对（二级）+ O + V

本体知识

介词"跟、给、对"及其宾语组成介宾短语放在动词前边，可以引出动作行为的对象。由这类介宾短语充当的状语叫对象状语。

"跟"引出动作相关的对象。如：
（1）我跟老师请假了。
（2）我跟他借了几百块钱。

"给"引出动作的对象，相对比较口语化。如：
（1）我给大家介绍一下。
（2）我给你倒杯水吧！

"对"引出动作的对象，表示对待关系。如：
这家饭店的服务员对顾客非常热情。

格式：

1 跟：S + 跟 + O + V
你跟老板商量吧！
我跟经理请假了。

2 给：S + 给 + O + V
我明天给你打电话。

3 对：S + 对 + O + V/Adj
我对她不太了解。
你对孩子要耐心一点儿。

常见偏误

* 我明天写信给妈妈。
改为：我明天给妈妈写信。

* 我喜欢聊天跟北京人。
改为：我喜欢跟北京人聊天。

* 中国人很热情对我们。
改为：中国人对我们很热情。
分析：对象状语应该放在动词之前。

375

教学提示

1. "跟/给/对+O"应该放在动词之前。

2. 介宾短语作状语不宜一次教给学生,应该分阶段教学。同一个介词也有多个意思,也应分阶段教学。

3. 结合后面的动词或形容词进行构式化教学。
   跟+O+聊天/商量
   给+O+打电话/写信/介绍
   对+O+很热情/冷淡/友好

4. 句中有时间状语同时出现时,时间状语一般放在对象状语的前面。如:
   我昨天给妈妈写了一封信。

教学案例

案例1:情景举例法

▶ 第一步:学习"跟"引进对象,相当于"和"

1. 导入和讲解

师:同学们好!
生:老师好!
师:咱们在干什么?
生:打招呼。
师:对,老师跟同学们打招呼,同学们跟老师打招呼。(板书,齐读)
生:老师跟同学们打招呼,同学们跟老师打招呼。
师:看,老师在做什么?(小声和某学生说话)
生:说话。
师:对,老师在跟安娜说话。(板书,齐读)
生:老师在跟安娜说话。
师:(小声和某学生说话)现在呢?
生:老师在跟大卫说话。
师:我想跟大家商量一下,(板书)今天我们课间不休息了,可以吗?
生:可以。
师:刚才,老师跟同学们商量。(板书,齐读)
生:老师跟同学们商量。
师:(根据例句总结格式)
   S+跟+O+V(打招呼/商量/交流/说话/沟通)

2. 操练

交际练习

（1）你上什么大学需要跟谁商量？

（2）你和谁谈恋爱、结婚需要跟父母商量吗？

（3）你遇到麻烦喜欢跟谁交流？

▶ 第二步：学习"跟"引进对象，相当于"向"

1. 导入和讲解

师：你们现在在学习汉语，你们跟谁学习汉语？（板书）

生：我们跟老师学习汉语。（板书）

师：很好。你们跟老师学习汉语。（板书）

师：大卫，我可以用一下你的笔吗？

大卫：可以。（给老师笔）

师：刚才我跟谁借了一支笔？

生：老师跟大卫借了一支笔。（板书）

师：如果你病了，不能来上课，怎么办？

生：请假。

师：对，你跟谁请假？（板书）

生：我跟老师请假。（板书）

师：如果生病了，就要跟老师请假。（板书，齐读）

生：如果生病了，就要跟老师请假。

师：（根据例句总结格式）

　　S + 跟 + O + V（借/请假/学习）

2. 操练

操练1：看图说话

操练 2：交际练习

请你找朋友借钱或者其他东西，使用今天学的句子。

案例 2：图片法

▶ 第一步：学习"给"引进动作的对象，相当于"向"

1. 导入和讲解

师：（出示图片）她在干什么？

生：讲故事。

师：对，<u>妈妈在给孩子讲故事</u>。（板书，齐读）

生：妈妈在给孩子讲故事。

师：（出示图片）男生在干什么？

生：在道歉。

师：<u>男生在给女生道歉</u>。（板书，齐读）

生：男生在给女生道歉。

师：（出示图片）她遇到了问题，要打电话。你们猜，<u>她要给谁打电话</u>？（板书）

生：我觉得她要给她朋友打电话。/ 我觉得她会给她父母打电话。……（板书）

师：我们可以给朋友打电话，给父母打电话，给老师打电话。

师：（根据例句总结格式）

　　　S + 给 + O + V（打电话 / 道歉 / 讲课 / 讲故事 / 介绍 / 写信 / 发邮件）

2. 操练

讨论问题

（1）你遇到问题的时候，会先给谁打电话呢？遇到不同的问题会给不同的人打电话，你遇到什么问题给什么人打电话？

（2）如果你做错了事情，你会怎么办？你会道歉吗？

（3）有人第一次到你们学校，请你给他们介绍一下你们学校。

▶第二步：学习"给"引进动作的对象，相当于"为"

1. 导入和讲解

师：（出示图片）医生在做什么？

生：医生在看病。

师：对，<u>医生在给病人看病。</u>（板书，齐读）

生：医生在给病人看病。

师：如果你父母到中国，他们听不懂中文，怎么办？

生：我翻译。

师：对，<u>你给父母翻译。</u>（板书，齐读）

生：我给父母翻译。

师：带父母来学校看看，他们不了解学校的情况，你们怎么做？

生：我介绍。

师：对，<u>你给父母介绍。</u>（板书，齐读）

生：我给父母介绍。

师：（根据例句总结格式）

S + 给 + O + V（看病 / 倒水 / 倒咖啡 / 翻译 / 介绍）

2. 操练

讨论问题

（1）你愿意给父母做导游吗？为什么？

（2）你愿意给朋友做翻译吗？为什么？

案例3：图片法、情景举例法

▶ 第三步：学习"对"引进对象

1. 导入和讲解

师：（出示图片）你们看，她在干什么？

生：买东西。/ 买吃的。

师：对，她在点餐。这个服务员对她很热情。（板书，齐读）

生：这个服务员对她很热情。

师：（微笑）老师对你们怎么样？

生：老师对我们也很热情。（板书）

师：（微笑）老师在做什么？（示意学生看老师）

生：老师在对我们微笑。（板书）

师：（根据例句总结格式）

$$S + 对 + O + Adj / V$$

2. 操练

操练1：看图说话

操练2：回答问题

（1）你对什么课程最感兴趣？

（2）你对什么不感兴趣？

（3）你父母对你担心吗？对你哪方面最担心？

（4）你觉得中国人对你们热情吗？

句子成分

课堂活动

1 猜猜他在给谁打电话

一个学生正在打电话,他可以用简单的问候语,但不能使用称呼,别的学生要猜出他在给谁打电话。打电话的学生要说"你们猜对了,我是在给……打电话"或者"你们猜错了,我不是在给……打电话,我在给……打电话"。

2 我来介绍

每个学生给全班介绍学校、所在城市或者拿着全家福介绍家庭成员的情况。"我给大家介绍一下,这是……"。

3 猜猜他是谁

一个学生上台,说:"我给大家介绍一个人,他是 XX 国人,他是男生/女生,他是长头发/短头发,他喜欢……。"其他学生猜这个人是谁。猜到的学生说:"他给我们介绍了……。"

4 小表演

教师准备一些纸条,学生抽取纸条表演,其他学生猜他们在做什么。
如:跟同桌吵架,跟朋友道歉,给同学们讲故事,给同学们介绍自己,对同学们笑,对读书不感兴趣……

课后练习

一、看图片,写句子。

1.

2.

3.

4.

5.

二、根据实际情况回答问题。

1. 你昨天给父母打电话了吗？
2. 你这个月给别人写信了吗？
3. 你经常跟谁聊天？
4. 遇到事情，你一般跟谁商量？
5. 最近你对什么感兴趣？
6. 谁对你最好？

三、连词成句。

1. 跟　他　吵架　经常　妻子

2. 她　应该　我　给　写　信　一封

3. 给　我　想　介绍　父母　我的学校

4. 服务员　这家店　的　热情　很　我们　对

_____

四、判断下面的句子对不对，如果不对，请改正。

1. 大卫跟汉语感兴趣。

_____

2. 乔治给玛丽吵架。

_____

3. 他给老师不礼貌。

_____

4. 我跟你很失望。

_____

5. 这家店的服务员跟客人很热情。

_____

6. 父母对我影响很大。

_____

句子成分

07 结果补语1：V + 完 / 对 / 错 / 干净（二级）

本体知识

用在动词之后表示动作变化的结果的句子成分叫作结果补语。结果补语通常由动词或形容词充当。可以作结果补语的动词有"完、开、见、到、懂"等，可以作结果补语的形容词有"好、坏、对、错、早、晚、干净"等。

有些动词或形容词经常用来作结果补语，但它们的意思不同，需要注意。如：

V + 上：表示两个以上的事物接触到一起。
（1）关上门。
（2）合上书。

V + 到：表示通过动作到达某处。
（1）学到了20课。
（2）飞到了上海。

表示动作持续到某时间。
（1）睡到了11点。
（2）学到了12点。
（3）玩到半夜。

表示通过动作达到了目的。
（1）找到了那个地方。
（2）买到了那本书。

V + 在：表示通过动作使某人或者某物处于某处，宾语是处所宾语。
快把钱放在包里。

V + 着（zháo）：表示动作的目的达到了。
那本书我买着了。

V + 好：表示动作完成并达到了完善、令人满意的程度。
你的论文写好了吗？

V + 成：表示某事物因动作而发生了变化或达到了目的。

  应该写"十"，我写成了"千"。

本教学设计仅涉及结果补语的基本用法"V + 完 / 对 / 错 / 干净"。

格式：

1 肯定形式：V + 完 / 对 / 错 / 干净

  吃完了。
  答对了。
  写错了。
  洗干净了。

2 否定形式：没（有）+ V + 完 / 对 / 错 / 干净

  没吃完。
  没答对。
  没写错。
  没有洗干净。

3 疑问形式：V + 完 / 对 / 错 / 干净 + 了 + 吗 / 没有？

  吃完了吗 / 没有？
  答对了吗 / 没有？
  写错了吗 / 没有？
  洗干净了吗 / 没有？

常见偏误

1 * **别人都画完了，但是他还没画完了。**
  改为：别人都画完了，但是他还没画完。
  分析：结果补语否定形式后不能用"了"。

2 * **病人打针完就睡着了。**
  改为：病人打完针就睡着了。
  分析：结果补语必须紧跟在动词的后面，不能被宾语隔开。

3 * **我吃了完那些饺子。**
  改为：我吃完了那些饺子。
  分析："了"应该放在结果补语的后面，不应该放在动词后面。

教学提示

1 否定形式后不能用"了"。

2 动词后既有结果补语又有宾语时，宾语要放在结果补语后。如：
  我吃完饭了。

  如果受事是确定的事物时，常放在句首。如：
  这本书我看完了。

3 对以上结果补语尽量一个一个地讲解和练习，应循序渐进，不宜一次性教给学生。

教学案例

📖 **案例 1：动作演示法**

V + 完

1. 导入和讲解

师：（故意在杯子里剩一口水）杯子里有水吗？

生：有。

师：对，现在有水。（喝完杯子里的水）老师做什么了？现在杯子里还有水吗？

生：老师喝水了。现在杯子里没有水了。

师：对，没有水了，<u>杯子里的水老师喝完了</u>。（板书，齐读）

生：杯子里的水老师喝完了。

师：（拿大卫的水杯）<u>你的水喝完了吗？</u>（板书）

大卫：（可能会说）我的水不喝完。

师：<u>大卫的水没喝完。</u>（板书，齐读）

生：大卫的水没喝完。

师：（拿安娜的水杯）请你喝水。

安娜：（喝水）

师：<u>安娜的水喝完了没有？</u>（板书）

生：安娜的水没有喝完。

师：（根据例句总结格式）

  V + 完 + 了 + 吗 / 没有？

  V + 完 + 了

  没（有）+ V + 完

2. 操练

操练 1：忙碌的大卫

学生接龙分别说出大卫做完了什么事情，教师可给出提示词。

提示词：吃饭、喝牛奶、脏衣服、家务、脏碗、作业、电影、零食……

安娜：大卫把饭吃完了。

山本：大卫把牛奶喝完了。

玛丽：大卫把脏衣服洗完了。

……

操练 2：两人一组，看图说话

① 安娜的蛋糕　　② 贞爱的咖啡　　③ 大山的苹果

④ 山本的甜甜圈　　⑤ 小王的水　　⑥ 小明的作业

案例 2：情景举例法

$$V+完/对/错/干净$$

1. 导入和讲解

师：（在黑板或课件上提前准备好几个拼音，让学生看拼音写词语。如：
　　yínháng、rénmín、qīmò、cānguān）现在老师要写词语。老师现在写了吗/没有？

生：老师还没有写。

师：好，现在老师开始写。

师：（写了一个词后）老师写完了吗？（板书）

生：（可能会说）老师不写完。/老师没写完了。

师：我们应该说：老师没写完。（板书，齐读）

生：老师没写完。

师：（继续写，故意写错两个字）很行、人民、期未、参观。

师：老师写完了吗？

生：老师写完了。（板书）

师：老师都写对了吗？/老师都写对了没有？（板书）

生：（可能会说错，教师注意引导）老师没有都写对。（板书）

师：哪个字老师写错了？（板书）谁知道怎么写？

大卫：（上去改正）银行、人民、期末、参观。

师：很棒。大卫都写对了。老师现在把黑板擦了。（没擦干净）

师：黑板擦干净了吗？（板书）

生：（可能会说）没擦干净了。

师：我们可以说：黑板没擦干净。（板书，齐读）

生：黑板没擦干净。

师：（擦干净黑板）现在黑板擦干净了吗？

生：现在黑板擦干净了。（板书）

师：（根据例句总结格式）

  V +完/对/错/干净+了

  没（有）+V+完/对/错/干净

  V +完/对/错/干净+了+吗/没有？

2. 操练

操练 1：听写生词

两两一组，互相给对方听写今天学过的生词（最好在黑板上），然后判断：写完了吗，谁写对了，谁写错了，谁读对了，谁读错了，哪个写对了，哪个写错了。

操练 2：纠错小能手（可作为课堂活动）

给出学生以往作业的图片，注意要挑选有错别字的作业，全班学生轮流逐个检查作业中的字，要说出哪个字写错了。

操练 3："干净"的教室

教师对学生说昨天已经打扫过教室了，两个学生一组，提问和回答某个地方打扫干净了没有。教师可给出提示词。

提示词：黑板、桌子、椅子、窗户、窗帘、地板

麦克：黑板擦干净了没有？

玛丽：黑板擦干净了。

大卫：窗户擦干净了吗？

山本：窗户没有擦干净。

操练 4：两两一组，看图说话

句子成分

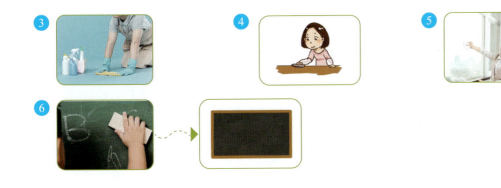

课堂活动

1 你画我猜

两个学生一组，学生 A 在学生 B 的背上写字或者画画，学生 B 要问："你写完了吗？/你画完了吗？"学生 A 回答："我没写完/我没画完/我写完了/我画完了。"学生 B 要猜测学生 A 写了或者画了什么，学生 A 要回答猜对了还是猜错了。

如：大卫和山本一组。大卫猜，山本画。

大卫：你画完了吗？

山本：我没画完。

大卫：现在呢，你画完了吗？

山本：我画完了。

大卫：你画了一朵花。

山本：你猜错了。

大卫：你画了一个太阳。

山本：你猜对了。

2 试运气

每张图片对应一个数字或者一种颜色或者最近刚学过的词语，其中有一个炸弹。让学生自由选择图片，根据图片内容用结果补语说句子，只要说对就可以一直往下选，说错就没有机会继续选。说对几个得几分，选中炸弹的扣一分。

课后练习

一、听一听，选择正确答案。🎧

1. A. 你写错汉字了。 B. 你没有写错汉字。
   C. 你不应该写汉字。 D. 你不应该写这个汉字。

2. A. 这件衣服很干净。 B. 这件衣服刚洗干净。
   C. 这件衣服不需要再洗了。 D. 这件衣服没洗干净。

3. A. 我没答那道题。 B. 我没答完那道题。
   C. 我答对了那道题。 D. 我答了那道题，但没答对。

二、根据实际情况回答问题。

1. 第一册书你们学完了没有？
2. 昨天的作业你做完了吗？
3. 昨天的作业你做对了吗？
4. 你觉得黑板擦干净了吗？

三、把所给词语放在合适的位置。

1. 他 A 做 B 作业 C 就出去踢 D 球了。　　　　　　　　　　（完）
2. A 哥哥 B 吃 C 了一个大苹果 D。　　　　　　　　　　　　（完）
3. A 我昨天 B 做 C 了一件事 D。　　　　　　　　　　　　　（错）
4. 那件衣服 A 她已经 B 洗 C 了 D。　　　　　　　　　　　（干净）
5. 今天的生词 A 他没有 B 全 C 写 D。　　　　　　　　　　（对）

句子成分

08 结果补语2：V+懂/好/见/清楚（二级）

本体知识

用在动词之后表示动作变化的结果的句子成分叫作结果补语。结果补语通常由动词或形容词充当。可以作结果补语的动词有"完、开、见、到、懂"等，可以作结果补语的形容词有"好、坏、对、错、早、晚、干净"等。

本教学设计仅涉及结果补语的基本用法"V+懂/好/见/清楚"。

格式：

1 肯定形式：V+懂/好/见/清楚+了

听懂了，你不用再讲了。
妈妈做好饭了。
我看见她了。
我看清楚了。

2 否定形式：没（有）+V+懂/好/见/清楚

没有听懂。
没休息好。
没看见。
没听清楚。

3 疑问形式：V+懂/好/见/清楚+了+吗/没有？

听懂了吗/没有？
饭做好了吗/没有？
听见了吗/没有？
听清楚了吗/没有？

常见偏误

＊我不听懂他说的话。

改为：我没听懂他说的话。

分析：除假设外，结果补语的否定用法是在动词前加"没"，不是用"不"。

教学提示

1. 否定形式后不能用"了"。

2. 动词后既有结果补语又有宾语时,宾语要放在结果补语后。如果受事是确定的事物,常放在句首。

3. 对以上结果补语尽量一个一个地讲解和练习,应循序渐进,不宜一次性教给学生。

教学案例

📖 **案例 1:情景举例法**

V + 懂

1. 导入和讲解

师:(用自己的方言或者学生不懂的一种语言或者故意说一句文言文)己所不欲,勿施于人。老师说的是什么意思?

生:(摇头或者说)不知道。

师:你们听懂了吗?/你们听懂了没有?(板书)

生:(可能会说错)我们没听懂了。

师:我们应该说:我们没(有)听懂。(板书,齐读)

生:我们没(有)听懂。

师:我说的是,自己不想要的,不要强加给别人。现在听懂了吗?

生:现在听懂了。(板书)

师:(根据例句总结格式)

V + 懂 + 了 + 吗 / 没有?

V + 懂 + 了

没(有)+ V + 懂

2. 操练

你问我答

每个学生说一句自己母语中常用、普及度高的话,然后问其他学生听懂了没有。其他学生如果听懂了,回答"听懂了"并用中文说出意思,如果没有听懂,则接着问其他人。如:

大卫:I love you。玛丽,你听懂了吗?

玛丽:我听懂了,是"我爱你"的意思。

案例 2：情景举例法

V + 好

1. 导入和讲解

师：（出示图片）他们在做什么？
生：在切菜。
师：那他们把饭做好了吗？
生：没有。
师：我们可以说：他们没（有）做好饭。（板书，齐读）
生：他们没（有）做好饭。
师：（出示图片）现在饭做好了吗？（板书）
生：现在饭做好了。（板书）
师：（根据例句总结格式）

  V + 好 + 了 + 吗 / 没有？

  V + 好 + 了

  没（有）+ V + 好

2. 操练

两人一组，看图说话

衣服叠好了吗？　　　衣服穿好了吗？　　　衣服整理好了吗？

衣服穿好了吗？　　　衣服洗好了吗？

案例3：情景举例法

> V + 好

1. 导入和讲解

师：大家午休得怎么样啊？

生：好。/ 不好。

师：（问回答"好"的学生）大卫，<u>你睡好了吗？</u>（板书）

大卫：<u>我睡好了。</u>（板书）

师：很好，同学们，大卫睡好了吗？

生：大卫睡好了。

师：（问回答"不好"的学生）安娜，你休息好了吗？

安娜：（可能会说）我不休息好了。

师：我们应该说：<u>我没（有）休息好。</u>（板书，齐读）

生：我没（有）休息好。

师：（根据例句总结格式）

    V + 好 + 了 + 吗 / 没有？

    V + 好 + 了

    没（有）+ V + 好

2. 操练

谈谈我自己

学生根据教师所给的提示词说自己的情况，注意要用到"V + 好"结构。如：

提示词：睡觉、吃饭、复习、休息……

大卫：我中午没吃好，但是休息好了。

案例4：动作演示法、图片法

> V + 见 / 清楚

1. 导入和讲解

师：（和第一排的学生说句悄悄话）老师做了什么？

生：和大卫说话。

师：<u>大家听见了吗？</u>（板书）

生：（可能会说）我没有听见了。
师：我们应该说：我没有听见。（板书，齐读）
生：我没有听见。
师：大卫，你听见了没有？（板书）
大卫：我听见了。（板书）
师：很好，大卫听见了。大卫，老师的话你听清楚了吗？（板书）
大卫：我听清楚了。（板书）
师：（再次大声说刚刚的话）大家听见了吗？
生：听见了。
师：大家听清楚了吗？
生：听清楚了。
师：（随便出示一张图片，故意将图片快速地划过）大家看见图上是什么了吗？
生：太快了，我没看见。（板书）
师：大家看清楚了吗？（板书）
生：没看清楚。（板书）
师：（出示图片）现在呢，大家看见了吗？

大卫：我看见了。（板书）
师：很好，大家看清楚了吗？
生：看清楚了。（板书）
师：（根据例句总结格式）

  V + 见 / 清楚 + 了 + 吗 / 没有？

  V + 见 / 清楚 + 了

  没（有）+ V + 见 / 清楚

2. 操练

操练1：闪卡（可做活动）

两个学生一组，学生A手里拿着单词卡，快速在学生B眼前闪过，问："你看见了吗？看见了什么？看清楚了吗？"学生B回答。

如：单词卡为"太"

大卫：你看见了吗？

山本：我看见了。

大卫：你看见了什么？

山本："大"，对吗？

大卫：你看清楚了吗？

山本：我看清楚了。

大卫：你没看清楚，是"太"。
……

操练2：接龙问答
教师和第一排的学生说话，第一排的学生问第二排的学生听见了吗，听清楚了吗。第二排的学生接着问第三排的学生听见了吗，听清楚了吗。接龙提问和回答。

课堂活动

1 猜猜他说的或者写的是什么

每个学生用自己的母语说一句话，然后问大家："你们听见了吗？听清楚了吗？听懂了吗？"来自同一个国家的学生就会说："我听见了，听清楚了，也听懂了，你说的是……。"来自不同国家的学生就会说"我听见了，但我没听懂。"如果都来自同一个国家，教师可以用汉语的方言说一句话。

也可以换成：

每个学生写一句话，让大家看后问大家："你看见了吗？看清楚了吗？看懂了吗？"来自同一个国家的学生就会说："我看见了，看清楚了，也看懂了，你写的是……。"来自不同国家的学生就会说："我看见了，但我没看懂。"

2 谁的反应最快

教师用电脑快速展示图片，问学生是否能够看见图片上的内容。看见的学生要迅速站起来说"我看见了"，并说出是什么。说对的学生可以得到奖励，说错了要表演节目。如：

老师放了小鸟的图片。

大卫站起来说：我看见了，是小鸟。

课后练习

一、听一听，选择正确答案。

1. A. 我明天想吃面条。　　　　　B. 我明天想吃饺子。
   C. 我没想好明天吃什么。　　　D. 我想好明天吃什么了。

2. A. 我没听那首歌。　　　　　　B. 我不喜欢那首歌。
   C. 我听懂了那首歌。　　　　　D. 我听了那首歌，但没听懂。

3. A. 我没看清楚谁进了教室。　　B. 我没看见有人进了教室。
   C. 我知道谁进教室了。　　　　D. 我认识进教室的那个人。

二、根据实际情况回答问题。

　　1. 昨天的语法你听懂了吗？

　　2. 你想好假期去哪里玩了吗？

　　3. 你能听见最后一排的同学说的话吗？

　　4. 你觉得黑板擦干净了吗？

三、把所给词语放在合适的位置。

　　1. 老师 A 讲的语法 B 我都 C 听 D 了。　　　　（懂）

　　2. 我选 A 我 B 要唱 C 什么歌 D 了。　　　　（好）

　　3. 我昨天 A 在超市 B 看 C 你 D 了。　　　　（见）

　　4. 我没听 A 你刚刚 B 说 C 了什么 D。　　　　（清楚）

句子成分

09 结果补语3：V + 住 / 走（三级）

本体知识

用在动词之后表示动作变化的结果的句子成分叫作结果补语，结果补语通常由动词或形容词充当。可以作结果补语的动词有"完、开、见、到、懂"等，可以作结果补语的形容词有"好、坏、对、错、早、晚、干净"等。

本教学设计仅涉及两个结果补语："住、走"。

V + 住：表示动作结束或使某物固定，如"抓住、停住、记住、愣住、拉住、捂住、抱住"等。

（1）警察抓住了一个小偷。
（2）他终于停住了。
（3）你记住了吗？

V + 走：表示动作使某物发生位移，如"搬走、拿走、赶走"等。

（1）车开走了吗？
（2）桌子搬走了吗？

格式：

1 肯定格式：V + 住 + 了　　　　否定格式：没（有）+ V + 住

　　　我记住了。　　　　　　　　　没有记住。
　　　我抓住了。　　　　　　　　　没抓住。

疑问格式：V + 住 + 了 + 吗 / 没有？

　　　记住了吗？
　　　记住了没有？

2 肯定格式：V + 走 + 了　　　　否定格式：没（有）+ V + 走

　　　买走了最后一本书。　　　　　没有买走。
　　　搬走了一台冰箱。　　　　　　没搬走。

疑问格式：V + 走 + 了 + 吗 / 没有？

　　　借走了吗？
　　　搬走了没有？

句子成分

常见偏误

1 * 我们一定要抓这次机会。

改为：我们一定要抓住这次机会。

分析：句子要强调实现某种结果，遗漏了补语"住"。

2 * 我每天复习和记住单词。

改为：我每天复习和记单词。

分析："每天"表示这种行为是经常性的，并没有强调结果，与"复习"相对应，后面也应该是表示持续性的动作"记"，而"记住"强调动作的结果。

3 * 我记住你是一个认真的学生。

改为：我记得你是一个认真的学生。

分析："记住"强调记忆的深刻程度，而"记得"强调的只是"没有忘掉"。句中表达的是"我"想得起来、没有忘记，并没有强调记忆的深刻程度，应用"记得"。

4 * 我觉得他长得很帅，所以我一直盯住他。

改为：我觉得他长得很帅，所以我一直盯着他。

分析："V 着"表示动作的持续，而"V 住"表示动作完成并产生结果。"一直"表示这一动作持续，应用"V 着"。

5 * 离婚后他换了房子，只从旧房子里搬了几件自己的行李。

改为：离婚后他换了房子，只从旧房子里搬走了几件自己的行李。

分析："V + 走"表示动作使某物发生位移，该句中"行李"已经发生了位移。

教学提示

1 补语"住"意义比较虚，容易被汉语学习者遗漏。

2 注意经常性的动作与"V + 住"结构所表示的动作结束在语义上具有矛盾性。

3 注意"V + 住 / 走"的否定形式为"没有 + V + 住 / 走"，而非"不 + V + 住 / 走"。

> 教学案例

▶ **第一步：学习"V + 住"**

📖 **案例 1：图片法**

1. 导入和讲解

师：（出示图片）他做了什么动作？

生：（可能会说）抓手。

师：（可用动作演示"抓"和"抓住"的区别）我们可以说：<u>宝宝抓住了爸爸的手</u>。（板书，齐读）

生：宝宝抓住了爸爸的手。

师：（出示图片）大家看，<u>她抓住扶手了没有？</u>（板书）

生：<u>她抓住扶手了。</u>（板书）

师：（出示图片）那他呢？他抓住扶手了吗？

生：（可能会说）他不抓住扶手。

师：我们应该说：<u>他没有抓住扶手。</u>（板书，齐读）

生：他没有抓住扶手。

师：（出示图片）小狗接住飞盘了吗？（板书）

生：小狗没有接住飞盘。

师：（出示图片）小狗接住飞盘了吗？

生：<u>小狗接住飞盘了。</u>（板书）

师：（根据例句总结格式）

　　V + 住 + 了

　　没（有）+ V + 住

　　V + 住 + 了 + 吗 / 没有？

2. 操练

看图说话

①
抱

②
捂 / 捏

③
抓

句子成分

握

捂

抓

案例2：动作演示法

1. 导入和讲解

师：（做出抓住玛丽的手的动作）老师刚刚做了什么？

生：（可能会说）老师抓玛丽的手。

师：（用动作演示抓和抓住的区别）我们应该说：<u>老师抓住了玛丽的手。</u>（板书，齐读）

生：老师抓住了玛丽的手。

师：（做出捂住鼻子的动作）老师刚刚做了什么？

生：（可能会说）老师捂鼻子了。

师：（用动作演示捂和捂住的区别）我们应该说：<u>老师捂住了鼻子。</u>（板书，齐读）

生：老师捂住了鼻子。

师：<u>那老师刚刚捂住了嘴巴了吗？</u>（板书）

生：（可能会说）老师没有捂住了嘴巴。

师：我们应该说：<u>老师没有捂住嘴巴。</u>（板书，齐读）

生：老师没有捂住嘴巴。

师：（邀请大卫一起表演，大卫在走路，教师拉住了大卫）老师刚刚做了什么？

生：老师刚刚拉住了大卫。

……

师：（根据例句总结格式）

V＋住＋了

没（有）＋V＋住

V＋住＋了＋吗/没有？

2. 操练

纸条游戏

教师准备纸条，纸条上写着带结果补语"V＋住"的指令句子，一名学生抽纸条，并做出相应动作，其他学生说他做了什么。

纸条内容如：

（1）请你抓住大卫的胳膊。

（2）请你抱住你的同桌。

（3）请你捂住你的鼻子。

（4）请你捂住你同桌的耳朵。

（5）请你握住你的铅笔。

▶ 第二步：学习"V+走"

案例3：情景举例法

1. 导入和讲解

师：大卫，你的词典我可以用一下吗？

大卫：（把词典给老师）

师：大卫的词典呢？

生：（可能会说）老师拿了。/给老师了。

师：大卫的词典被老师借走了。/大卫的词典被老师拿走了。（板书，齐读）

生：大卫的词典被老师借走了。/大卫的词典被老师拿走了。

师：老师为什么要借大卫的词典呢？因为老师的词典被小偷偷走了。（板书，齐读）

生：老师的词典被小偷偷走了。

师：安娜，你昨天买到最后一本书了吗？

安娜：没有。最后一本书被山本买走了。（板书）

师：安娜买走最后一本书了吗？（板书）

生：安娜没有买走最后一本书。（板书）

师：山本，你今天怎么没有骑车？

山本：我的车被我室友骑走了。

师：（根据例句总结格式）

V（拿/借/偷/买/骑）+走+了

没（有）+V+走

V+走+了+吗/没有？

2. 操练

默契大比拼

学生两人一组,学生 A 根据纸条上的提示说话做动作,学生 B 描述学生 A 做了什么,说对者为该组积一分,每组有一分钟的时间,看哪组配合最默契。如:

(1) 大卫:安娜,请你把你的字典借给我。

　　(大卫拿到了安娜的字典)

　　山本:大卫借走了安娜的字典。

(2) (大卫偷偷拿走了安娜的字典)

　　山本:大卫偷走了安娜的字典。

案例 4:图片法

1. 导入和讲解

师:(出示图片)老师昨天搬家了,大家来看看老师的朋友帮老师搬走了哪些东西吧。

师:(出示图片)大家看,他们做了什么?

生:(可能会说)他们推了一台冰箱。

师:我们应该说:他们推走了一台冰箱。(板书,齐读)

生:他们推走了一台冰箱。

师:(出示图片)她搬走了什么?

生:她搬走了一箱玩具。

师:她搬走电脑了吗?(板书)

生:(可能会说)她没有搬走了电脑。

师:我们应该说:她没有搬走电脑。(板书,齐读)

生:她没有搬走电脑。

师:(出示图片)他们做了什么?

生:他们搬走了一个沙发。

师:很好。我们也可以说:他们抬走了一个沙发。(板书,齐读)

生:他们抬走了一个沙发。

师:(根据例句总结格式)

　　V(搬/抬/推/拿)+走+了

　　没(有)+V+走

　　V+走+了+吗/没有?

2. 操练

看图说话

课堂活动

1 谁的反应最快

全班分成两组，教师分别给每一组的学生丢纸团，看学生是否能接住，接住后要迅速打开纸团，按照纸团上的指令做出动作并且念出纸条内容，成功者为该组积一分。如：

纸团内容为"握住你同桌的手"。

山本接住了纸团，迅速握住大卫的手，说出：我接住了纸团，我握住了大卫的手。

玛丽没有接住纸团，则要说：我没有接住纸团。

2 手口不一

全班分成两组，教师说指令，学生要做出与指令不同的动作，然后说出相应的句子。动作正确且句子正确的为该组积一分。如教师发布指令为"捂住鼻子"，学生不能捂住鼻子，可以捂住嘴巴或者捏住鼻子，然后说出："我没有捂住我的鼻子，我捂住了我的嘴巴。"或者"我没有捂住我的鼻子，我捏住了我的鼻子。"

3 我的大力士朋友

大卫要搬家了，大家都去帮大卫搬家，每个学生用"V + 走"说明自己可以帮大卫搬走什么东西。比一比，看谁搬的东西最多。如：

玛丽：我搬走了两箱书。
山本：我比你厉害，你才搬走了两箱书，我搬走了一台电脑。
杰克：我比你厉害，你才搬走了一台电脑，我搬走了一个书柜。

4 大甩卖

一个学生扮演商店老板，其他学生来买东西，顾客问：还有某物吗？老板要说：这个东西被谁买走了/拿走了/搬走了等。如：

玛丽：还有大衣吗？
老板：大衣被山本穿走了。
山本：还有书桌吗？
老板：书桌被大卫搬走了。

5 三头六臂

教师准备道具（可以是纸箱、手提袋、比较厚的书、水杯、书包等，可以直接用教室中的东西或者借用学生的），全班分为两组，每组成员有一次机会分别来搬走、抱走、提走各个道具，组内其他成员依次说出相应的句子，统计哪组拿走道具最多。如：

大卫搬走的道具有：一个纸箱子。
山本拿走的道具有：五本书、三个书包。
其他成员要依次说出：大卫搬走了一个纸箱子。山本拿走了五本书。山本拿走了三个书包。

6 我做你们说

教师提前准备一些纸条，抽到纸条的学生按照上面的句子做动作，其他学生说出他刚才做了什么。

纸条内容如：
（1）请你抓住大卫的胳膊。
（2）请你握住安娜的手。
（3）请你抱住你的好朋友。
（4）请你扶住桌子。
……

课后练习

一、听一听，判断对错。🎧

1. 王华搬走了一个箱子。（　）
3. 杨林搬走了一台电脑。（　）
3. 王华买走了一只烤鸭。（　）
4. 杨林买走了一份鱼香肉丝。（　）

二、连词成句。

1. 走　买　大卫　了　本　一　书

   _____

2. 大卫　鼻子　住　了　捂

   _____

3. 抓　扶手　没有　玛丽　住

   _____

句子成分

10 结果补语4：V + 到（三级）

本体知识

用在动词之后表示动作变化的结果的句子成分叫作结果补语，结果补语通常由动词或形容词充当。可以作结果补语的动词有"完、开、见、到、懂"等，可以作结果补语的形容词有"好、坏、对、错、早、晚、干净"等。

本教学设计仅涉及"V + 到"。

"V + 到"主要有三种用法：

1. 表示通过动作到达某处。如：
   （1）走到门口。
   （2）跑到操场。

2. 表示动作持续到某个时间。如：
   （1）睡到 11 点。
   （2）学到 12 点。
   （3）玩到半夜。

3. 表示通过动作达到了目的。如：
   （1）找到地方。
   （2）买到书。
   （3）接到朋友。

格式：

1 肯定格式：V + 到

我拿到外卖了。
我买到票了。
他学到了半夜。
老师坐到了椅子上。

2 否定格式：没（有）+ V + 到

他没买到票。
她没有学到半夜。
老师没有走到门口。

3 疑问格式：V + 到 + 了 + 吗 / 没有？

你学到 12 点了吗？
买到票了没有？

常见偏误

1 * 他到难关的时候，我们应该帮他。

改为：他遇到难关的时候，我们应该帮他。

分析："到"在现代汉语中，可以单独作动词使用，"到"用作动词也是汉语学习者最先掌握的用法。因此学习者可能会直接用充当结果补语的动词"到"来充当谓语成分。

2 * 弟弟最近找新的工作了，他对这份工作很满意。

改为：弟弟最近找到新的工作了，他对这份工作很满意。

分析："他对这份工作很满意"是对"新工作"的进一步描述，说明"找"的动作已经有了结果，而"找新的工作"表示"找"的动作仍在持续，应在"找"后加"到"。

3 * 我快要毕业了，毕业后我能找好的工作。

改为：我快要毕业了，毕业后我能找到好的工作。

分析：补语"到"的遗漏。本句的意思为估计以后能找到好的工作，"找工作"这件事结果已经实现，应该使用"V+到"结构。

4 * 我对他讲的课很感到兴趣。

改为：我对他讲的课很感兴趣。

分析：补语"到"的误加。"感到"使用频率较高，学习者容易将"感到"与"V+到"结构混淆。

5 * 自从听到她的话，我的生活变化了很多。

改为：自从听了她的话，我的生活变化了很多。

分析：表结果的"V+到"与"V+了"混淆。"V+到"通过动作达到了目的，"V+了"表示动作的实现、完成。

教学提示

1 注意"V+到"的否定形式为"没（有）+V+到"，而非"不+V+到"。

2 "到"可以单独作动词使用，在"到达某一情境、状态"或"达到某一程度"的语境下，学习者会直接用充当结果补语的动词"到"来充当谓语成分。

3 "V+到"结构中的"到"容易误加或者遗漏。

4 注意"V+到"和"V+了"等结构不要混淆。

句子成分

> **教学案例**
>
> ▸ **第一步：学习表示动作持续到某个时间的"V + 到"**
>
> 📖 **案例 1：图片法**

1. 导入和讲解

师：（出示图片）大家看，7点的时候他在干什么？

生：他在学习。

师：8点的时候呢？

生：还在学习。

师：这时候我们可以说：<u>他学到了8点。</u>（板书，齐读）

生：他学到了8点。

师：（出示图片）他们6点的时候在干什么？

生：他们在唱歌。

师：8点的时候呢？

生：还在唱歌。

师：这时候我们可以说：<u>他们唱到了8点。</u>（板书，齐读）

生：他们唱到了8点。

师：（返回第一张图片）他学到了8点，那<u>他学到10点了吗？</u>（板书）

生：（可能会说）他不学到10点。

师：我们应该说：<u>他没有学到10点。</u>（板书，齐读）

生：他没有学到10点。

师：（返回第二张图片）他们唱到了8点，那<u>他们唱到12点了没有？</u>（板书）

生：他们没有唱到12点。

师：（根据例句总结格式）

　　V + 到 + T$_{点}$

　　没（有）+ V + 到 + T$_{点}$

　　V + 到 + T$_{点}$ + 了 + 吗 / 没有？

2. 操练

看图说话

① 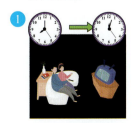 ②  ③  ④  现在

案例2：情景举例法

1. 导入和讲解

师：马上就要考试了，听说大家现在复习得很晚，大卫，你昨天学到了几点？

大卫：（可能会说）11点。

师：我们应该说：我学到了11点。（板书，齐读）

生：我学到了11点。

师：安娜，你学到了几点？

安娜：我学到了10点。

师：很好，安娜，你学到11点了没有？（板书）

安娜：（可能会说）我没（有）学到了11点。

师：我们应该说：我没（有）学到11点。（板书，齐读）

生：我没（有）学到11点。

师：（根据例句总结格式）

　　V + 到 + T$_点$

　　没（有）+ V + 到 + T$_点$

　　V + 到 + T$_点$ + 了 + 吗/没有？

2. 操练

学生根据教师的提示词分别说说自己平时的习惯

提示词：学习、看书、睡觉、写作业、玩游戏……

大卫：我每天学到半夜。

安娜：我每天睡到上午10点。

▶ **第二步：学习表示通过动作到达某处的"V + 到"**

案例3：动作演示法

1. 导入和讲解

师：（走到大卫旁边）老师刚刚做了什么？

生：（可能会说）老师来了大卫旁边。

师：我们应该说：老师走到了大卫旁边。（板书，齐读）

生：老师走到了大卫旁边。

师：（坐到了椅子上）老师刚刚做了什么？

生：老师坐在椅子上。

句子成分

师：我们可以说：老师坐到了椅子上。（板书，齐读）

生：老师坐到了椅子上。

师：那老师坐到桌子上了吗？（板书）

生：（可能会说）老师没有坐到桌子上了。

师：我们应该说：老师没（有）坐到桌子上。（板书，齐读）

生：老师没（有）坐到桌子上。

师：（根据例句总结格式）

　　V＋到＋P

　　没（有）＋V＋到＋P

　　V＋到＋P＋了＋吗/没有？

2. 操练

两人一组，我说你做

（1）请你走到老师的身边。　　（2）请你站到我的后面。

（3）请你坐到地上。　　　　　（4）请你跳到老师身边。

（5）请你坐到你的椅子上。　　（6）请你走到教室门口。

📖 案例 4：图片法

1. 导入和讲解

师：（出示图片）大家看，老师在学校里走路，老师走到了哪里？

生：（可能会说）到了操场。

师：我们可以说：老师走到了操场。（板书，齐读）

生：老师走到了操场。

师：（出示图片）现在呢？老师走到了哪里？

生：老师走到了图书馆。

师：很好，那老师走到食堂了吗/没有？（板书）

生：（可能会说）老师没有走到了食堂。

师：我们应该说：老师没（有）走到食堂。（板书，齐读）

生：老师没（有）走到食堂。

师：（根据例句总结格式）

　　V＋到＋P

　　没（有）＋V＋到＋P

　　V＋到＋P＋了＋吗/没有？

2. 操练

看图说话

▶ 第三步：学习表示通过动作达到了目的的"V + 到"

📖 案例 5：情景举例法

1. 导入和讲解

师：快要放假了，大家要回家吗？

生：回去。

师：大家买到车票了吗？

生：（可能会说）没有。（也可能会说）买了。

师：（问买到车票的学生）玛丽，你买到车票了吗？（板书）

玛丽：（可能会说）我买了。

师：我们应该说：我买到车票了。（板书，齐读）

生：我买到车票了。

师：玛丽买到票了吗？

生：玛丽买到票了。

师：很好。

师：（问没有买到车票的学生）大卫，你买到车票了没有？（板书）

大卫：（可能会说）我不买到车票。

师：我们应该说：我没有买到车票。（板书，齐读）

生：我没有买到车票。

师：大卫买到车票了吗？

生：大卫没买到车票。（板书）

师：很好。

师：（根据例句总结格式）

  V＋到＋O

  没（有）＋V＋到＋O

  V＋到＋O＋了＋吗/没有？

2. 操练

我是大侦探

教师给出提示词，学生两人一组，根据教师的提示词互相提问并回答。

提示词：买票、拿票、拿行李、接朋友、买饭、吃饭……

大卫：安娜，你买到票了吗？

安娜：我没有买到票。你呢？

大卫：我买到票了。但是我还没拿到票。

……

案例6：图片法

1. 导入和讲解

师：（出示图片）昨天超市大甩卖，大家都去抢好货去了，来看看他们都买到了什么。（出示图片）她抢到了什么？

生：（可能会说）一箱玩具。

师：我们应该说：她抢到了一箱玩具。/她买到了一箱玩具。（板书，齐读）

生：她抢到了一箱玩具。/她买到了一箱玩具。

师：（出示图片）她抢到了什么？

生：她抢到了一件衣服。

师：很好。她买到鞋子了吗/没有？（板书）

生：（可能会说）没有。

师：我们应该说：她没（有）买到鞋子。（板书，齐读）

生：她没（有）买到鞋子。

师：（根据例句总结格式）

  V＋到＋O

  没（有）＋V＋到＋O

  V＋到＋O＋了＋吗/没有？

2. 操练

看图说话

① 她买到车票了吗？

② 她买到车票了吗？

③ 他买到书了吗？

④ 她买到饭了吗？

⑤ 他买到饭了吗？

⑥ 他想到办法了吗？

⑦ 他找到文件了吗？

⑧ 她接到朋友了吗？

⑨ 他们拿到自己的行李了吗？

课堂活动

1 幸运大转盘

全班学生轮流转动转盘，转到哪个词语，就用"S + V + 到 + 了 + T$_点$"造一个句子。

如：我学到了半夜。

他唱到了晚上 11 点。

2 我的习惯

说说你认为的好习惯和坏习惯。可以根据教师给的提示词来说。

提示词：睡觉、读书、看电视、学习、唱歌、聊天……

大卫：我每天睡到中午，我认为是坏习惯。

安娜：我每天学到晚上9点，我认为是好习惯。

3 奇怪的大卫

学生抽纸条，根据纸条上的提示词来说大卫有多奇怪。如：

睡觉：奇怪的大卫睡到了中午。

教室：奇怪的大卫没有走到教室，他爬到了教室。

4 句子接龙

1. 全班学生分成两组，每组的第一个学生先说一个结果补语"V+到"的句子，第二个学生重复第一个学生的句子，然后再说一个结果补语"V+到"的句子，以此类推。说错句子的学生不能再参加本轮的句子接龙。在规定的时间内（如三分钟）说出最多正确句子的组获胜。如：

生1：我买到票了。

生2：他买到票了，我买到饭了。

生3：她买到饭了，我找到我的护照了。

2. 全班学生分成两组，每组的第一个学生说一个结果补语"V+到"的句子来表示自己在昨天晚上的时间安排，第二个学生重复第一个学生的句子，然后再说一个结果补语"V+到"的句子来表示自己周末的时间安排，以此类推。说错句子的学生不能再参加本轮的句子接龙。在规定的时间内（如三分钟）说出最多正确句子的组获胜。如：

生1：我看书看到9点。

生2：他看书看到9点，我玩电脑玩到半夜。

生3：他玩电脑玩到半夜，我看电视看到10点。

课后练习

一、听一听，判断对错。

1. 王华一直睡到现在。　　　　　　　　　　　　　（　　）
2. 杨林没有找到王华。　　　　　　　　　　　　　（　　）
3. 王华今天学习到了凌晨。　　　　　　　　　　　（　　）

二、连词成句。

1. 里　把　大卫　护照　到　钱包　放　了

_____

2. 每天　她　凌晨　到　学习

_____

3. 礼物　到　收　圣诞　大卫　了

_____

句子成分

11 趋向补语1：简单趋向补语的基本用法（二级）

本体知识

一、定义和分类

用在动词后表示人或事物运动和位移方向的补语叫趋向补语。

从形式上来看，趋向补语可以分为简单趋向补语和复合趋向补语。

1. 简单趋向补语：由单音节趋向动词"来、去、上、下、进、出、回、过、起、开"充当的补语。如：他跑来了。

2. 复合趋向补语：由"来、去"和"上、下、进、出、回、过、起、开"组合构成的表示动作双重趋向的补语。如：他跑进来了。

趋向补语数量多，用法复杂，应有分阶段教学的意识。本教学设计仅以"来、去"为例介绍简单趋向补语的基本用法。

二、趋向补语的用法

1. 基本用法即趋向意义，是趋向动词自身的一种方向意义，表示人或物体通过移动或改变状态后在空间里的移动方向。表示动作朝着说话人或所谈及的事物的方向时用"来"，表示动作远离说话人或所谈及的事物的方向时用"去"。可以用图表示为：

2. 表示动作的结果。"来"表示实现了某种目的，也可以表示完成了某种变化或结束了某种状态。如：

（1）那个杯子他买来了。

（2）她刚从睡梦中醒来。

"去"表示"去除、消失"。如：

（1）她用手擦去泪水。

（2）最美好的青春时光已经逝去。

（3）就在昨天，他的爷爷死去了。

3. 引申用法即表示抽象的引申意义。如：

（1）到了5月份天气就热起来了。

（2）你作业里的错误快改过来。

三、趋向补语和宾语的位置

趋向补语"来、去"和宾语共现时有以下几种情况：

1. V+来/去+施事宾语/受事宾语。如：

（1）图书馆里跑来一个人。

（2）她端来了一杯咖啡。

（3）他送去了一些钱。

（4）他给你买来了一本书。

（5）老师给我们带来了启发。

（6）他给我们送来了希望。

（7）空气里飘来一些奇怪的气味。

（8）对面滚来一只皮球。

2. V+受事宾语+来/去，多是未发生的动作。如：

（1）给我拿本书来。

（2）你快派一个人去。

（3）请你带两支笔来。

3. V+处所宾语+来/去。如：

（1）快！进教室来！

（2）快！进教室去！

（3）他回上海去了。

（4）我们进屋去吧。

（5）你快下楼来呀。

格式： **1** V+来/去　　　　**2** V+来/去+O　　　　**3** V+P+来/去

　　　他上去了。　　　　　端来一杯咖啡。　　　　回英国去。

　　　你快起来！　　　　　拿来一本书。　　　　　到中国来。

句子成分

常见偏误

1 * 如果拍了的话，请寄去拍的照片。
   改为：如果拍了的话，请寄来拍的照片。
   分析：说话人希望听话人给自己寄东西，应该用"来"。

2 * 他已经回去美国了，不知道什么时候回来中国。
   改为：他已经回美国去了，不知道什么时候回中国来。

   * 他下去楼了。
   改为：他下楼去了。

   * 我进来教室的时候，看见她在哭。
   改为：我进教室（来）的时候，看见她在哭。
   分析：趋向补语和处所宾语共现时，处所宾语应放在"来/去"的前面，或者不用"来/去"。

教学提示

1 说话人所在的位置不同，选择的趋向补语就不同，通过问说话人的位置让学生掌握"来/去"的不同。

2 注意不同类型的宾语和趋向补语共现时语序不同，学生比较容易出现偏误。宾语为处所宾语时，一定要放在动词之后、"来/去"之前；如果宾语是表示事物的词语，一般放在"来/去"之后，但如果是未发生的动作，常放在"来/去"之前。如：
（1）他回上海去了。
（2）我们进教室去吧。
（3）你快下楼来呀。
（4）他给你买来了一本书。
（5）请你带一本书来。

教学案例

▶ **第一步：学习不带宾语的情况**

📖 **案例1：动作演示法**

1. 导入和讲解

师：（手势示意）安娜，请你过来一下。
安娜：（过去）
师：刚才安娜在那里，现在和我在一起，离我近了。所以我可以说：<u>安娜过来</u>

419

了。(板书)(手势示意)安娜，请你回去。

安娜：(回去)

师：刚才安娜在我这儿，现在去那儿了，离我远了，我可以说：安娜回去了。(板书)

师：大卫，请你出去一下。

大卫：(出去)

师：刚才大卫和我们在一起，现在在外面，离我们远了，我们可以说：大卫出去了。(板书，齐读)

生：大卫出去了。

师：(手势示意)大卫，请进来。(板书，齐读)

生：大卫，请进来。

师：(根据例句总结格式)

如果一个人或者东西离我们远了，我们可以说：

V + 去

如果一个人或者东西离我们近了，我们可以说：

V + 来

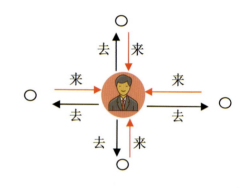

2. 操练

操练1：我说你做

教师发出指令，一个学生做，其他学生说他做了什么。

（1）请你上来。　　（2）请你下去。　　（3）请你出去。　　（4）请你回来。

操练2：看图说话

出来

下去

出来

送来 / 寄来

端来

买来

进来

起来

▶第二步：学习带宾语的情况

📖 案例 2：图片法

1. 导入和讲解

师：（出示图片）我们看，服务员端着一杯咖啡到客人这儿，我们可以说：服务员端来了一杯咖啡。（板书，齐读）

生：服务员端来了一杯咖啡。

师：如果我们看着服务员端着咖啡离我们越来越远，可以怎么说？

生：服务员端去了一杯咖啡。（板书，齐读）

师：（根据例句总结格式）

　　　V + 来 / 去 + O

师：山本，放假后你打算在中国还是回去？

山本：（可能会说错）我打算回去日本。

师：应该说：我打算回日本去。（板书，齐读）

生：我打算回日本去。

师：放假后山本打算去哪儿？

生：山本打算回日本去。

师：那你们呢？你们打算在中国还是回去？

生1：我打算回英国去。

生2：我打算回韩国去。

师：那你们打算什么时候回中国来？

生1：我打算9月回中国来。

……

师：（根据例句总结格式）

　　　V + P + 来 / 去

2. 操练

操练1：说一说他们做了什么

（1）安娜，请拿来一本书。安娜做了什么？

（2）大卫，请送来一杯水。大卫做了什么？

（3）麦克，请拿来几支笔。麦克做了什么？

（4）山本，请搬来一张桌子。山本做了什么？

操练2：看图说话

课堂活动

1 唱反调

两个学生为一组，A用趋向补语说一句话，B要说出和他相反的句子。如：

A：我要出去。　　B：我要进来。

A：我想上去。　　B：我想下来。

如果A总想不起来说什么，教师也可以准备一些必须用趋向补语的图片或词卡进行提示。

2 看图说话

每张图片对应刚学过的趋向补语，让学生自由选择图片，根据图片内容用"V+来/去"说，只要说对就可以一直继续下去，说错则失去机会。

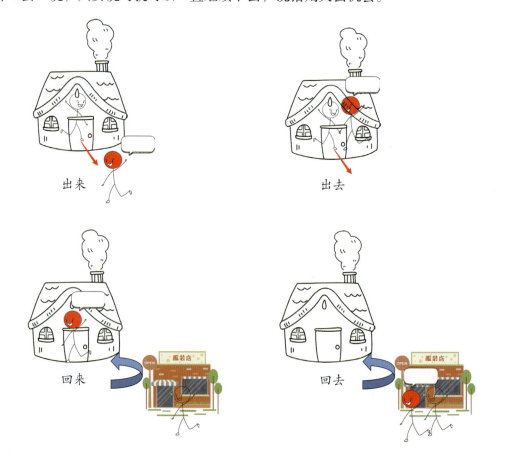

句子成分

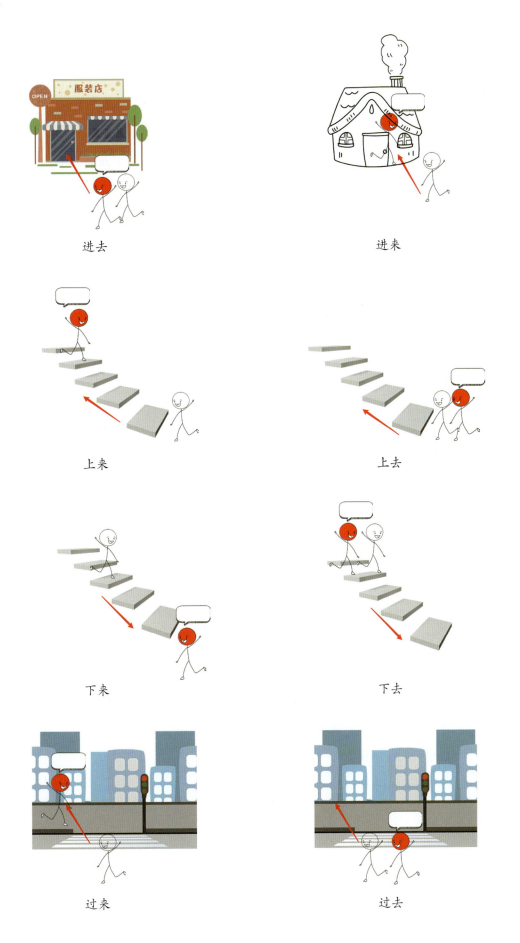

进去　　进来

上来　　上去

下来　　下去

过来　　过去

> **课后练习**

一、听一听，判断说话人在什么地方。🎧

1. A. 说话人在家里。 B. 说话人在外面。
   C. 不知道说话人在哪里。 D. 说话人在商店。

2. A. 说话人在教室外面。 B. 说话人在教室里面。
   C. 说话人不在教室里面。 D. 说话人在楼上。

3. A. 说话人在外面。 B. 说话人在里面。
   C. 说话人在上面。 D. 说话人在下面。

4. A. 说话人在二楼。 B. 说话人在三楼。
   C. 说话人在一楼。 D. 说话人在四楼。

5. A. 说话人在前面。 B. 说话人在外面。
   C. 说话人在里面。 D. 说话人在上面。

二、用"来/去"或者"V+来/去"填空。

1. A：你爸爸呢？
   B：他出（   ）了，您等一下吧，他一会儿就回（   ）了。
2. 外面太冷了，你们快（   ）吧！（说话人在里面）
3. 外面太冷了，你们快（   ）吧！（说话人在外面）
4. 大卫，你妈妈给你寄（   ）了一封信。
5. 你快（   ）呀，我在楼下等你呢！
6. 我的手机忘楼上了，你（   ）帮我拿（   ），我在楼下等着。

三、把所给词语放在合适的位置。

1. 她 A 昨天 B 回 C 俄罗斯 D 了。 （去）
2. 你 A 快 B 进 C 教室 D。 （来）
3. 妈妈 A 上 B 楼 C 了 D。 （来）
4. 爸爸 A 出 B 门 C 了 D。 （去）

句子成分

12 趋向补语2：复合趋向补语的基本用法（三级）

本体知识

复合趋向补语是由"来、去"与"上、下、进、出、回、过、起、开"组合构成的表示动作双重趋向的补语。常见的复合趋向补语如下：

	上	下	进	出	回	过	起	开
来	上来	下来	进来	出来	回来	过来	起来	开来
去	上去	下去	进去	出去	回去	过去	—	开去

格式：

1 V + 上 / 下 / 进 / 出 / 回 / 过 / 起 / 开 + 来 / 去

她跑进来了。
小狗跑出去了。

2 V + 上 / 下 / 进 / 出 / 回 / 过 / 起 / 开 + 来 / 去 + Num + N

她拿出来一本书。
他掏出来一百块钱。
他掏出来一本书、两支笔、一本词典。

3 V + 上 / 下 / 进 / 出 / 回 / 过 / 起 / 开 + Num + N + 来 / 去

她拿出一本书来。
他掏出一百块钱来。

4 把 + 这 / 那 / Sb 的 + N + V + 上 / 下 / 进 / 出 / 回 / 过 / 起 / 开 + 来 / 去

请你把那张桌子搬过来。
他把那张照片贴上去了。

5 V + 上 / 下 / 进 / 出 / 回 / 过 / 起 / 开 + P + 来 / 去

她飞回韩国去了。
你怎么跑回宿舍来了？

常见偏误

1 * 他看见我，就向我跑过去。

　　改为：他看见我，就向我跑过来。

　　分析："他"离说话人"我"越来越近，应该用"过来"。

2 * 快把书拿出去，我们要上课了。

　　改为：快把书拿出来，我们要上课了。

　　分析：说话人在书包的外面，书离说话人越来越近，应该用"出来"。

3 * 他回来老家后就马上做苦力去了。

　　改为：他回老家后就马上做苦力去了。

　　分析：处所词语应放在"来/去"之前，或者不用"来/去"，动词直接带处所宾语。

4 * 父母为孩子着想，一到周末就带他出去各种各样的地方。

　　改为：父母为孩子着想，一到周末就带他去各种各样的地方。／
　　　　父母为孩子着想，一到周末就带他出去。

　　分析：一个动词"带"后面出现了受事宾语"他"、补语"出去"和处所宾语"各种各样的地方"，句式杂糅。

教学提示

1 说话人所在的位置不同，选择的趋向补语就不同，教师可以通过问说话人的位置让学生掌握"来/去"的不同。

2 复合趋向补语带不同宾语语序不同，应注意：当宾语为不确定的受事宾语时，两种语序都可以，二者有细微区别，但初级阶段可不必过于注意这一区别；当宾语为确定的受事宾语时，只能用"把"引入宾语；当宾语为处所时，应放在"来/去"之前。

教学案例

▶ 第一步：学习不带宾语的情况

📖 **案例1：图片法**

1. 导入和讲解

师：（出示图片）快上课了，李明进来了吗？

生：进来了。

师：对，我们可以说：<u>李明跑进来了。</u>（板书，齐读）

生：李明跑进来了。

师：大卫，现在请你跑出去。

大卫：（跑出去）

师：大卫呢？

生：大卫跑出去了。（板书，齐读）

师：大卫，请你跑进来。

大卫：（大卫跑进来）

师：大卫跑进来了吗？

生：大卫跑进来了。（板书，齐读）

师：（总结）以前我们学习了"上来、上去、进来、进去、回来、回去、下来、下去"，今天我们学习的是怎么"上来、上去、进来、进去"等，比如大卫跑着进来，就可以说：跑进来。跑着出去，就可以说：跑出去。

师：（出示图片）我们看看，小猫做了什么？

生：小猫站起来了。（板书，齐读）

师：（出示图片）他做了什么？

生：他飞上去了。（板书，齐读）

师：（出示图片）我们看看，她做了什么？

生：她跳下去了。（板书，齐读）

师：（出示图片）她们做了什么？

生：她们跑下来了。（板书，齐读）

师：（出示图片）小狗做了什么？

生：小狗跑过来了。（板书，齐读）

师：（出示图片）马做了什么？

生：马跳过去了。（板书，齐读）

师：（根据例句总结格式）

　　V+ 上 / 下 / 进 / 出 / 回 / 过 / 起 / 开 + 来 / 去

2. 操练

看图说话

▶ 第二步：学习带名词宾语的情况

📖 案例 2：情景举例法

1. 导入和讲解

师：（从包里拿出一本书）老师刚刚做了什么？

生：拿出来一本书。

师：书原来在哪里？

生：书原来在书包里。

师：对，如果书原来在书包里，现在在外面了，我们就说：<u>我拿出来一本书</u>。（板书，齐读）

生：我拿出来一本书。

师：（把书放进书包）现在呢？书在哪里？

生：在书包里。

师：对，书原来在外面，现在书在书包里面了，我们就说：<u>我放进去一本书</u>。（板书，齐读）

生：我放进去一本书。

师：（根据例句总结格式）V + 上 / 下 / 进 / 出 / 回 / 过 / 起 / 开 + 来 / 去 + Num + N

师：（拿起大卫的书）这本书是谁的？

生：大卫的。

师：大卫，请你把这本书放进去。（板书）

大卫：（把书放进去）

师：大卫把那本书放进去了吗？

生：<u>大卫把那本书放进去了</u>。（板书，齐读）

师：安娜，请你把你的手机拿出来。（板书）

安娜：（把手机拿出来）

师：安娜刚刚做什么了？

生：安娜把她的手机拿出来了。（板书，齐读）

师：（根据例句总结格式）

把 + 这 / 那 / Sb 的 + N + V + 上 / 下 / 进 / 出 / 回 / 过 / 起 / 开 + 来 / 去

2. 操练

操练 1：看图说话

①  ②  ③

操练 2：说一说他做了什么

（1）把那支笔递过来。　　（2）把这瓶水放进去。

（3）把你的书包拿出来。　（4）把这把椅子搬出去。

（5）把你的手机拿出来。　（6）把你的作业交上去。

▶ 第三步：学习带处所宾语的情况

📖 案例 3：图片法

1. 导入和讲解

师：（出示图片）我们看，安娜做了什么？

生：安娜走进来了。

师：对，我们还可以说：安娜走进教室来了。（板书，齐读）

生：安娜走进教室来了。

师：（出示图片）放学了，大卫还在学校吗？

生：不在了。

师：对，我们可以说：大卫不在学校了，他跑回家去了。（板书，齐读）

生：大卫不在学校了，他跑回家去了。

师：（根据例句总结格式）V+上/下/进/出/回/过/起/开+P+来/去
如果这个宾语是地方，宾语一定放在"来/去"之前。

2. 操练

看图说话

课堂活动

1 脑洞大开，补充句子

（1）我们要去5楼，电梯坏了，我们＿＿＿＿＿＿！

（2）图书馆的书看完后要＿＿＿＿＿＿。

（3）我们要去的商店在对面，我们＿＿＿＿＿＿！

（4）快递员说你的快递到了，一会儿给你＿＿＿＿＿＿。

（5）从窗户＿＿＿＿＿＿，可以看到很多国旗。

（6）如果你困了，你可以＿＿＿＿＿＿。

（7）超市很近，我们可以＿＿＿＿＿＿。

（8）我的手机不见了，你觉得还可以＿＿＿＿＿＿？

2 配音：看视频说句子

句子成分

课后练习

一、听一听，选择正确答案。🎧

1. A. 那张桌子现在在里面。　　B. 那张桌子现在在外面。
   C. 那张桌子原来在外面。　　D. 那张桌子原来在上面。

2. A. 小狗现在在房间里面。　　B. 小狗现在在房间外面。
   C. 小狗原来在房间里面。　　D. 小狗跑出去了。

3. A. 爸爸现在在一楼。　　　　B. 爸爸走下楼去了。
   C. 爸爸现在在二楼。　　　　D. 爸爸原来在二楼。

4. A. 小明现在在外面。　　　　B. 小明现在在里面。
   C. 小明刚刚走进来了。　　　D. 小明刚刚走上去了。

二、根据图片完成句子。

1.

   树上太危险了，快 _____ ！

2.

   他 _____ 。

3.

   她看到妈妈，就 _____ 。

4.

   今天是她妈妈的生日，_____ 。

三、把所给词语放在合适的位置。

1. 他昨天 A 从书店 B 买 C 了一本书 D。　　　　　　　　　　　（来）
2. 我 A 下课就 B 回 C 家 D 了。　　　　　　　　　　　　　　（去）
3. 我的气球 A 飞上 B 天 C 了 D。　　　　　　　　　　　　　（去）
4. 快上课了,老师 A 走进 B 教室 C 了 D。　　　　　　　　　　（来）

四、写小故事。

用"V（走、跑、爬、跳、买、拿、借……）+ 上/下/进/出/回/过/起/开 + 来/去"写个小故事。

句子成分

13 状态补语1：V + 得 + Adj（二级）

本体知识

状态补语的主要功能是对结果、程度、状态等进行描述、判断或评价。状态补语所描述和评价的动作行为或状态是经常性的、已经发生的或正在进行的。

状态补语的语义功能主要有两种：

1. 用于评价和评论，常常由形容词充当。如：
   （1）她长得又高又瘦。
   （2）这个菜做得特别好吃。

2. 用于描写动作者或受动者的状态。如：
   （1）她跑得很快。
   （2）她把房间打扫得干干净净。

格式：

1 肯定形式：V + 得 + Adj
来得太晚了。

2 否定形式：V + 得 + 不 + Adj
讲得不清楚。

3 疑问形式：V + 得 + Adj + 不 + Adj？
来得早不早？

V + 得 + Adj + 吗？
跑得快吗？

V + 得 + 怎么样？
讲得怎么样？

4 动词既带宾语又带状态补语时，结构形式是：

S + V + O + V + 得 + Adj
他跳民族舞跳得特别好。
他唱中文歌唱得很好。

也可以把受事成分放在句首：

S1 + S2 + V + 得 + Adj
民族舞他跳得特别好。
中文歌他唱得很好。

常见偏误

1 * 他打篮球得特别好。
　　改为：他打篮球打得特别好。/ 他篮球打得特别好。/ 篮球他打得特别好。

　　* 他学汉语得很早。
　　改为：他学汉语学得很早。/ 他汉语学得很早。/ 汉语他学得很早。
　　分析：动词既带宾语又带状态补语时，要么重复动词，让宾语和补语各跟一个动词，要么把受事成分提前，用主谓谓语句。

2 * 老爸您夏天流汗得特别多。
　　改为：老爸您夏天流汗流得特别多。
　　分析：离合词在带状态补语时和动宾结构是一样的，即应重复前面的动词性成分。

3 * 我可以肯定地告诉你：如果一棵树看得见你的爱，它会长着非常快。
　　改为：我可以肯定地告诉你：如果一棵树看得见你的爱，它会长得非常快。

　　* 亲爱的父亲、母亲：时间过了那么快！
　　改为：亲爱的父亲、母亲：时间过得那么快！
　　分析：状态补语应该用"得"连接，而二语学习者有时会误用"着、了、过"连接。

4 * 你要学习得很认真才能考好。
　　改为：你要认真学习才能考好。
　　分析：状态补语所描述和评价的动作行为或状态是经常性的、已经发生的或正在进行的，如果是尚未发生的，则不能用状态补语，而应该用状语。

教学提示

1 状态补语必须紧跟动词，特别是一个动词同时带宾语和补语时，二语学习者很容易出现偏误。要提醒学生如动词同时带宾语和状态补语，应重复动词，或者把受事成分提前。

2 注意状语和补语的区别：状态补语所描述和评价的动作行为或状态是经常性的、已经发生的或正在进行的。如果是尚未发生的，则不能用状态补语，而应该用状语。如：
（1）你一定要认真做。
（2）他做得非常认真。

句子成分

教学案例

案例 1：情景举例法

1. 导入和讲解

师：大卫，你每天几点睡觉？

大卫：我每天一点睡觉。

师：大卫睡得早吗？（板书）

生：不早。

师：我们应该说：大卫睡得不早，他睡得很晚。（板书，齐读）

生：大卫睡得不早，他睡得很晚。

师：安娜，你呢？你每天睡得早不早？（板书）

安娜：我每天睡得很早。

师：山本……

山本：……

师：娜塔莎，你每天几点起床？

娜塔莎：我每天九点五十起床。

师：你觉得你起得早吗？

娜塔莎：我觉得还可以。

师：你们觉得娜塔莎起得早吗？

生：她起得不早，她起得很晚。（板书）

师：（根据例句总结格式）

　　V + 得 + Adj

　　V + 得 + 不 + Adj

　　V + 得 + Adj + 不 + Adj？ / V + 得 + Adj + 吗？

2. 操练

操练 1：不同的周末

学生根据教师所给的提示词，说出自己平时和周末的状态，注意两个句子都要用到状态补语。

提示词：起床、睡觉、穿着、吃饭……

大卫：我平时起得很早，周末起得很晚。

安娜：我平时睡得很早，周末睡得很晚。

玛丽：我平时穿得很漂亮，周末穿得很舒服。

操练2：两人一组，相互问答

（1）你每天起得早吗？

（2）你跑得快吗？

（3）昨天考试你考得好吗？

（4）你睡得迟吗？

（5）你跳得高吗？

（6）你字写得好吗？

案例 2：图片法

1. 导入和讲解

师：（出示图片）我们今天来看看运动会上发生了什么。

生：好。

师：（出示图片）她在干吗？

生：她在跑步。

师：她跑得快不快？（板书）

生：快。

师：我们可以说：她跑得很快。（板书，齐读）

生：她跑得很快。

师：（出示图片）他是最后一名，他跑得快吗？（板书）

生：（可能会说）不快。

师：我们应该说：他跑得不快。（板书，齐读）

生：他跑得不快。

师：（根据例句总结格式）

    V + 得 + Adj

    V + 得 + 不 + Adj

    V + 得 + Adj + 不 + Adj？ / V + 得 + Adj + 吗？

2. 操练

纸条游戏

教师给学生发纸条，纸条上有提示词，学生拿到纸条后要说出带有状态补语的句子来描述自己和别人（可以是朋友、家人、明星，注意两人的状态要不同）。

提示词：起床、睡觉、吃饭、学习、写字……

如：我每天起得很早，我妹妹每天都起得很晚。

案例 3：情景举例法

1. 导入和讲解

师：大家都知道大卫这次运动会跑了第一，他跑得快吗？（板书）

生：（可能会说）非常快。

师：我们可以说：他跑步跑得非常快。（板书，齐读）

生：他跑步跑得非常快。

师：我们还可以说：他跑得非常快。（板书，齐读）

生：他跑得非常快。

师：安娜游泳得了第一名，安娜游得怎么样？（板书）

生：安娜游泳游得非常快。/ 安娜游得很快。（板书）

师：很好。书法比赛玛丽也得了奖，她写汉字写得怎么样？

生：她写汉字写得很好。/ 汉字她写得很好。（板书）

师：（根据例句总结格式）

S + V + O + V + 得 + Adj

S1 + S2 + V + 得 + Adj

V + 得 + Adj + 吗？/ V + 得 + 怎么样？

2. 操练

操练 1：接龙练习

（1）你歌唱得怎么样？

（2）你舞跳得好吗？

（3）你篮球打得好吗？

（4）你跑步跑得快吗？

（5）你跳远跳得远吗？

（6）你太极拳打得怎么样？

（7）你汉语说得怎么样？

操练 2：谈谈我自己

教师给出提示词，学生两人一组根据自己的实际情况互相提问回答。

提示词：汉字、跳舞、唱歌、跑步、游泳、开车……

大卫：山本，你汉字写得怎么样？

山本：我写得很难看，你写得怎么样？

大卫：我写得还不错。

课堂活动

1 猜猜他是谁

教师提前准备一些卡片,卡片的背面写上学生的名字。让学生上台来翻卡片。翻到谁就要在一分钟的时间内介绍谁的特点,包括长相、行为、技能等。最后问全班学生他描述的是谁。看看谁描述得又多又准确。

提示词:长得、穿得、走得、跑得、说得、睡得、起得、病得、考得/考试考得、唱得/唱歌唱得、跳得/跳舞跳得、开车开得、游泳游得、做饭做得……

2 你真棒

三人一组,每组学生之间互相夸奖,如"谁汉语说得最好""谁做饭做得最好吃""谁开车开得最快""谁看中国电影看得最多""谁穿得最好看""谁走路走得最快""谁游泳游得最快""谁起得最早""谁睡得最晚"等等。

注:也可以布置为课后作业,让学生拍成视频,下节课展示。

3 默契大考验

学生两人一组,教师告诉其中一个学生某个明星或者某个同学的名字,另一个学生负责提问,知道名字的学生根据队友的提问回答,最早猜出是谁的小组获胜。(注意问答都要用到状态补语)

大卫:他长得高吗?

山本:他长得很高。

大卫:他长得帅吗?

山本:他长得很帅。

大卫:他跑得快吗?

山本:他跑得很快。

大卫:他游泳游得怎么样?

山本:他不会游泳。

大卫:我知道了,是麦克。

山本:对!

句子成分

课后练习

一、听一听，判断对错。🎧

1. 娜塔莎长得特别漂亮。　　　　　　　　（　）
2. 索菲亚唱歌唱得非常好。　　　　　　　（　）
3. 索菲亚的汉语说得不太流利。　　　　　（　）
4. 索菲亚的汉字写得不太好。　　　　　　（　）
5. 索菲亚的英语写得很好。　　　　　　　（　）
6. 索菲亚打太极拳打得很好。　　　　　　（　）
7. 娜塔莎不会打太极拳。　　　　　　　　（　）

二、根据实际情况回答问题。

1. 你会说法语吗？你法语说得怎么样？汉语呢？
2. 你喜欢打什么球？打得怎么样？
3. 你会不会唱歌？唱得怎么样？
4. 你会画画吗？画得怎么样？
5. 上个周末你玩得怎么样？

三、连词成句。

1. 他　快　得　走　很

　　_____

2. 李明　唱歌　得　好听　唱　很

　　_____

3. 考　他　得　很好　口语

　　_____

4. 开车　不　快　太　得　开　他

　　_____

439

四、阅读短文，回答问题。

昨天娜塔莎的心情糟糕极了，因为她考得很不好。对她来说，汉字太难了，她看得很慢，写得也很慢，所以考试的时候有两道题没有做完。为了让她高兴，我们晚上一起去唱歌了。她唱歌唱得特别好。我们玩得很高兴。回来的路上，娜塔莎说："我现在心情非常好。谢谢你们！"

1. 娜塔莎昨天为什么不高兴？

2. 娜塔莎考得怎么样？为什么？

3. 昨天晚上他们做什么了？为什么？

4. 娜塔莎唱歌唱得怎么样？

5. 他们玩得怎么样？

句子成分

14 动量补语1：V + Num + 动量词（二级）

本体知识

动量补语是指用在动词后说明动作发生或进行的次数的句子成分，由数词和动量词构成的数量短语充当。如：

看一次　去两趟　读三遍　数一下　骂了一顿　讨论了一番

动量补语和宾语共现时位置比较复杂，宾语的类型不同，句中位置也不同。如：

（1）我找过他几次。
（2）我去过上海两趟。/ 我去过两趟上海。
（3）我听过两次京剧。

本教学设计仅涉及不带宾语的动量补语。

格式：

1 S + V + Num + 动量词（次/趟/遍/下/番/顿）

我看一下。

2 S1 + S2 + V + Num + 动量词（次/趟/遍/下/番/顿）

这种水果我吃过两次。

常见偏误

1 *我们分手一下。

改为：我们分手了。

*请原谅一下。

改为：请原谅。

分析："分手""原谅"是瞬间动词，后面不能带表示动作持续时间的"一下"。

2 *首先，把五花肉洗干净，切成一下。

改为：首先，把五花肉洗干净，切一下。

分析：动量补语应放在动词后，不能放在动补结构后。

3 *仔细一下，那是寻人启事，是一个妈妈在寻找走丢的孩子。

改为：仔细一点儿，那是寻人启事，是一个妈妈在寻找走丢的孩子。

分析："一下"应放在动词后，"仔细"为形容词。

4 * 他们见过面两次。

　　改为：他们见过两次面。

　　分析：动量补语和离合词共现时要放在离合词的中间。

5 * 所以他们应该商量。

　　改为：所以他们应该商量一下。/ 所以他们应该商量商量。

　　分析：动词一般不单独作谓语，并且"商量"不是十分正式或时间长的动作，所以应该加上动量补语"一下"或通过动词重叠来表示动作时量短、非正式。

6 * 你的建议我要考虑考虑一下。

　　改为：你的建议我要考虑一下。/ 你的建议我要考虑考虑。

　　分析：动词重叠形式"考虑考虑"已经表示动作持续时间短，不需要再加动量补语"一下"。

教学提示

1 动态助词"了"和"过"要放在动词后，动量补语前。如：
　（1）他刚才笑了一下。
　（2）这部电影我看过两遍。

2 动量补语虽然是一个独立的语法项目，但到底能讲到多少动量补语取决于此前学习过哪些动量词，比如"番"在第一次接触动量补语时可能尚未学习，不宜讲解。另外，即使动量补语作为一个语法项目学习以后，学习其他动量词时仍需讲练，做到"语法词汇化"。

3 注意常用动量词使用和辨析：
　次：单纯表示动作发生的量。
　遍：强调动作自始至终的全过程。
　顿：除了用于几顿饭之外，作动量词时，前面的动词一般是表示消极意义的动词，如：打 / 骂 / 训 / 挨 + 一顿。
　番：除了用于"心思、话语"，一般用于花费了一定时间的行为。如：讨论、商量、表扬等，还可用于表示数量是原来的两倍，如：翻了一番。

教学案例

▶ **第一步：学习普通动词带动量补语**

案例 1：情景举例法

1. 导入和讲解

师：你们吃过烤鸭吗？

生：我吃过烤鸭。/ 我没吃过烤鸭。

师：大卫，你吃过几次？（板书）

大卫：我吃过两次。（板书）

师：大卫吃过几次？（手势示意全班一起回答）

生：大卫吃过两次。

师：安妮，你呢？烤鸭你吃过几次？（板书）

安妮：烤鸭我吃过三次。（板书）

师：（根据例句总结格式）

　　S + V + Num + 次

　　S1 + S2 + V + Num + 次

2. 操练

操练1：抽纸条，接龙问答

教师提前准备好写有相关内容的纸条，如去天安门、吃饺子、坐船、去上海、穿汉服、坐过山车、写毛笔字等，让学生轮流抽纸条，用"V + Num + 次"接龙问答，第一个纸条可以由教师抽，找一个学生一起示范。如：

师：（抽纸条）玛丽，你去过长城吗？去过几次？

玛丽：我去过长城，去过两次。（抽纸条）大卫，你坐过高铁吗？坐过几次？

大卫：……

操练2：看图片，接龙问答

①

②

③

④

⑤

⑥

案例2：图片法

1. 导入和讲解

师：（出示图片）这个学生写的字漂亮吗？

生：不太漂亮。

师：为什么不漂亮？因为他写得太少了。

师：每个生词你们写几遍？（板书）

生1：每个生词我写五遍。（板书）

生2：我写了六遍。（板书）

师：每篇课文你们读几遍？（板书）

生：……

师：（根据例句总结格式）

　　S + V + Num + 遍

　　S1 + S2 + V + Num + 遍

2. 操练

操练1：看图说话

操练2：抽纸条，接龙问答

教师提前准备好写有相关内容的纸条，如听歌、看书、看电影、写汉字、读课文、背课文、读生词、坐过山车等，让学生轮流抽纸条，用"V + Num + 遍"接龙问答，第一个纸条可以由教师抽。如：

师：（抽纸条）这首歌你听了几遍？

生1：这首歌我听了十遍。（抽纸条）这本书你看了几遍？

生2：我看了两遍。

句子成分

▶ **第二步：学习离合词和动量补语共现时的情况**

📖 **案例 3：情景举例法**

1. 导入和讲解

师：你们去学校的游泳馆游泳吗？
生：去。
师：大卫，<u>你一周游几次泳？</u>（板书）
大卫：（可能会说错，教师注意引导正确说法）我一周游泳两次。
师：应该说：<u>我一周游两次泳。</u>（板书）大卫，请你再说一遍。
大卫：我一周游两次泳。
师：安娜，<u>你一周跑几次步？</u>（板书）
安娜：<u>我一周跑三次步。</u>（板书）
师：大家一起说，安娜一周跑几次步？
生：安娜一周跑三次步。
师：（总结）当我们说"游泳、跑步、唱歌、跳舞、聊天、散步、洗澡"几次的时候，"Num 次"要放在这些词的中间，比如"游两次泳、跑三次步"。

2. 操练

操练 1：看图说话

操练 2：交际练习

（1）来中国以后，你唱过几次歌？
（2）来中国以后，你跳过几次舞？

（3）这个星期你和家人聊过几次天？
（4）你一周跑几次步？
（5）你一周做几次饭？
（6）你这学期请过几次假？

课堂活动

1 比比谁更牛

全班学生分成两组，每组学生说说自己来中国之后做过什么，做过几次，次数更多的组得一分。2分钟的时间，看哪组分数高，输了的小组一起表演一个小节目。

2 快问快答

学生两人一组，每组轮流上讲台运用动量补语互相问答，其他学生记录这两位同学问答的次数，限时2分钟。2分钟内问答最少的小组表演一个小节目。

问题示例：
（1）上个星期你游过几次泳？
（2）这个星期你和男朋友/女朋友见过几次面？
（3）你每天散几次步？
（4）你每天洗几次澡？
（5）你们每学期考几次试？
（6）来中国之后你生过几次病？

课后练习

一、听一听，连一连，然后根据自己的连线说一说。

	李华		两回
烤鸭		听	两次
这首歌	玛丽	看	十遍
这个电影	大卫	去	一遍
这家超市	麦克	吃	两遍
	凯特		四回
			三次

二、看图回答问题。

1. 烤鸭他吃过几次？

_____

2. 京剧他看过几次？

_____

3. 这个汉字他写了多少遍？

_____

4. 这周他游了几次泳？

_____

三、选词填空。

顿　次　遍　趟

1. 颐和园我已经去过好几（　　）了。
2. 这本书很有意思，我看过三（　　），还想再看一（　　）。
3. 这部电影我看了两（　　）都没看完，实在是没有意思。
4. 上海我去过一（　　）。
5. 她昨天被老师批评了一（　　）。

四、连词成句。

1. 昨天　好几次　我　找过　她

   _____

2. 我　忙　帮了　给　她　两次

   _____

3. 那本书　了　两遍　读　我

   _____

4. 天　你　过　聊　几次　和　他

   _____

句子成分

15 动量补语2：动量补语和宾语共现（三级）

本体知识

动量补语是指用在动词后说明动作发生或进行的次数的句子成分，由数词和动量词构成的数量短语充当。如：

看一次　去两趟　读三遍　数一下

如果宾语是一般名词，应放在动量补语之后。如：

我吃过两次烤鸭。

如果宾语是人称代词，一定要放在动量补语之前。如：

我见过他三次。

如果宾语是人名或地名，则放在动量补语前后都可以。如：

（1）我去过两次广州。/ 我去过广州两次。

（2）我见过两次张欣。/ 我见过张欣两次。

格式：

1 S + V + 过 / 了 + Num + 动量词 + N（一般名词）

我吃过两次榴莲。

我读了一遍课文。

2 S + V + 过 / 了 + Pr（代词）+ Num + 动量词

他找过你两次。

我看了他几次。

3 S + V + 过 / 了 + Num + 动量词 + 人名 / 地名

我见过两次宋辉。

我去了两趟上海。

4 S + V + 过 / 了 + 人名 / 地名 + Num + 动量词

我见过宋辉两次。

我去了上海两趟。

常见偏误

1 * 他找了两次你。

改为：他找了你两次。

分析：当宾语是代词时，动量补语应放在宾语的后面。

2 * 我想再听录音一遍。

改为：我想再听一遍录音。

* 这个月，我吃过牛肉面两次。

改为：这个月，我吃过两次牛肉面。

分析：当宾语是一般名词时，动量补语放在宾语之前。

3 * 好吧，我先把这些东西做完以后给老板打电话一下。

改为：好吧，我先把这些东西做完以后给老板打电话。

* 你别说话一下。

改为：你别说话。

分析：没有强调动作次数，只是说明要做或者不要做某动作，不需用动量补语。

教学提示

1 动态助词"了"和"过"要放在动词后、动量补语前。如：
（1）他敲了一下门。
（2）这部电影我看过两遍。

2 注意动量补语和三种不同的宾语共现时的语序，教学中应有意识地设计并总结格式呈现，提醒学生。

3 注意动量补语和离合词共现时的语序，教学中应有意识地设计并提醒学生。

4 汉语中不同的动量词有不同的意义，教学中随见随教，并注意跟学生讲清楚不同动量词的意义。

教学案例

▶第一步：学习宾语是一般名词的情况

案例1：图片法

1. 导入和讲解

师：（出示图片）大卫，你在中国吃过烤鸭吗？

大卫：我吃过烤鸭。

师：你吃过几次烤鸭？（板书）

大卫：我吃过两次烤鸭。（板书）

师：大卫吃过几次烤鸭？（手势示意全班一起回答）

生：大卫吃过两次烤鸭。

师：（出示图片）安娜，你吃过几次火锅？

安娜：我吃过五次火锅。

师：大家说，安娜吃过几次火锅？

生：安娜吃过五次火锅。

师：（出示图片）来中国以后谁坐过高铁？

玛丽：我坐过。

师：玛丽，你坐过几回高铁？（板书）

玛丽：我坐过一回高铁。（板书）

师：大家一起说，玛丽坐过几回高铁？

生：玛丽坐过一回高铁。

师：麦克，你坐过几回高铁？

麦克：我坐过三回高铁。

师：麦克坐过几回高铁？

生：麦克坐过三回高铁。

师：（根据例句总结格式）如果宾语是一般名词，我们可以说：

　　S＋V＋过＋Num＋动量词＋N

2. 操练

操练1：看图说话

操练2：交际练习

（1）这个月你给父母打过几次电话？

（2）这周你做过几次饭？

（3）这周你练习过几次口语？

（4）这周你点过几次外卖？

（5）你参加过几次口语比赛？

▶第二步：学习宾语是代词的情况

📖 **案例 2：情景举例法**

1. 导入和讲解

师：最近麦克生病了，你们去看过他吗？

生：看过。

师：大卫，你去看过他几次？（板书）

大卫：（可能会说）我去看过两次他。

师：应该说：我去看过他两次。（板书）大卫，你再说一遍。

大卫：我去看过他两次。

师：（手势示意大家一起回答）大卫去看过他几次？

生：大卫去看过他两次。

师：安娜，你去看过他几次？

安娜：我去看过他一次。

师：大家一起说，安娜去看过他几次？

生：安娜去看过他一次。

师：（根据例句总结格式）如果宾语是"你、我、他（她）、你们、我们、他（她）们"这样的代词，我们要说：

S ＋ V ＋ 过 ＋ Pr ＋ Num ＋ 动量词

2. 操练

交际练习

（1）李老师说学中文的时候有什么问题都可以问他，你问过他吗？你问过他几次？

（2）来中国以后你想你的家人吗？你想过他们几次？

（3）你同屋最近很不开心，你安慰过他吗？你安慰过他几次？

（4）你同桌刚到中国，对学校里的事情都不熟悉，你帮过她吗？你帮过她几次？

（5）你的班长希望同学们能找她一起玩，你找过她吗？你找过她几次？

（6）学校里有一只可爱的小猫，你见过它吗？你见过它几次？

▶第三步：学习宾语是人名/地名的用法

📖 **案例 3：情景举例法**

1. 导入和讲解

师：这周你们见过李华吗？

生：见过。

师：玛丽，这周你见过李华几次？（板书）

玛丽：这周我见过李华四次。（板书）

师：麦克，注意听老师的问题，这周你见过几次李华？（板书）

麦克：这周我见过三次李华。（板书）

师：同学们，你们去过上海吗？

生：去过。

师：大卫，你去过上海几次？（板书）

大卫：我去过上海两次。（板书）

师：安娜，你去过几次上海？（板书）

安娜：我去过三次上海。（板书）

师：我们一起看这几个句子，大家发现了什么？"上海"是什么？李华是什么？

生：地方，人名。

师：（根据例句总结格式）当宾语是人名或地名的时候，我们可以说：

  S + V + 过 + 人名 / 地名 + Num + 动量词

  S + V + 过 + Num + 动量词 + 人名 / 地名

  注意人名和地名放在动量补语的前面或后面都可以。

2. 操练

交际练习

两人一组，互相问问对方来中国后去过什么地方，去过几次；见过什么人，见过几次。

课堂活动

1 说说他做了什么

  教师提前准备一些纸条，每张纸条上用动量补语写一个指令。学生轮流抽取一张纸条，根据纸条上的指令做动作，其他学生根据这个学生的动作猜出纸条上的指令是什么，先猜对的学生继续抽纸条做动作，以此类推。活动结束后，一次纸条也没抽过的学生要表演小节目。

  纸条内容如：

  （1）请你开两次门。

  （2）请你敲三下黑板。

  （3）请你点四下头。

  （4）请你摇两下头。

  （5）请你说一遍自己的名字。

  （6）请你拍五下手。

（7）请你开一次窗户。
（8）请你说三次"真棒"。

2 比比谁更牛

全班学生分成两组，每组学生说说自己来中国之后做过什么，做过几次，次数更多的组得一分。2 分钟的时间，看哪组分数高。输了的小组一起表演一个小节目。

课后练习

一、听一听，连一连，然后根据自己的连线说一说。

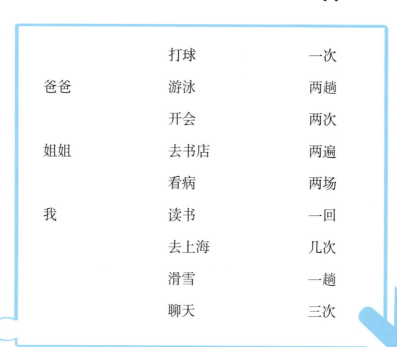

爸爸	打球	一次
	游泳	两趟
	开会	两次
姐姐	去书店	两遍
	看病	两场
我	读书	一回
	去上海	几次
	滑雪	一趟
	聊天	三次

二、连词成句。

1. 这个月　了　我　五次　吃　包子

　_____

2. 一天　我　两次　澡　洗

　_____

3. 三遍　看　李华　了　《红楼梦》

句子成分

4. 四次 麦克 找 你 今天 过 来

_____

5. 见过 我 她 好几次

_____

6. 和 聊 她 一次 我 过 天

_____

7. 海南 六次 去 我 过

_____

三、把所给词语放在合适的位置。

1. A 我 B 去 C 过 D 成都 E。　　　　　　　　（两次）
2. A 你 B 吃过 C 烤鸭？　　　　　　　　　　（几次）
3. A 今年 B 我们 C 见过 D 面。　　　　　　　（三次）
4. A 这周 B 我 C 上了 D 听说课。　　　　　　（四次）
5. A 李华 B 帮 C 过 D 我 E。　　　　　　　　（五次）

四、根据实际情况回答问题。

1. 来中国以后你去过几次电影院？
2. 你去过几次动物园？
3. 来中国之前你吃过几次中国菜？
4. 这个月你逛过几次街？
5. 这个星期你唱过几次歌？
6. 你听过几次音乐会？
7. 这个星期你和家人打过几次电话？

句子成分

16 时量补语1：动作持续的时间（三级）

本体知识

时量补语是指用在动词后面表示动作或者状态持续时间的句子成分，通常由表示时间段的词语充当。如：一年、两个月、三个星期、四天、五个小时、六分钟、一会儿、好久。

如果动词为瞬间动词，时量补语则表示动作结束后到某个时间点经历的时间。如：

他爷爷死了三年了。

本教学设计仅涉及第一种用法。

格式： 1. 动词不带宾语时，时量补语放在动词后。

肯定形式： S + V（+ 了）+ T$_{段}$

他等了一天。

疑问形式： S + V（+ 了）+ **多长时间？**

他等了多长时间？

2. 动词后如果带宾语（包括离合词），宾语一般放在时量补语的后面，也可以重复动词，但无论如何，时量补语总是放在动词之后；如果受事是确指的名词，一般需要把这个确指的名词放在句首。

肯定形式： S + V + T$_{段}$（+ 的）+ O

我看了一个小时电视。

S + V + O + V + T$_{段}$

我看电视看了一个小时。

S1 + S2 + V + T$_{段}$

那本书我看了一个星期。

疑问形式： S + V + O + V + **多长时间？**

他打球打了多长时间？

S1 + S2 + V + **多长时间？**

那本书你看了多长时间？

3. 如果宾语是指人的词语，时量补语则要放在宾语之后。

肯定形式：S + V + O + T_段

我等了他半个多小时，他也没来。

疑问形式：S + V + O + V + 多长时间？

你等他等了多长时间？

S + V + O + 多长时间？

你等了他多长时间？

常见偏误

1 * 昨天天气很好，我踢了足球一个小时。

改为：昨天天气很好，我踢了一个小时足球。

分析：宾语为名词时，时量补语应紧跟在动词之后，名词宾语之前。

2 * 结果我在超市门口等了半个小时她。

改为：结果我在超市门口等了她半个小时。

分析：宾语为指人宾语，特别是代词时，时量补语应放在宾语之后。

3 * 我看了这本书三天了，但没有看懂。

改为：这本书我看了三天了，但没有看懂。

分析："这本书"为确指，应放在句首。

4 * 所以每天一个小时对话的话，问题可能都解决了。

改为：所以每天对话一个小时的话，问题可能都解决了。

分析：时量补语误用成时间状语。表达动作进行的时间段应用时量补语，表达动作进行的时间点应用时间状语。

5 * 考完了期中考试学校放假了一个星期。

改为：考完了期中考试学校放了一个星期假。

分析：时量补语和离合词共现时，不能直接放在离合词的后面。要么放在离合词中间，如：聊了半小时天；要么重复离合词中的动词性语素，如：聊天聊了半个小时。

6 * 请等一等我一段时间，我一定给您满意的回答。

改为：请等我一段时间，我一定给您满意的回答。

分析：动词重叠表示动作持续的时间很短，但不确定多长，和确定的时量补语语义冲突，二者不能共现。

7 * 我生病了，没学汉语一个月了。

改为：我生病了，一个月没学汉语了。

分析：一段时间没有做某事，应该用：T_段 + 没 + V + O。

教学提示

1 如果动词后有"了",句尾还有语气词"了"时,表达的是动作仍在进行;如果动词后有"了",句尾没有"了",表示动作可能已经结束。对比如下:

{ 我学了一年日语。
{ 我学了一年日语了。

{ 他睡了 10 个小时。
{ 他睡了 10 个小时了。

{ 他当了三年老师。
{ 他当了三年老师了。

2 宾语不同,语序不同。

3 注意时量补语和时间状语的区别。

教学案例

▶ 第一步:学习不带宾语的情况

📖 案例 1:情景举例法

1. 导入和讲解

师:大卫,你每天几点睡觉?

大卫:我每天 11 点睡觉。

师:几点起床?

大卫:7 点起床。

师:你每天睡多长时间?(板书)

大卫:(一般会跟着老师的问题说出正确的句子)我每天睡 8 个小时。(板书)

师:大家一起说,大卫每天睡多长时间?

生:大卫每天睡 8 个小时。

师:安娜你呢?你每天睡多长时间?

安娜:我每天睡 7 个小时。

师:(根据例句总结格式)如果我们要问一个人做某件事情的时间,我们可以说:

S + V(+ 了)+ 多长时间?

如果我们说一个人做某件事的时间,我们可以说:

S + V(+ 了)+ $T_{段}$

2. 操练

根据实际情况接龙问答

（1）你每天学习多长时间？

（2）你每天预习多长时间？

（3）你每天复习多长时间？

（4）你每天运动多长时间？

（5）学校的食堂中午开多长时间？晚上呢？

（6）你打算在中国生活多长时间？

（7）你这个月工作了多少天？

（8）你这个月休息了几天？

案例 2：图片法

1. 导入和讲解

师：（出示图片）8 点的时候她在学习，10 点她还在学习。她学了多长时间了？（板书，引导学生注意句尾带不带"了"的区别）

生：（可能会说）她学习两个小时。

师：我们应该说：她学了两个小时了。（板书，齐读）

生：她学了两个小时了。

师：（根据例句总结格式）如果我们要表达一个动作从开始到现在一直持续了多长时间，而且这个动作现在还在进行的时候，我们应该说：

$S + V + 了 + T_{段} + 了$

师：（出示图片）10 点 01 分的时候她还在学习吗？

生：10 点 01 分的时候她不学习了。

师：对，她现在不学习了。她学了多长时间？（板书，注意和上面句尾带"了"的对比）

生：（可能会说）她学了两个小时了。

师：我们应该说：她学了两个小时。（板书，齐读）

生：她学了两个小时。

师：（根据例句总结格式）如果我们要表达一个动作持续到某个时间，但现在已经不再持续，我们应该说：

$S + V + 了 + T_{段}$

2. 操练

操练1：你问我答

操练2：根据情景接龙问答

（1）14：00—15：00妈妈在擦玻璃，现在还在擦。
（2）姐姐8：30开始洗澡，现在9：00了，她还在洗。
（3）同屋21：00开始睡觉，现在7：00了，他醒了。
（4）弟弟19：00开始玩游戏，现在21：00了，他睡了。
（5）安妮17：00开始写作业，现在18：30了，她写完了。
（6）李华10：00开始学习，现在14：30了，他还在学。

▶ **第二步：学习带宾语的情况**

案例3：图片法、情景举例法

1. 导入和讲解

师：（出示图片）他在做什么？
生：他在写作业。
师：大卫，他写作业写了多长时间了？（板书）
大卫：（可能会说）他写作业了一个小时了。
师：我们应该说：他写作业写了一个小时了。（板书，齐读）
生：他写作业写了一个小时了。
师：安娜，他写了多长时间作业了？（板书）
安娜：他写了一个小时作业了。
师：很好，我们也可以说：他写了一个小时（的）作业了。（板书，齐读）
生：他写了一个小时（的）作业了。

师：（出示图片）大家看，现在他在做什么？

生：他在洗澡。

师：安娜，他洗澡洗了多长时间了？（板书）

安娜：他洗澡洗了15分钟了。（板书）

师：玛丽，他洗了多长时间澡了？（板书）

玛丽：他洗了15分钟的澡了。（板书）

师：（根据例句总结格式）如果我们想说一个人做一件事情做了多长时间，我们可以说：

$S+V+O+V+T_段$

$S+V+T_段（+的）+O$

师：（出示图片）他的朋友从8点半开始等他一起玩游戏，现在还在等他，麦克，他朋友等了多长时间了？

麦克：他朋友等了45分钟了。

师：我们可以说：他朋友等了他45分钟了。（板书，齐读）

生：他朋友等了他45分钟了。

师：（根据例句总结格式）如果宾语是一个人，我们就要说：

$S+V+O+T_段$

2. 操练

操练1：根据图片和提示语轮流问答

① 看书

② 打扫房间

③ 等男朋友

④ 跑步

⑤ 游泳

⑥ 逛超市

操练2：根据实际情况接龙问答

（1）你学了多长时间汉语了？
（2）你的汉语老师教了你多长时间了？
（3）你每天练习多长时间汉语？
（4）你昨天上课上了多长时间？
（5）你每周和父母打多长时间电话？
（6）你昨天和朋友聊天聊了多长时间？

课堂活动

1 我是小记者

两个学生一组，互相采访对方上周的日程，询问对方做了什么，做了多长时间，采访结束后每个学生上讲台汇报自己的采访情况。

2 蹲一蹲

教师准备好写有事情的小纸条，每次抽一张问全班学生本周或当天有没有做纸条上的事情，做过的学生就要蹲一下，并用时量补语说出自己做了多长时间。

内容示例：学习、学汉语、写汉字、听听力、写作业、练口语、上课、吃饭、休息、洗澡、跑步、聊天、看电影、听音乐、看书、收拾屋子……

课后练习

一、听一听，选择正确答案。

1. A. 我在北京生活了十年。　　B. 我离开北京十年了。
　 C. 我在北京生活了十年以下。　D. 我在北京生活了十二年。

2. A. 我每天七点就学习。　　　B. 我每天学习七个小时。
　 C. 我七个小时没学习了。　　D. 我每天学习七个多小时。

3. A. 她没学过汉语。
　 B. 她是两年以前学的汉语。
　 C. 她以前学过两年多汉语，现在不学了。
　 D. 她学了两年多汉语，现在还在学习。

二、用"V + T$_段$ + O"改写下列句子。

1. 老师今天九点开始开会，十二点才结束。

2. 我爸爸昨天四点开始游泳，五点结束。
_____

3. 大卫三点半开始等朋友，到四点朋友都没来。
_____

4. 安娜昨天六点就开始找你，可是到了七点也没找到你。
_____

5. 我从 8 月 1 号开始找工作，9 月 1 号找到了。
_____

三、把所给词语放在合适的位置。

1. 对不起 A，请 B 您 C 等 D。　　　　　　　　（几分钟）
2. A 那部电影 B 我 C 看了 D。　　　　　　　　（三个小时）
3. A 我们昨天 B 聊了 C 天 D。　　　　　　　　（两个小时）
4. A 他的父母 B 找了 C 他 D。　　　　　　　　（十年）
5. A 我 B 要 C 在北京学习 D。　　　　　　　　（两年）
6. A 李华 B 今天 C 做了 D 作业。　　　　　　　（三个小时）
7. 大卫 A 等了 B 安娜 C。　　　　　　　　　　（半天）
8. A 我 B 学了 C 汉语了 D。　　　　　　　　　（两年）

四、小作文。

运用时量补语说一说自己的周末生活，最少说五件事情，可以运用以下词语，也可以自由发挥。

游泳、唱歌、跳舞、听音乐、打篮球、跑步、上网、散步、逛街、睡觉、看剧、喝咖啡、学汉语、做作业、聊天……

句子成分

17 时量补语2：动作结束后经历的时间（三级）

本体知识

时量补语是指用在动词后面表示动作或者状态持续时间的句子成分。如果动词为瞬间动词，时量补语则表示动作结束后到某个时间点经历的时间。如：

（1）他爷爷死了三年了。

（2）他离开半个多小时了，你可能追不上他了。

格式：

1 S + V + T_段

奶奶走了十多年了。
他们结婚三年多了。

2 S + V + O + T_段

妈妈去上海已经半年了。

常见偏误

1 * 我毕业了三年了。

改为：我毕业三年了。

* 我结婚了五年了。

改为：我结婚五年了。

分析：双音节瞬间动词带时量补语时，后面不加动态助词"了"。

2 * 我回了韩国四年了。

改为：我回韩国四年了。

分析：瞬间动词同时带宾语和时量补语时，动词和宾语之间一般不用动态助词"了"。

3 * 我来两个月中国了。

改为：我来中国两个月了。

* 他去两个星期上海了。

改为：他去上海两个星期了。

分析：瞬间动词同时带处所宾语和时量补语时，处所宾语应放在时量补语之前。

句子成分

教学提示

1. 提醒学生注意与之前学的时量补语1搭配的动词的不同，注意强调动词的非持续性。教学中应有意识地提醒学生。

2. 注意让学生区分在有无宾语的情况下时量补语的位置，注意不要让学生在有宾语的情况下将时量补语加到动词后。如：
* 大卫去两个月美国了。

教学案例

▶ **第一步：学习不带宾语的情况**

📖 **案例1：图片法**

1. 导入和讲解

师：（出示图片）大家看，他什么时候毕业的？

生：他2021年毕业的。

师：现在是2023年，大卫，<u>他毕业多长时间了？</u>（板书）

大卫：<u>他毕业两年了。</u>（板书）

师：很好，大家一起说，他毕业多长时间了？

生：他毕业两年了。

师：（出示图片）大家再看，2022年他结婚了，现在是2023年，玛丽，<u>他结婚多长时间了？</u>（板书）

玛丽：<u>他结婚一年了。</u>（板书）

师："他学汉语学了三个月了"和这两个句子有什么不一样？

生：三个月一直在学汉语。

师：（根据例句总结格式）非常好。"学汉语"这个动作可以持续进行，而"毕业""结婚"这样的瞬间动作一下就完成了。所以当我们要说一个动作结束到某个时间点过了多长时间，我们就可以说：

S + V + T$_{段}$

2. 操练

操练1：根据情景接龙问答

（1）室友下午2：00出去了，现在是下午5：00。

（2）爸爸晚上6：00回来的，现在是晚上8：00。

（3）李华2020年出国了，现在是2024年。

（4）大卫2022年12月回国了，现在是2024年3月。

（5）麦克2022年10月辞职了，现在是2024年3月。

（6）爷爷上周五出院了，今天是周三。

（7）大明家的羊上周六死了，今天是周一。

操练2：用时量补语改写下列句子

（1）他三年前出国了。

（2）我的爸爸妈妈1992年结的婚。

（3）我哥哥2017年毕业的。

（4）麦克上个月回国了。

（5）朋友两个小时前就到家了。

（6）珍妮两个月前离职了。

（7）爸爸两年前退休了。

▶第二步：学习带宾语的情况

📖 案例2：情景举例法

1. 导入和讲解

师：同学们，你们什么时候来中国的？

生：（说出不同的时间）

师：大卫，到现在，<u>你来中国多长时间了？</u>（板书）

大卫：我来了中国5个月了。

师：你可以说：<u>我来中国5个月了。</u>（板书）

师：大家一起说，大卫来中国多长时间了？

生：大卫来中国5个月了。

师：安娜，<u>你离开家乡多长时间了？</u>（板书）

安娜：<u>我离开家乡1年了。</u>（板书）

师：大家一起说，安娜离开家乡多长时间了？

生：安娜离开家乡1年了。

师：麦克，你呢？

麦克：……

师：（根据例句总结格式）像"来""离开"这样一下就完成的动作，当我们要说这个动作完成后过了多长时间，我们就可以说：

$S+V+O+T_{段}$

注意这里的时间不是"2022年、3月、8点"这样的时间点，而是"三年、五个月、两个小时"这样的时间段。

2. 操练

操练1：两个学生一组，相互问答

（1）你来中国多长时间了？

（2）你离开家乡多长时间了？

（3）你到北京多长时间了？

（4）寒假后，你回学校多长时间了？

（5）你的同屋去上海多长时间了？

（6）麦克去食堂多长时间了？

操练2：根据情景接龙问答

（1）李华去年去美国了，现在还没回来。

（2）大卫两年前来北京的。

（3）安妮上周六到上海了，今天是周三。

（4）李华上个月回老家了，现在还在老家。

（5）他半年前退出国家队了。

（6）半个小时前雨停了。

课堂活动

1 小调查

学生两人一组，互相提问，调查对方的情况。

问题示例：离开自己国家多长时间了？

来中国多长时间了？

学汉语多长时间了？

大学毕业了吗？

毕业多长时间了？

结婚了吗，结婚多长时间了？

退休了吗，退休多长时间了？

2 传话筒

全班学生分成两组，教师把卡片 A、B（参见下图的 A 卡和 B 卡）分别发给每组坐在最后面的那个学生。

教师准备两张写有句子的卡片（参见下图的句卡 C 和 D），句卡上句子的主语、谓语和时量补语与卡片上的内容相对应，只是组合顺序不同。教师把两张句卡发给每组坐在最前边的学生，该学生将句卡上的句子逐一读给他后面的同学听，各组学生快速传句子，一直传到最后。坐在最后面的学生根据听到的内容在自己的卡片上连线。所有的句子都读完后，各组的第一个学生和最后一个学生到教室前面对照答案。连对最多句子的组获胜。

A
我爷爷出院　　四个月
我来中国　　　三天
我毕业　　　　两天
他去上海　　　四年
他妈妈退休　　两年
他的钥匙丢　　半年

B
他哥哥辞职　　一年
我结婚　　　　四个星期
雨停　　　　　两个月
我来北京　　　两周
他回韩国　　　十分钟
我同屋回国　　三年

C
我毕业两年了。
我来中国四年了。
他妈妈退休半年了。
我爷爷出院三天了。
他去上海四个月了。
他的钥匙丢了两天了。

D
我结婚一年了。
我来北京三年了。
他哥哥辞职两个月了。
我同屋回国两周了。
他回韩国四个星期了。
雨停了十分钟了。

课后练习

一、用时量补语改写下面的句子。

1. 他去年 7 月回国了。（现在是 1 月）

_____

2. 她 2019 年 7 月 1 日毕业的。（现在是 2022 年 7 月 1 日）

_____

3. 我们 2021 年 6 月 1 日结婚的。（现在是 2023 年 6 月 1 日）

_____

4. 我室友两个小时前出去了。

_____

5. 他上周去上海了。

_____

二、连词成句。

1. 我们　三年半　已经　毕业　了

_____

2. 三天　上海　去　了　已经　姐姐

_____

3. 去世　了　十年　奶奶

_____

4. 离开　大卫　美国　了　三年

_____

5. 我　整整　五年了　回到国内

_____

三、判断下面的句子对不对，如果不对，请改正。

1. 大卫去两个月美国了。

   _____

2. 我一个月来这儿了。

   _____

3. 小王回一个多小时家了。

   _____

4. 爷爷很多年去世了。

   _____

5. 他离开五年多中国了。

   _____

四、用时量补语写一写自己的经历，下节课向全班做展示。

句子成分

18 可能补语 1：V + 不 / 得 + V/ Adj（三级）

本体知识

一般来说，带结果补语和趋向补语的述补短语，在述语和补语中间加进"得"或"不"以后，就构成了带可能补语的述补短语。

可能补语一般表示三种意义：
1. 表示有没有条件或能力完成某个动作，如：吃得完 / 吃不完。
2. 表示主客观条件是否为某个动作的实现提供可能性，如：来得了 / 来不了。
3. 表示考虑到后果，某个动作是否应该进行，如：去得 / 去不得。

本教学设计仅涉及第一种用法。

格式：

1 肯定形式：V + 得 + C（结果补语 / 趋向补语）
听得懂。
走得出去。

2 否定形式：V + 不 + C（结果补语 / 趋向补语）
听不懂。
走不出去。

3 疑问形式：V 得 C + V 不 C？
听得懂听不懂？

V + 得 + C + 吗？
听得懂吗？

常见偏误

1 *病人知道他的病不会治，所以他很痛苦。
改为：病人知道他的病治不好，所以他很痛苦。

*老师说得太快了，我不能听懂。
改为：老师说得太快了，我听不懂。
分析：表示有没有条件或能力完成某个动作，实现某个结果，应该用可能补语。

2 * 这是我们女人聊天的地方，你们进不来。

改为：这是我们女人聊天的地方，你们不能进来。

分析：表达不允许做某事，用"不能"，不用可能补语。

3 * 他刚到中国的时候听中文不懂。

改为：他刚到中国的时候听不懂中文。

* 我现在很担心妈妈，每天都睡觉不着。

改为：我现在很担心妈妈，每天都睡不着觉。

分析：宾语应放在可能补语的后面，离合词和可能补语共现时，可能补语应放在中间。

4 * 这么多东西你一个人拿得完拿得不完？

改为：这么多东西你一个人拿得完拿不完？

分析：可能补语的疑问形式应该是：V 得 C + V 不 C。

5 * 我吃得不完这个比萨。

改为：我吃不完这个比萨。

分析：可能补语的否定形式应该是：V + 不 + C。

6 * 我把行李拿不动。

改为：我拿不动行李。

分析：可能补语不能用在"把"字句中。

7 * 爷爷好了，现在又吃饭得了。

改为：爷爷好了，现在又能吃饭了。

分析：表示能力的恢复要用"能"，一般不用可能补语。

教学提示

1 可能补语的否定形式比肯定形式使用频率高得多，肯定形式主要用于回答疑问句和反问句。如：

A：中文电影你看得懂看不懂？

B：看得懂。

2 可能补语和宾语共现时，宾语应放在可能补语的后面。如：

（1）外面太吵，吵得我看不下去书。

（2）我听不懂上海话。

如果受事是比较长的定指名词性成分时，该定指名词性成分一般置于句首。如：

我们老师和那个人的对话我听不懂。

句子成分

3 分阶段合理安排各种可能补语,不要一次全部教给学生。

初等:教可能补语的基本式:V + 得 / 不 + C(结果补语 / 趋向补语)。可教可能补语"了(liǎo)",即"V + 得 / 不 + 了"。

中等:可教可能补语"得",即"V/Adj + 不 + 得"。同时,随遇随教一些惯用语性质的可能补语。如:

对得起 / 对不起、买得起 / 买不起、看得起 / 看不起、合得来 / 合不来、来得及 / 来不及。

教学案例

案例 1:图片法

> V + 得 / 不 + 完

1. 导入和讲解

师:(出示图片)大家看,这个比萨大吗?

生:很大。

师:几个人能把这个比萨吃完?

生:(可能会说)4 个或者 5 个。

师:玛丽,这个比萨你一个人吃得完吗?(板书)

玛丽:(可能会说)比萨太大了,我不能吃。

师:我们应该说:比萨太大了,我一个人吃不完。(板书,齐读)

生:我一个人吃不完。

师:一个人吃不完,两个人吃得完吃不完?(板书)

安妮:两个人也吃不完。

大卫:两个男生吃得完。(板书)

师:(出示图片)这么多可乐,一个人喝得完吗?(板书)

生:一个人喝不完。(板书)

师:两个人喝得完喝不完?(板书)

生:可能喝得完。

……

师:(根据例句总结格式)

    V + 得 + 完 + 吗?

    V + 得 + 完 + V + 不 + 完?

    V + 不 + 完

    V + 得 + 完

2. 操练

操练1：看图回答问题

两两一组，一问一答，然后交换角色。

①
这些饺子你吃得完吗？／吃得完吃不完？

②
半个西瓜你一个人吃得完吗？

③
这些饮料你一个人喝得完吗？

④
这些书你一个星期看得完看不完？

⑤
这些衣服一个小时洗得完吗？

操练2：卡片游戏

教师准备写有时间和事物的两组卡片，学生分别抽取一张，组合提问他的同桌。

时间卡片：一分钟、十天、五秒、一星期、半个小时、一年、一个月、十分钟……

事物卡片：一整个比萨、500瓶可乐、整个房间、90个饺子、一瓶矿泉水、10件衣服、30个汉字、一份米饭……

如：半个小时、十件衣服

安娜：十件衣服半个小时你洗得完吗？

大卫：洗不完。

案例 2：情景举例法

$$V+得/不+懂$$

1. 导入和讲解

师：（用自己的方言或者学生不懂的一种语言或者故意说一句文言文、熟语等）
    说曹操曹操到，是什么意思呢？
生：（摇头或者说）不知道。
师：<u>这句话太难了，你们听不懂。</u>（板书，齐读）
生：这句话太难了，我们听不懂。
师：意思是：我们说到一个人的时候，这个人就来了。<u>这句话听得懂吗？</u>（板书）
生：（点头或者说）能听懂。/ 听得懂。
师：<u>这句话不太难，你们听得懂。</u>（板书，齐读）
生：这句话不太难，我们听得懂。
师：（在黑板上写一个草书，比如"高、的"的草书）<u>这个字你们看得懂看不懂？</u>（板书）
生：（摇头或者说）我们看不懂。
师：（在黑板上写一个简单的汉字，如"人"）这个字你们看得懂吗？
生：我们看得懂。
师：（根据例句总结格式）
    V＋得＋懂＋V＋不＋懂？
    V＋得＋懂＋吗？
    V＋不＋懂
    V＋得＋懂

2. 操练

操练 1：回答问题

（1）刚到北京的时候，北京人说话你们听得懂吗？
（2）现在上海人说话，你们听得懂吗？
（3）中国人写字写得很乱的时候，你们看得懂吗？
（4）京剧你们听得懂听不懂？看得懂吗？
（5）韩国人 / 美国人 / 日本人……说话你们听得懂吗？
（6）什么人说话你们听得懂？什么人说话你们听不懂？
（7）中文小说你看得懂吗？
（8）中国的电视节目你们看得懂吗？听得懂吗？
（9）网络用语你听得懂吗？

操练 2：看图说话

这些字你们看得懂吗？

麻将你们看得懂吗？

中国电视剧你们看得懂吗？听得懂吗？

京剧你们听得懂吗？看得懂吗？

案例 3：情景举例法

$$V + 得 / 不 + 见 / 清楚$$

1. 导入和讲解

师：（故意在黑板上写一个非常小的字）老师写的是什么？

生：（摇头或者说）不知道。

师：字太小了，你们看不清楚。（板书，齐读）

生：我们看不清楚。

师：（把字写得足够大）现在看得清楚吗？/现在看得清楚看不清楚？（板书）

生：（点头或者说）看得清楚了。

师：对，刚才字太小，你们看不清楚，现在字大了，你们看得清楚了。（板书，齐读）

生：刚才字太小，我们看不清楚，现在字大了，我们看得清楚了。

师：（突然把刚才的汉字用书或身体挡住，不让学生看到）现在你们看得见看不见？（板书）

生：我们看不见。（板书）

师：（把遮挡物移开）你们现在看得见看不见？

生：我们现在看得见。（板书）

师：（根据例句总结格式）

V+得+清楚/见+V+不+清楚/见？

V+得+清楚/见+吗？

V+不+清楚/见

V+得+清楚/见

2. 操练

操练 1：检查视力

出示视力表，请一个学生当医生，逐行问这一行看得见看不见，看得清楚看不清楚，其他学生回答。

操练 2：接龙问答

教师和第一排的学生说话，第一排的学生问第二排的学生听得见吗，听得清楚吗，第二排的学生接着问第三排的学生。接龙提问和回答。

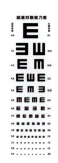

课堂活动

1 耳聪目明

教师在电脑上提前准备好大小不同的汉字和音量不同的录音。学生轮流来操作电脑，其他的学生则坐在教室的最后。学生从最小的字开始展示，字号逐渐增大，同时问其他学生：你看得见吗？你看得清楚吗？其他学生要回答：我看得见/我看不见，我看得清楚/我看不清楚。谁最先看清楚展示的汉字是什么谁获胜。

学生从最低的音量开始播放，音量逐渐增大，播放完问其他学生：你听得见吗？你听得清楚吗？其他学生要回答：我听得见/我听不见，我听得清楚/我听不清楚。谁最先听清楚录音里说的是什么谁获胜。

2 谁是效率王

教师给出图片或者提示卡，学生轮流当主持人，根据提示词提出问题，其他学生要根据自己的情况接龙回答，学生之间可以相互质疑回答的真实性。给出肯定回答次数最多的学生获胜。如：

提示词：一个星期、两本书

大卫（主持人）：这两本书一个星期你看得完吗？

玛丽：我看得完。

山本：我看不完。

提示词：十分钟、大瓶可乐

玛丽（主持人）：一大瓶可乐十分钟你喝得完喝不完？

山本：我喝得完。

麦克：真的吗？我觉得你喝不完。

山本：我很渴的时候喝得完。

3 试运气（综合练习所有的可能补语）

每张图片对应一个数字或者一种颜色或者最近刚学过的词语，其中有一个炸弹，让学生自由选择图片，根据图片内容用可能补语说句子或者问问题，只要说对就可以一直往下选，说错就没有机会继续选。说对几个得几分，选中炸弹的扣一分。

课后练习

一、听一听，选择正确答案。

1. A. 我们不喜欢吃西瓜。　　　　　　　　B. 我们没吃西瓜。
   C. 我们不能吃西瓜。　　　　　　　　　D. 这个西瓜三个人吃不完。

2. A. 我没有地方睡觉。　　　　　　　　　B. 我不想睡觉。
   C. 我睡了，但没睡着。　　　　　　　　D. 我有重要的事情，不能睡觉。

3. A. 我不想去参加会议。　　　　　　　　B. 我没有参加这个会议。
   C. 我想参加，但有别的事情。　　　　　D. 我想参加，但经理不让我参加。

句子成分

二、根据实际情况用可能补语回答问题。

1. 你每天的作业多吗？半个小时你做得完吗？
2. 上海人说话你听得懂听不懂？
3. 20个包子你一个人吃得完吗？

三、连词成句。

1. 太多了　做　不　作业　完　我

_____

2. 西瓜　一个　吃　完　不　我

_____

3. 古汉字　了　难　太　我　懂　不　看

_____

4. 太　说　得　快　了　老师　我　懂　不　听

_____

四、周末聚会。

　　四人一组，一人向其他三人发出周末聚会的邀请，并详细说明聚会的安排，比如去哪儿、吃什么等。发出邀请者用可能补语进行提问，其他三人要做出肯定或否定的回答。

句子成分

19 可能补语2：V + 不 / 得 + 了（三级）

本体知识

"V + 不 / 得 + 了"是一种特殊的可能补语，表示主客观条件是否为某个动作的实现提供可能性，一般用在口语中。

（1）这个汉堡太大了，我吃不了。
（2）他腿受伤了，运动会参加不了了。

当句中有宾语时，要将宾语放在"了"之后。但如果受事为较长且表定指的名词性成分时，可以置于句首。如：

（1）我吃不了这些菜。
（2）剩下的这些辣菜我吃不了。

该结构的否定形式使用频率远大于肯定形式，肯定形式主要用于疑问和直接回答以及反问句。

格式：

1 肯定形式：V + 得 + 了（+ O）

这个菜有点儿辣，不过他吃得了。

2 否定形式：V + 不 + 了（+ O）

晚上有大雨，飞机飞不了了。
你们先走吧，他来不了了。
这个西瓜太大了，我一个人吃不了。
我吃不了辣的东西。

3 疑问形式：V + 得 + 了 + 吗？

明天的会议你参加得了吗？

V 得了 + V 不了？

明天你去得了去不了？

句子成分

常见偏误

1 * 他这么善良，你骗不了他。
改为：他这么善良，你不能骗他。/ 他这么聪明，你骗不了他。

* 这种东西很危险，你带不了。
改为：这种东西很危险，你不能带。
分析：表达不允许、劝阻时，应该用"不能"，"V不了"表示没有实现的可能性，上面的例句不符合这种情况。

2 * 我已经走得了了，让我出院吧。
改为：我已经能走了，让我出院吧。
分析：表示能力的恢复要用"能"，一般不用可能补语。

3 * 我把那么多零食吃不了。
改为：我吃不了那么多零食。
分析："把"字句表达要对某对象实施某动作，使其发生某变化，而"V不了"表达对动作实现可能性的否定，二者语义矛盾，所以"V不了"与"把"字句不共现。

4 * 这件事我永远不会忘不了。
改为：这件事我永远忘不了。

* 我的人生中不会忘不了的记忆。
改为：我的人生中忘不了的记忆。
分析：双重否定，语义重复。

5 * 没有热水，我们洗澡不了。
改为：没有热水，我们洗不了澡。
分析："不了""得了"和离合词共现时，应放在离合词两个构词语素之间。

6 * 我平时通过微信和他联系，可最近怎么联系也联系不了。
改为：我平时通过微信和他联系，可最近怎么联系也联系不上。

* 来电话的时候听不了对方的声音。
改为：来电话的时候听不到对方的声音。
分析："V不了"和其他可能补语的误用。"V不了"表示没有实现的可能性，而其他可能补语重在表示有没有条件或能力完成某个动作。

教学提示

1 "V不了"比"V得了"使用频率高得多,"V得了"主要用于回答疑问句和反问句。如:

A:明天的会议你去得了去不了?

B:去得了。

所以教学重点应放在否定形式上。

2 分阶段合理安排两种用法的"V不了""V得了",不要混为一谈。

3 注意能愿动词和"V不了""V得了"的异同:

表示动作者的自身能力或条件是否允许时,二者都可以,但能愿动词的程度更强。如:

(1)明天我有事,那个会议参加不了。(程度弱)

(2)明天我有事,那个会议不能参加。(程度强)

表示劝阻某种行为时,只能用"不能+V",不能用"V不了"。如:

(1)这种东西太危险,不能带。

(2)*这种东西太危险,带不了。

教学案例

案例1:图片法

1. 导入和讲解

师:(出示图片)安娜,这个汉堡这么大,你一个人吃得了吃不了?(板书)

安娜:(可能摇头,可能会说)不能吃。

师:我们应该说:这个汉堡太大了,我一个人吃不了。

(提醒学生"了"的发音,板书,齐读)

生:这个汉堡太大了,我一个人吃不了。

师:你吃得了吗?/你吃得了吃不了?(板书,齐读)

生:你吃得了吗?/你吃得了吃不了?

师:(出示图片)安娜,你一个人吃得了半个西瓜吗?(板书)

安娜:我一个人吃不了半个西瓜。(板书)

师:大卫,你一个人吃得了半个西瓜吗?

大卫:我一个人吃得了半个西瓜。(板书)

师：（根据例句总结格式）

　　V得了+V不了？/V+得+了+吗？

　　V+得+了（+O）

　　V+不+了（+O）

2. 操练

操练1：看图说话

操练2：卡片游戏

学生抽取卡片，根据卡片上的食物说说自己吃得了还是吃不了。

卡片：100个饺子、一整只烤鸭、10个饺子、1个苹果、1瓶可乐、10瓶可乐……

大卫：100个饺子，我吃不了。

安娜：一整只烤鸭我吃不了。

案例2：情景举例法

1. 导入和讲解

师：如果你和一个朋友一起去吃饭，朋友点了一大桌子菜，你觉得两个人吃得了吃不了？（板书）

生：（可能会摇头）

师：我们可以说：两个人吃不了。（板书，齐读）

生：两个人吃不了。

师：那十个人吃得了吗？（板书）

生：吃得了。（板书）

师：如果两个人只点两盘菜，你们吃得了吃不了？

生：吃得了。

师：两个人点十瓶可乐，喝得了喝不了？（板书）

生：喝不了。

师：（根据例句总结格式）

  V 得了 + V 不了？/V + 得 + 了 + 吗？

  V + 得 + 了（+O）

  V + 不 + 了（+O）

2. 操练

接龙回答

（1）100 个饺子，你吃得了吃不了？几个人吃得了？

（2）20 杯果汁，你喝得了喝不了？

（3）上一次课 100 支粉笔用得了吗？

（4）10 支铅笔你一天用得了用不了？

（5）100 万你一天花得了花不了？

（6）10 块钱你一天花得了花不了？

（7）你的包装得了 10 本书吗？

（8）10 个包子你吃得了吃不了？

案例 3：图片法

1. 导入和讲解

师：（出示图片）他生病了，嗓子不舒服，他还来得了吗？（板书）

生：（可能会摇头）

师：我们应该说：他来不了了。（板书，齐读，提醒学生注意"了"的发音）

生：他来不了了。

师：他还说得了话吗？（板书）

生：他说不了了。

师：很好，他说不了了。我们还可以说：他说不了话了。（板书，齐读）

生：他说不了了。/他说不了话了。

师：（出示图片）他打算唱歌，还能唱得了唱不了？（板书）

生：他唱不了了/他唱不了歌了。

师：（根据例句总结格式）

V 得了 + V 不了？ / V + 得 + 了 + 吗？

V + 不 + 了（+ O）

2. 操练

操练 1：看图说话

学生根据图片，接龙说出带有可能补语的句子。

操练 2：猜一猜（也可做课堂活动）

学生抽取卡片，根据卡片上的提示词说出有哪些事是最近做不了的，其他学生猜做不了的原因。

大卫：我作业写不了，饭也做不了，比较大的东西也拿不了。

山本：你手受伤了。

大卫：你真聪明。

玛丽：我电影看不了，消息发不了，线上作业做不了。

麦克：你的手机坏了。

玛丽：不对，但是很接近。

安娜：你的电脑坏了。

玛丽：你真聪明。

案例 4：情景举例法

1. 导入和讲解

师：王老师生病了，大家说，他明天会来吗？

生：不会。

师：我们可以说：他明天来不了了。（提醒学生"了"的发音，板书，齐读）

生：他明天来不了了。

师：那明天上午的会议他参加得了吗？（板书）

生：（可能会说）参加不了。

师：我们可以说：明天上午的会议他参加不了。（板书，齐读）

生：明天上午的会议他参加不了。

师：那明天下午的跑步比赛他跑得了跑不了？（板书）

生：明天下午的跑步比赛他跑不了。

师：下周王老师的病一定会好，下周的会议他参加得了吗？

生：（可能会说）他参加了。

师：我们可以说：下周的会议他参加得了。（板书，齐读）

生：下周的会议他参加得了。

师：（根据例句总结格式）

  V得了+V不了？/V+得+了+吗？

  V+得+了（+O）

  V+不+了（+O）

2. 操练

操练1：接龙回答

（1）你小时候的衣服穿得了穿不了？

（2）小时候的鞋子穿得了穿不了？

（3）很辣的火锅你吃得了吗？

（4）很冰的饮料你喝得了吗？

（5）你跑得了10千米吗？

（6）走楼梯上20楼，你走得了吗？

（7）柠檬你吃得了吃不了？

（8）东西太差，卖家卖得了卖不了？

操练2：突发事件

说一说，什么突发事件让你出不了门或者迟到了呢？

（1）大卫：我腿受伤了，走不了了。

（2）山本：我手机坏了，电话打不了了。

（3）玛丽：我自行车坏了，骑不了了。

课堂活动

1 吃得了你就站起来

50个饺子	10个饺子	一整个西瓜	一个苹果
一桌菜	一整只烤鸭	一个汉堡	一箱泡面
一个苹果	一袋泡面	一袋薯片	十袋薯片

教师出示表格，学生轮流做主持人，问别的学生一个人一次吃得了吃不了，吃得了的学生立马站起来说："10个饺子我吃得了。"如果没有人站起来，则主持人要说出"50个饺子我们吃不了。"这样的句子。

2 什么最重要

学生抽卡片，抽中卡片后要说出卡片上的提示词对自己来说非常重要，并且说出如果它出了问题自己将做不了什么。

提示词：电脑、手机、车、手、腿、嗓子……

如：电脑

安娜：电脑十分重要，电脑坏了，电影我就看不了了。音乐我就听不了了。我
　　　也玩不了游戏了。……

3 吹牛大王

学生抽卡片，根据卡片上的提示词，说出与真实情况相反的句子，谁说出的句子最多则获胜。

提示词：10个饺子、100个饺子、一个汉堡、坏了的电脑、嗓子疼、腿受伤了、
　　　　手受伤了……

大卫：10个饺子我吃不了。

安娜：我吃得了100个饺子。

山本：我嗓子疼，我唱得了歌。

……

4 幸运数字

1 2 3 4 5 6

教师提前准备一些图片,让学生选择自己的幸运数字,回答数字对应的问题。如:

①
这碗米饭你吃得了吗?

②
这么辣的火锅你吃得了吃不了?

③
你一个人拿得了这些行李吗?

④
你早饭喝得了这些牛奶吗?

⑤
你吃得了新鲜的柠檬吗?

⑥
你一天花得了吗?

课后练习

一、听一听,判断对错。

1. 王刚和张丽今天去不了游乐园了。　　　　(　　)
2. 王刚吃不了辣的东西。　　　　　　　　　(　　)
3. 张丽喝得了冰饮料。　　　　　　　　　　(　　)
4. 他们的车开不了了。　　　　　　　　　　(　　)

二、填空。

1. 孩子太小了，_____ 那么远的路。

2. 我的手机没电了，_____ 电话了。

3. 你不是会员，_____ 这个电影。

4. 我们走得太慢了，天黑之前我们_____家。

5. 老师今天生病了，这节课_____了。

三、选择正确答案。

1. 这儿有"禁止吸烟"的图片，_____烟。

   A. 可以吸　　　　　B. 吸得了　　　　　C. 吸不了

2. 你点了太多菜了，我们两个人_____。

   A. 吃不下　　　　　B. 不能吃　　　　　C. 吃不了

3. 他的手受伤了，_____篮球了。

   A. 打不动　　　　　B. 打不了　　　　　C. 打不着

句子成分

程度补语1：Adj/V心 + 得很 / 极了 / 死了（三级）

本体知识

程度补语是指用在形容词、心理动词或感受类动词等之后补充说明其程度的句子成分。经常用来作程度补语的有：不带"得"的"极了、死了、透了、坏了"；带"得"的"很、慌、要命、要死、不得了、不行"等。在《国际中文教育中文水平等级标准》中，程度补语可分为三小类，分别为三级、五级、七—九级等三个级别：

程度补语1：形容词/心理动词 + 得很 / 极了 / 死了

程度补语2：形容词/心理动词 + 得 + 不得了 / 慌 / 厉害

形容词/心理动词 + 坏 / 透 + 了

程度补语3：形容词/动词 + 得 + 不行；形容词/动词 + 得 + 要命/要死

本教学设计仅涉及初等语法项目，即程度补语1。

格式： Adj/V心 + 得很 / 极了 / 死了

我心里害怕得很。
他认真极了。
外面热死了。

常见偏误

1 * 他的腿颤抖极了。

改为：他的腿颤抖得厉害。

* 那个国家污染死了。

改为：那个国家污染得厉害。

分析：程度补语"得厉害"比较特殊，其前可以是形容词、心理动词或感受类动词等，这些词的特点是具有量化性质，如"抖、污染、哭、咳嗽、颤、吵、病"等。

2 * 爸爸应该批评得很。

改为：爸爸非常应该被批评。

* 不过在韩国人们的交通遵守得很。

改为：不过在韩国人们非常遵守交通规则。

* 对奥地利的年轻人来说，聊天时用从德国来的词装酷极了。

改为：对奥地利的年轻人来说，聊天时用从德国来的词酷极了。

分析：程度补语一般用在形容词或者心理动词之后，"批评""遵守""装酷"不能带程度补语。

3 * 去球场方便的很！

改为：去球场方便得很！

分析：补语标志应该是"得"，不能用"的"。

4 * 黄山很美极了。

改为：黄山漂亮极了。

* 这里虽然很冷，但是下雪的时候，挺漂亮极了。

改为：这里虽然很冷，但是下雪的时候，漂亮极了。

分析：一个形容词或心理动词要么前面受程度副词的修饰，要么后面带程度补语，不可前面用程度副词后面又带程度补语。

5 * 我们教室干干净净极了。

改为：我们教室干干净净。/我们教室干净极了。

分析：形容词重叠表示程度深，程度补语也表示程度深，二者不可共现。

6 * 我觉得这儿天气不好极了。

改为：我觉得这儿天气糟糕极了。

分析：程度补语没有否定形式，在表达否定意义时应换成反义词。

7 * 其实我的城市比北京小极了。

改为：其实我的城市比北京小得多。

分析：在"比"字句中表示比较结果的形容词后面不能用绝对程度副词，只能用表达相对程度的"Adj 得多"或"Adj 多了"。

8 * 她难过快死了。

改为：她快难过死了。

分析：程度补语应紧跟形容词或心理动词，状语应放在前面。

教学提示

1. 注意只有能受"很"修饰的形容词和心理动词才可以带程度补语，一般动词不可以带程度补语。
2. 程度补语和表示程度的状语、形容词重叠等都不可共现。
3. 结尾带有程度补语"得很、极了、死了"的句子没有否定形式。

教学案例

案例1：图片法

1. 导入和讲解

师：（出示图片）这是什么运动？你们知道吗？

生：滑雪。

师：对，你们认识自由式滑雪运动员谷爱凌吗？你们了解她吗？你们觉得她怎么样？

生1：我觉得她特别厉害。

师：对，她特别特别地厉害，我们还可以说：她厉害极了。（板书，齐读）

生：她厉害极了。

生2：我觉得她特别聪明。

师：我也觉得她特别特别地聪明，我们还可以说：她聪明极了。（板书，齐读）

生：她聪明极了。

师：你们喜欢她吗？

生：非常喜欢。

师：我也非常非常地喜欢她，我们还可以说：我喜欢极了。（板书，齐读）

生：我喜欢极了。

师：我们觉得谷爱凌：厉害极了。/聪明极了。/漂亮极了。
还可以说：她厉害得很。/她聪明得很。/她漂亮得很。（板书，齐读）

生：她厉害得很。/她聪明得很。/她漂亮得很。

师：（出示图片）滑雪的地方冷吗？

生：非常冷。

师：对，那我们可以说：冷极了。/冷得很。我们还可以说：冷死了。（板书，齐读）

生：冷极了。/冷得很。/冷死了。

师：（根据例句总结格式）好，当我们想说"非常非常怎么样""特别特别怎么样"的时候，我们就可以说：

Adj / V心 + 极了 / 得很 / 死了

注意"Adj / V心 + 死了"一般用于表达一种非常不好的感觉或者情况。

2. 操练

看图回答问题

①
旗袍好看吗？

②
这个相机贵吗？

③
外面冷吗？

④
它可爱吗？

⑤
跑步的人多吗？

⑥
公交车上挤吗？

⑦
北京烤鸭好吃吗？

⑧
他忙吗？你害怕这样的生活吗？

📖 案例 2：情景举例法

1. 导入和讲解

师：早上8点坐地铁，怎么样？挤不挤？

生：非常挤。/ 挤得很。

师：在口语里，我们也可以说：早上8点地铁里挤死了。（板书，齐读）"死了"通常用于口语中，而且一般跟在不太好的词后面。

生：早上 8 点地铁里挤死了。

师：夏天坐地铁，又挤又热，非常难受，可以怎么说？

生：难受得很。/ 难受极了。/ 难受死了。（板书）

师：有一次老师挤地铁的时候钱包被偷走了，老师很伤心，可以怎么说？

生：老师伤心得很。/ 老师伤心极了。/ 老师伤心死了。（板书，齐读）

师：（根据例句总结格式）当我们想说"非常非常怎么样"的时候，可以说：

  Adj / V心 + 极了 / 得很 / 死了

  注意"Adj / V心 + 死了"一般用于表达一种非常不好的感觉或者情况。

2. 操练

操练 1：回答问题

（1）考试前，你们紧张吗？忙吗？累吗？害怕吗？担心吗？

（2）考试难吗？考完后你们开心吗？轻松吗？

……

操练 2：看图回答问题

①

冰激凌好吃吗？

②

书多吗？

③

他们开心吗？

④

她难过吗？

⑤

机票贵吗？

⑥

兔子可爱吗？

句子成分

课堂活动

1 知识比拼

教师提前准备一些图片,让学生抽取图片,然后用程度补语给大家介绍。如:

哈尔滨冰雪大世界

长城

寿司

比萨

富士山

故宫

美国黄石国家公园

饺子

2 心有灵犀

教师提前准备一些适合表演的词语,把学生分成两人一组。其中的一个学生看词语,然后表演,另一个学生要用程度补语说他怎么了。看谁一分钟内猜出的词语多。如:

热 冷 挤 痛 好吃 难吃 好听 难听 忙 伤心 紧张 害怕 高兴

A

B

课后练习

一、用"……+极了/得很/死了"改写句子。

1. 我坐高铁去广州,非常方便。

   _____

2. 昨天的考试非常难。

   _____

3. 我们的学校非常漂亮。

   _____

4. 这个苹果十分甜。

   _____

5. 你这样骑车非常危险。

   _____

6. 去颐和园的人特别多。

   _____

7. 我最近特别特别忙。

   _____

8. 这道题十分简单。

   _____

二、用程度补语完成句子。

1. 这条裙子要2万块钱,_____!
2. 他每次考试都得满分,_____!
3. 花园里的花都开了,还有很多蝴蝶,_____!
4. 昨天气温39℃,_____!
5. 他昨晚没有回家,妈妈给他打了几十个电话,妈妈_____!
6. 这颗葡萄跟柠檬一样,_____!

7. 我做了一天的作业，_____！
8. 这个书包装满了书，_____！

三、视频比赛。

去超市看看，什么东西"便宜极了/得很""贵极了/得很/死了""好吃极了/得很""难吃极了/得很/死了"等，然后录成视频。

参考答案

词 类

01 方位词：上、下、左、右、前、后、里、外（一级）

一、下 左 右 上 前 后 里 外
二、1. A 2. A 3. C 4. D 5. B
三、1. 上边 2. 左边 3. 下边
四、1. B 2. B 3. C 4. D

02 动词：能愿动词：会（一级）

一、1. × 2. √ 3. √ 4. × 5. √
三、1. 我不会说汉语。 2. 你会不会做饭？
　　3. 雨天我不会出门。 4. 我会游泳。
　　5. 我会写汉字。 6. 我不会跳舞。

03 动词：能愿动词：能（一级）

一、1. × 2. √ 3. √ 4. √ 5. ×
三、1. 我认为我一定能成为好老师。 2. 我一分钟能游50米。
　　3. 我一定能通过这次考试。 4. 我不能参加这次比赛了。
　　5. 我五天能看完一本书。

04 动词：能愿动词：会（一级）VS 能（一级）

一、1. × 2. × 3. × 4. × 5. √
三、1. 能 2. 会 3. 能 4. 会 5. 会
　　6. 能 7. 会 8. 会 9. 会；能 10. 能

05 动词：动词重叠（二级）

一、1. B 2. D 3. C 4. A
二、1.（1）查查字典／看看书。（2）商量商量／讨论讨论。
　　2.（1）包包饺子。（2）买买东西。（3）贴贴春联。
　　3.（1）滑滑雪。（2）爬爬山。

三、1. C 2. B 3. D 4. A 5. B

06 动词：离合词（三级）

一、请假　游泳　聊天　道歉　见面

二、1. 她跳了一个小时舞。

2. 他上了一个半小时网。

3. 她游了两个小时泳。

4. 她跑了半个小时步。

四、1. C 2. A 3. C 4. D

五、1. ×。改为：我们吃完晚饭会去散散步。

2. ×。改为：我想和一个朋友见面。

3. ×。改为：我们从北京大学毕业了。

4. ×。改为：她没有帮我们的忙。/ 她没有给我们帮忙。

5. ×。改为：她游过两次泳。

6. ×。改为：我昨天睡觉睡了6个小时。/ 我昨天睡了6个小时觉。

07 形容词：形容词重叠（二级）

一、1. 这儿的天空蓝蓝的。

这儿的水干干净净的。

这儿的树绿绿的。/ 这儿的树高高的。

2.（1）她在安安静静地学习。　　　（2）他在认认真真地看电视。

（3）他们在高高兴兴地跳舞。　　（4）她在开开心心地吃饭。

3.（1）她把地擦得干干净净的。　　（2）她把玻璃擦得干干净净的。

（3）她把自己打扮得漂漂亮亮的。

二、1. 慢慢地　　2. 蓝蓝的　　3. 高高的　　4. 痛痛快快地

三、1. 好好的　　2. 认认真真地　　3. 干干净净的　　4. 漂漂亮亮的

5. 急急忙忙地　6. 舒舒服服地　　7. 安安静静地

四、示例：他个子高高的，皮肤白白的，眼睛大大的，穿着一件宽宽大大的蓝色上衣。

08 数词：半（一级）

一、1. A 2. D 3. B 4. C

二、1. C 2. B 3. C 4. C

三、1. 这串葡萄一斤半。　　　　　2. 她学了一个半月的钢琴了。

3. 冰箱里有两个半苹果。　　　4. 飞韩国的航班要花四个半小时。

499

09 量词：个、本、杯（一级）

一、1. A　　2. A　　3. B　　4. B
二、1. 本　　2. 杯　　3. 个　　4. 本　　5. 个　　6. 个
三、1. 她在读一本书。　　　　2. 这里有四个苹果。
　　3. 这里有一杯可乐。　　　4. 这里有一杯茶。

10 量词：辆、条、件、层、封、位（二级）

一、

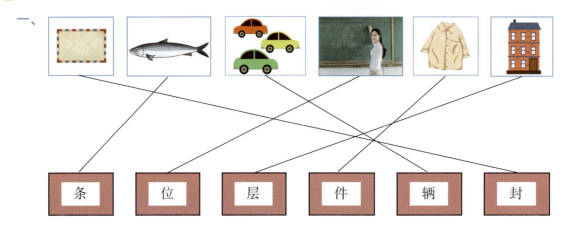

二、1. 辆　　2. 件　　3. 杯　　4. 条　　5. 条
　　6. 件　　7. 本　　8. 层　　9. 封　　10. 位

11 量词：把、架（三级）

一、1. A　　2. A　　3. A　　4. B
二、1. A　　2. A　　3. B　　4. A　　5. B　　6. A
三、

 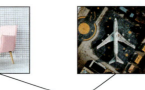 

一杯水、一把椅子、一架飞机、一把伞

四、1. 把　　2. 架　　3. 架　　4. 把　　5. 把　　6. 把

12 量词：双、对（三级）

一、

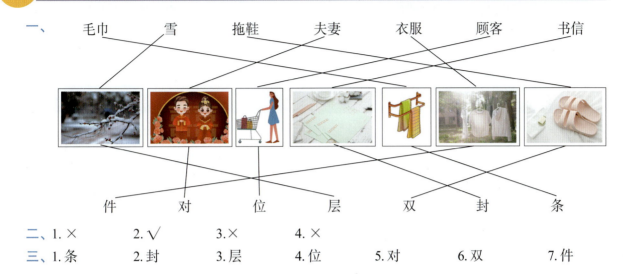

毛巾 — 条
雪 — 层
拖鞋 — 双
夫妻 — 对
衣服 — 件
顾客 — 位
书信 — 封

二、1. ×　　2. ✓　　3. ×　　4. ×

三、1. 条　2. 封　3. 层　4. 位　5. 对　6. 双　7. 件

13 量词：量词重叠（三级）

一、1. B　2. B　3. C　4. A　5. D　6. C

二、1. 这里的商品件件都很贵。
2. 保护环境，人人有责。/ 保护环境，人人都有责任。
3. 走进教室，我看见了一张张可爱的笑脸。
4. 桌子上放着一块块蛋糕。

三、1. 大家要一个一个地出去。
2. 减肥要一步步进行。
3. 题要一道一道地做。/ 书要一本本地读。
4. 东西要一件件地收拾。
5. 衣服要一件一件地洗。
6. 垃圾要一个一个地捡。

14 副词：不（一级）VS 没（一级）

一、1. B　2. C　3. A　4. B　5. C
二、1. 不　2. 没　3. 没　4. 不　5. 不　6. 没
三、1. 咖啡不好喝。　　2. 花没开。　　3. 他不想吃。
4. 天没晴。　　5. 天没黑。

15 副词：也（一级）

一、1. ✓　2. ✓　3. ×　4. ×　5. ×
二、1. 安娜喜欢吃苹果，亨利也喜欢吃苹果。　　2. 姐姐在做作业，弟弟也在做作业。

501

3. 女儿很漂亮，妈妈也很漂亮。　　　　4. 西瓜汁很好喝，橙汁也很好喝。

三、1. 大卫是留学生，安娜也是留学生。　2. 王华是中国人，杨林也是中国人。
3. 你喜欢汉语，我也喜欢汉语。　　　　4. 你去上海，他也去上海。
5. 姐姐很漂亮，妹妹也很漂亮。

四、1. D　　　2. C　　　3. C

16　副词：都（一级）

一、1. D　　　2. C　　　3. D

二、1. 丽丽和小王都想去上海旅游。　　2. 苹果和葡萄都很甜。
3. 小明和小张都喜欢看电影。　　　　4. 妈妈、姐姐和我都很漂亮。
5. 周一、周二和周四都有汉语课。

三、1. B　　　2. B　　　3. C　　　4. B　　　5. C

四、1. 每一种果汁都很好喝。（健康）　　2. 女儿和妈妈都很漂亮。/ 女儿和妈妈都戴着帽子。
3. 每一朵花都很漂亮。（香）　　　　4. 安娜和丽莎都喜欢狗。
5. 小明和丽丽都不喜欢吃饭。

17　副词：正、在、正在（一级）

一、玛丽：听音乐　　托尼：唱歌　　老师：看书　　安娜：聊天
大卫：玩游戏　　李明：打电话

二、1. 他们正 / 在 / 正在打太极拳呢。
2. 他正 / 在 / 正在滑雪呢。
3. 他们正 / 在 / 正在打乒乓球呢。
4. 她正 / 在 / 正在爬山呢。
5. 他正 / 在 / 正在喝水呢。
6. 她们正 / 在 / 正在学习呢。

18　副词：常常（一级）

一、安娜：跑步　　大卫：玩手机　　丽莎：看书　　玛丽：看电影　　托尼：打球

二、1. B　　　2. A　　　3. B　　　4. B　　　5. A

19　副词：再（一级）

一、1. B　　　2. C　　　3. B

三、1. C　　　2. B　　　3. C　　　4. C

20　副词：再（一级）VS 又（二级）

一、1. B　　　2. C　　　3. B

二、1. 又　　2. 再　　3. 再　　4. 又　　5. 再　　6. 又；再；又；再；又；再
三、1. C　　2. B　　3. C　　4. B

21　副词：还（二级）

一、1. B　　2. B　　3. D
二、1. 我还想看一次那部电影。　　2. 我还没准备好。
　　3. 她还没想好做什么工作。　　4. 他们还能再吃一只烤鸭。
三、1. A　　2. B　　3. B
四、1. 也　　2. 还　　3. 再　　4. 还　　5. 再

22　副词：有（一）点儿（二级）

一、1. ×　　2. ✓　　3. ×　　4. ×　　5. ✓
二、1. 有点儿　2. 一点儿　3. 一点儿　4. 有点儿；一点儿　5. 有点儿；一点儿
三、1. B　　2. A　　3. A；B　　4. A；B
四、示例：我想买一块手表，但有点儿贵。我想买他喜欢的衣服，但是商店里只有最后一件了，而且有点儿小。

23　副词：刚（二级）

一、1. C　　2. B　　3. C
二、1. 刚　　2. 刚　　3. 刚才　　4. 刚　　5. 刚；刚才　　6. 刚才　　7. 刚才
三、1. 我今年7月刚毕业。　　　　　2. 我刚毕业就出国了。
　　3. 我刚到中国就认识了我女朋友。　4. 我刚到教室，我们就开始上课了。
　　5. 我刚到家，有点儿累。　　　　6. 我昨天刚考完试，想休息一下。
　　7. 我刚认识她，她就告诉我她家很有钱。

24　副词：已经（二级）

一、1. 树叶已经黄了。　　　　　　2. 太阳已经升起来了。
　　3. 天已经黑了。/月亮已经出来了。　4. 她已经睡着了。
　　5. 她已经吃完饭了。
二、1. 我已经见过他了。　　　　　2. 她已经30岁了。
　　3. 爷爷已经到北京了。　　　　4. 昨天的作业我已经做完了。
　　5. 我已经很久没有来这儿了。

25　副词：必须（二级）

一、1. 必须　　2. 必须　　3. 不必　　4. 不是必须

503

二、1. B　　　　2. B　　　　3. C
三、1. ×　　　　2. ×　　　　3. ×　　　　4. ×

26　副词：差不多（二级）

一、1. 我们班差不多全是女生。　　2. 这条裙子差不多 1000 元。
　　3. 今天最高气温差不多 35℃。　　4. 现在 8:20 了，小李差不多要上课了。
　　5. 现在 9:00 了，飞机差不多要起飞了。
二、1. 杯子差不多要满了。　　2. 差不多都吃完了。
　　3. 他差不多要睡着了。　　4. 叶子差不多全黄了。
　　5. 差不多 1 点了。　　6. 差不多 10 元。
三、1. C　　2. A　　3. A　　4. B　　5. B　　6. A

27　副词：一定（二级）

一、1. 她一定能学好汉语。　　2. 他一定做不完工作。
　　3. 晚上不一定会下雨。
二、1. 不一定能来上课　　2. 一定不会送他礼物
　　3. 一定来找你
三、示例：1. 他学习很认真，一定会考得很好　　2. 我一定不会和别人打架
　　　　　3. 我周末不一定去超市　　4. 我一定会努力学习
四、示例：我们好久没见了，你周末一定要来。
　　　　　我想吃烤鸭了，我们周末一定要去吃烤鸭。
　　　　　故宫很好看，我们周末一定要去。

28　副词：才（二级）

一、1. D　　2. D　　3. A　　4. B
二、1. 她 9 点才吃早饭。　　2. 他 12 点才睡觉。
　　3. 这条裙子才 50 块钱。　　4. 这个杯子才 1 块钱。

29　副词：就（二级）VS 才（二级）

一、1. C　　2. B　　3. D　　4. D
二、1. 从学校到家，骑车 1 个小时才到。
　　　从学校到家，开车 20 分钟就到了。
　　2. 妹妹下午 5 点就吃饭了。
　　　姐姐晚上 9 点才吃饭。
　　3. 小美晚上 9 点就睡觉了。
　　　小明晚上 12 点才睡觉。

四、1. 就　　2. 才　　3. 才　　4. 就　　5. 就
6. 才　　7. 就　　8. 才　　9. 才　　10. 就

30 副词：本来（三级）

一、1. C　　2. B　　3. D

二、1. 他本来以为这件事特别容易，没想到这么难。
2. 他们本来已经决定在美国生活了，但父母身体不好，又回来了。
3. 他们本来已经打算结婚了，现在突然分手了，一定有原因。
4. 她本来特别漂亮，现在变得我们都不认识了。
5. 我本来计划从广州到云南，但计划赶不上变化，家里突然有事就回来了。

三、1. 的汉语本来很差　　　　2. 本来喜欢跳舞
3. 本来在中国工作　　　　4. 本来只有 50 千克
5. 本来不愿意参加

31 副词：曾经（三级）

一、1. 曾经　　2. 已经　　3. 曾经　　4. 已经　　5. 已经

二、1. 我曾经学过日语。　　　　2. 她曾经胖过。
3. 爷爷曾经当过医生。　　　4. 这条街曾经很窄。
5. 姐姐曾经帮助过我。

三、1. ×。改为：我没有去过美国。
2. ×。改为：我已经弹了两年钢琴，现在还要继续弹下去。
3. ×。改为：她已经一周没吃饭了。
4. √。

四、示例：我的家乡曾经交通很不方便，没有汽车和火车，但现在交通十分方便。

32 副词：始终（三级）

一、1. ×　　2. ×　　3. √

二、1. 一直　　2. 一直　　3. 始终　　4. 一直　　5. 一直

三、1. 她的体重始终是 50 千克。　　　2. 丈夫始终陪着妻子。
3. 小明始终很喜欢游泳。　　　　　4. 他始终不愿意借钱给我。
5. 大卫始终买不起房子。

四、示例：写毛笔字的时候，手指上始终不要有水，我们始终要坐好。

33 副词：从来（三级）

一、1. B　　2. C　　3. A　　4. B

505

三、1. 我从来没吃过这种菜　　　　　　2. 我从来不吃甜品
3. 我从来没有去过纽约　　　　　　4. 我从来没有去过他的演唱会
5. 我从来不喝酒　　　　　　　　　6. 我们从来不开空调

四、1. 一直　　　2. 一直/始终　　　3. 从来　　　　4. 一直/始终
5. 从来　　　6. 一直　　　　　　7. 曾经

五、1. 大卫的宿舍从来没有这么整齐过。　　2. 我从来没有吃过臭豆腐。
3. 琳达从来没有看过《傲慢与偏见》。

34　副词：往往（三级）

一、1. 性格外向的人往往更容易交朋友。
2. 孩子的很多习惯往往都是从父母那里学来的。
3. 下午六点钟左右来吃饭的人往往比较多。
4. 天冷的时候他往往待在家里不出门。
5. 假期往往是儿童发生意外的危险时期。
6. 很多好听的话往往都是虚假的。

二、1. 常常　　2. 往往　　3. 常常　　4. 常常　　5. 往往
6. 常常　　7. 常常　　8. 往往

35　副词：并（三级）

一、1. 这并不是韩国传统服装。　　　2. 这并不是泰国传统服装。
3. 这并不是法国传统服装。　　　4. 这并不是日本传统服装。

二、1. 并不善良　　　　　　　　　2. 她并不是英国人
3. 他并不会说法语　　　　　　　4. 她并不是从小就学汉语
5. 她并没那么刻苦

三、1. 我并不是韩国人，我是中国人　　2. 我们并没互相喜欢，我们只是普通朋友
3. 不是，我们并没提前约好　　　　4. 并不一定质量差
5. 考得并不好

四、1. 广东话只是汉语方言，并不是另一种语言。
2. 你记错了，我并不是上海人。
3. 大家都以为他们是夫妻，其实并不是，他们只是普通朋友。
4. 做错事并不可怕，可怕的是犯了错不知道悔改。
5. 你的语法错误并不多，你的汉语其实挺好的。

36　副词：到底（三级）

一、1. B　　2. A　　3. C　　4. D　　5. C

三、1. 到底想吃什么　　　　　　2. 到底去不去/到底去还是不去
3. 到底想去干什么　　　　　　4. 到底买哪件好呢

5. 到底参加还是不参加 / 到底参加不参加

四、1. 你到底想买什么？　　　　　　2. 爱情到底是什么？
　　3. 他到底去不去长城？　　　　　4. 你到底喜欢哪本书？
　　5. 你到底怎么去？

37　副词：反正（三级）

一、1. 不管苹果贵不贵，反正我要买。　　2. 无论下个月放不放假，反正我要去旅游。
　　3. 不管你喜不喜欢英语，反正都要学好。　4. 不管便不便宜，反正我要买。
　　5. 不管你们说什么，反正我不相信。　6. 无论你怎么求我，反正我不会答应。
　　7. 买一个吧，反正不贵。　　　　8. 走着去吧，反正很近。
　　9. 再等一会儿吧！反正我还不饿。　10. 不管别人打不打伞，反正我喜欢夏天打伞。
　　11. 不管别人喜欢早上还是晚上洗澡，反正我喜欢晚上洗澡。

二、示例：1. 别着急，我陪你去今天走过的地方找找，反正我有空。
　　　　　别着急，反正手机可以定位，登录账号就知道手机在哪里了。
　　　　　别着急，反正手机里的重要信息是可以找回来的，信息比金钱重要。
　　　　2. 没关系，我可以和你一起学习，反正我最近也要准备汉语水平考试。
　　　　　没关系，你这次考试的时候生病了，反正不是你的真实水平，再考一次好了。
　　　　　没关系，你可以去听听张老师的汉语课，反正可以免费试听，如果你喜欢，再报名也可以。

三、示例：大家都来随手关灯吧，反正也不麻烦。
　　　　　我们应该少开车、多坐公交车，反正公交车那么便宜。

四、示例：疫情的时候，留学生很难到学校学习，于是我就在家里上网课，认真跟着老师学汉语。因为我相信，反正不可能永远有疫情，我要为学好汉语做准备。

38　副词：简直（三级）

一、1. ×　　2. ×　　3. ×　　4. ×
二、1. 几乎　2. 简直　3. 几乎　4. 简直　5. 几乎　6. 简直
三、示例：1. 我同屋在晚上12点唱歌，简直太吵了，我简直太生气了。
　　　　　2. 大城市的房子简直贵死了。
　　　　　3. 北京发展简直太快了，我简直不敢相信。
　　　　　4. 听上海话简直像听外星语言一样。

四、1. 简直困死了　　　　　　2. 简直像明星一样
　　3. 我们简直一个字也听不懂　4. 简直像个花园
　　5. 我简直太感动了

五、示例：三亚的海水简直太漂亮了，我简直太想住在三亚了。

39 副词：千万（三级）

一、示例：1. 喝酒以后千万不要开车。
2. 爸爸千万要照顾好身体。
3. 千万不要穿彩色的衣服。/ 千万不要大声说话。
4. 千万别迟到。/ 千万不可以抄别人的。/ 千万不要忘记带准考证。
5. 千万注意安全。
6. 千万别吃太多。/ 千万要多运动。
7. 千万记得带准考证。/ 千万别迟到。/ 千万带好笔。
8. 雷雨天，千万不要在树下避雨。
9. 千万要吃早餐。/ 千万不可以不吃早餐。
10. 千万要记得带伞。/ 千万别忘记带伞。

二、1. 千万不要吃太多甜的食物。　　　2. 小孩千万别吃大人的药。
3. 千万不能吃坏了的水果。/ 千万要吃新鲜的水果。
4. 千万不能在森林里点火。
5. 地震时，千万不要待在阳台。/ 地震时，千万别待在树下、电线杆下。
6. 千万不要吃垃圾食品。

40 介词：从（一级）VS 离（二级）

一、1. 从学校到机场　　　　　　　　2. 离北京
3. 从十点看到十二点　　　　　　4. 从十二点半睡到一点
5. 从学校到王府井　　　　　　　6. 离天津

二、1. 从　　2. 离　　3. 从　　4. 从　　5. 离　　6. 离

三、1. 从北京到我家只要一个小时。/ 从我家到北京只要一个小时。
2. 我的家乡离北京很远。/ 北京离我的家乡很远。
3. 公交站离北京语言大学很近。/ 北京语言大学离公交站很近。
4. 从学校走到公交站要花 10 分钟。/ 从公交站走到学校要花 10 分钟。

41 动态助词：了（一级）

一、1. A　　2. B　　3. A　　4. B　　5. C
三、1. A　　2. C　　3. C　　4. B　　5. B

42 动态助词：过（二级）

一、

	听京剧	吃烤鸭	爬长城	看升旗仪式	学太极拳	去故宫	去圆明园
大卫	×	√	√	√	×	√	×
安娜	×	√	√	×	√	√	√

大卫没有听过京剧。安娜没有听过京剧。

大卫吃过烤鸭。安娜吃过烤鸭。

大卫爬过长城。安娜爬过长城。

大卫看过升旗仪式。安娜没有看过升旗仪式。

大卫没有学过太极拳。安娜学过太极拳。

大卫去过故宫。安娜去过故宫。

大卫没有去过圆明园。安娜去过圆明园。

三、1. C　　2. C　　3. D　　4. C　　5. C

四、1. ×。改为：玛丽小时候学过舞蹈。

2. ×。改为：我以前用筷子吃过饭。

3. ×。改为：我和李老师聊过两次天。

4. ×。改为：小时候，我们常常在那家饭店吃饭。

5. ×。改为：周末，我有时候在家看书，有时候去看电影。

五、1. 了　　2. 过　　3. 了　　4. 了　　5. 过；了

6. 过　　7. 过　　8. 过　　9. 了；过　　10. 过；过

43 动态助词：着1（动作的持续）（二级）

一、1. A　　2. C　　3. C　　4. D

二、1. 他生着病呢。　　2. 他玩着游戏呢。

3. 他们买着东西呢。　　4. 他们打着球呢。

5. 他们唱着歌呢。　　6. 她开着车呢。

三、1. 直播带货，把村子里好吃的苹果卖给全国各地的网友。

2. 不好意思，我看着电视呢，不能直播。

3. 不能，因为我正在直播。

4. 因为我帮助村子发展经济了。

44 动态助词：着2（状态的持续）（二级）

一、1. C 2. A 3. A

三、1. 圣诞节。他们笑着装饰圣诞树。/ 他们站着装饰圣诞树。
　　2. 泼水节。他们笑着泼水。
　　3. 春节。他笑着贴春联。

四、1. 人们穿着红色的衣服。
　　2. 门两边贴着春联，门上贴着"福"字，门口挂着灯笼。
　　3. 看着春晚包饺子。/ 聊着天包饺子。

45 语气词：了（一级）

一、1. B 2. B 3. C 4. A 5. B
二、1. A 2. A 3. B 4. B 5. A

句子成分

01 定语：名词、形容词、数量短语作定语（一级）

一、1. A 2. D 3. C

02 方式状语：形容词作状语（一级）

一、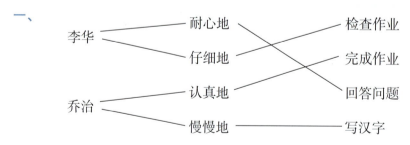

二、1. 他快快地跑出去。　　2. 他小心地走路。
　　3. 她认真地写作业。　　4. 她高兴地跳了起来。

三、1. 耐心地　2. 积极地　3. 深情地　4. 热情地

四、1. ×。改为：大卫认真地写作业。
　　2. ×。改为：小朋友仔细地找。
　　3. ×。改为：老师仔细地检查作业。
　　4. ×。改为：安娜慢慢地走。

03 时间状语：时间名词（一级）

一、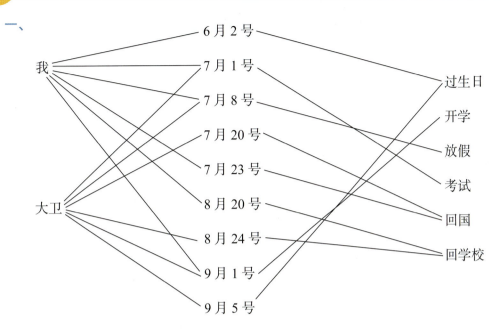

二、1. 麦克每天晚上 8 点打篮球。　　2. 大卫今天下午唱歌。
3. 安妮每天早上 8 点去图书馆。　　4. 我们 6 月 15 号考口语。
5. 我哥哥 8 月 8 号结婚。

四、1. ✕　　2. ✕　　3. √　　4. ✕　　5. √

04 处所状语1：在 + 处所 + V（一级）

一、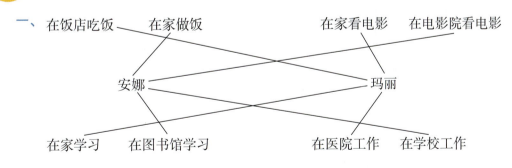

二、1. 我妈妈在医院工作。　　2. 我现在在北京语言大学学习汉语。
3. 我经常在网上买东西。　　4. 我不喜欢在家学习。
5. 我姐姐昨天在商场买了一条裙子。

05 处所状语2：从+处所+V（一级）

一、1. 同学们从王老师那里知道的消息。　　2. 同学们从图书馆出发。
3. 从学校到公园大概需要 20 分钟。

三、1. 从北京到上海大概需要 6 个小时。　　2. 我从网上了解学校的信息。
　　3. 大卫从美国来。　　　　　　　　　　4. 我从学校出发。

06　对象状语：跟（一级）/给（二级）/对（二级）+ O + V

一、1. 小女孩跟小熊打招呼。/小熊跟小女孩打招呼。　　2. 他跟朋友堆雪人。
　　3. 小狗对她笑。/她对小狗笑。　　　　　　　　　　4. 他们对自己有信心。
　　5. 他给他们介绍。

三、1. 妻子经常跟他吵架。/他经常跟妻子吵架。　　2. 我应该给她写一封信。
　　3. 我想给父母介绍我的学校。　　　　　　　　4. 这家店的服务员对我们很热情。

四、1. ×。改为：大卫对汉语感兴趣。
　　2. ×。改为：乔治跟玛丽吵架。
　　3. ×。改为：他对老师不礼貌。
　　4. ×。改为：我对你很失望。
　　5. ×。改为：这家店的服务员对客人很热情。
　　6. √。

07　结果补语1：V + 完/ 对/ 错/ 干净（二级）

一、1. A　　2. D　　3. D
三、1. B　　2. C　　3. C　　4. C　　5. D

08　结果补语2：V + 懂/ 好/ 见/ 清楚（二级）

一、1. C　　2. D　　3. A
三、1. D　　2. A　　3. C　　4. A

09　结果补语3：V + 住/ 走（三级）

一、1. ×　　2. √　　3. √　　4. ×
二、1. 大卫买走了一本书。　　2. 大卫捂住了鼻子。
　　3. 玛丽没有抓住扶手。

10　结果补语4：V + 到（三级）

一、1. √　　2. √　　3. ×
二、1. 大卫把护照放到钱包里了。　　2. 她每天学习到凌晨。
　　3. 大卫收到圣诞礼物了。

11 趋向补语1：简单趋向补语的基本用法（二级）

一、1. A　　2. B　　3. C　　4. C　　5. B
二、1. 去；来　2. 进来　3. 进去　4. 来　5. 下来　6. 上去；下来
三、1. D　　2. D　　3. C　　4. C

12 趋向补语2：复合趋向补语的基本用法（三级）

一、1. B　　2. A　　3. C　　4. A
二、1.（爬）下来　2. 爬上去了　3. 跑过来了　4. 她买回来一束花
三、1. C　　2. D　　3. C　　4. C
四、示例：昨天下课，我从教室走出来见到了安娜，安娜说她下周就回美国去了。所以，我先走进商店买了一份礼物，然后再走回家去。今天，我跑去学校，等安娜走进教室来，我就把礼物送给她。

13 状态补语1：V + 得 + Adj（二级）

一、1. ×　2. √　3. ×　4. √　5. ×　6. √　7. √
三、1. 他走得很快。　　　2. 李明唱歌唱得很好听。
　　3. 他口语考得很好。／口语他考得很好。
　　4. 他开车开得不太快。
四、1. 因为她考得不好。　　2. 她考得不好，因为汉字她看得很慢，写得也很慢。
　　3. 昨天晚上他们去唱歌了，为了让娜塔莎高兴。
　　4. 娜塔莎唱歌唱得特别好。　　5. 他们玩得很高兴。

14 动量补语1：V + Num + 动量词（二级）

一、
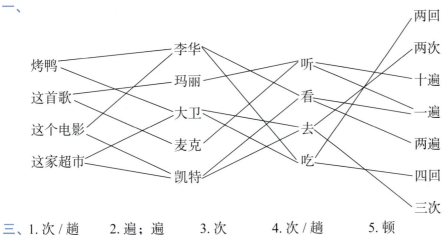

三、1. 次／趟　2. 遍；遍　3. 次　4. 次／趟　5. 顿

四、1. 昨天我找过她好几次。　　2. 我给她帮了两次忙。
　　3. 那本书我读了两遍。　　4. 你和他聊过几次天？

15　动量补语2：动量补语和宾语共现（三级）

一、

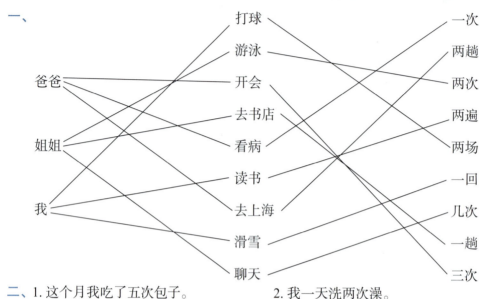

二、1. 这个月我吃了五次包子。　　2. 我一天洗两次澡。
　　3. 李华看了三遍《红楼梦》。　　4. 今天麦克来找过你四次。
　　5. 我见过她好几次。　　6. 我和她聊过一次天。
　　7. 我去过六次海南。/ 我去过海南六次。

三、1. D/E　　2. C　　3. D　　4. D　　5. E

16　时量补语1：动作持续的时间（三级）

一、1. C　　2. B　　3. D

二、1. 老师今天开了三个小时的会。　　2. 我爸爸昨天游了一个小时泳。
　　3. 大卫等朋友等了半个小时。
　　4. 安娜昨天找了你一个小时。/ 安娜昨天找你找了一个小时。
　　5. 我找了一个月的工作。

三、1. D　　2. D　　3. C　　4. D　　5. D
　　6. D　　7. C　　8. C

17　时量补语2：动作结束后经历的时间（三级）

一、1. 他回国七个月了。　　2. 她毕业三年了。
　　3. 我们结婚两年了。　　4. 我室友出去两个小时了。
　　5. 他去上海一周了。

二、1. 我们已经毕业三年半了。　　2. 姐姐已经去上海三天了。
　　3. 奶奶去世十年了。　　4. 大卫离开美国三年了。

5. 我回到国内整整五年了。

三、1. ×。改为：大卫去美国两个月了。

2. ×。改为：我来这儿一个月了。

3. ×。改为：小王回家一个多小时了。

4. ×。改为：爷爷去世很多年了。

5. ×。改为：他离开中国五年多了。

18 可能补语1：V + 不/得+V/Adj（三级）

一、1. D　　2. C　　3. C

二、1. 作业太多了，我做不完。　　2. 我吃不完一个西瓜。

3. 古汉字太难了，我看不懂。　　4. 老师说得太快了，我听不懂。

19 可能补语2：V + 不/得+了（三级）

一、1. √　　2. ×　　3. ×　　4. √

二、1. 走不了　2. 打不了　3. 看不了　4. 到不了　5. 上不了

三、1. C　　2. C　　3. B

20 程度补语1：Adj/ V心 + 得很/ 极了/ 死了（三级）

一、1. 我坐高铁去广州，方便得很 / 方便极了。

2. 昨天的考试难得很 / 难极了 / 难死了。

3. 我们的学校漂亮得很 / 漂亮极了。

4. 这个苹果甜得很 / 甜极了。

5. 你这样骑车危险得很 / 危险极了。

6. 去颐和园的人多得很 / 多极了。

7. 我最近忙得很 / 忙极了 / 忙死了。

8. 这道题简单得很 / 简单极了。

二、1. 贵得很 / 贵极了 / 贵死了　　　2. 厉害得很 / 厉害极了

3. 漂亮得很 / 漂亮极了　　　　4. 热得很 / 热极了 / 热死了

5. 担心得很 / 担心极了 / 担心死了　6. 酸得很 / 酸极了 / 酸死了

7. 累得很 / 累极了 / 累死了　　　8. 重得很 / 重极了 / 重死了

听力文本

词 类

01 方位词：上、下、左、右、前、后、里、外（一级）

二、听一听，选一选。

1. 我们学校很漂亮，在一个公园的南边。
2. 学校的东边是一家银行。
3. 麦当劳在银行的东边。
4. 邮局在银行的北边。
5. 公园的西边是一家电影院。

02 动词：能愿动词：会（一级）

一、听一听，判断对错。

安娜和玛丽一起来中国留学。来中国以前，安娜就会说汉语，但是玛丽不会说汉语。来了中国一年后，玛丽不仅会说汉语了，而且会写一些汉字。安娜没有学习写汉字，但是她想在空闲的时间学习写汉字。

03 动词：能愿动词：能（一级）

一、听一听，判断对错。

大家准备去公园里比赛游泳，但是公园的管理人员说公园里不能游泳。大家只好去学校的游泳馆游泳。本来大卫要参加比赛，但是他的腿受伤了，肯定不能游泳了。山本很开心，因为大卫太厉害了，大卫一分钟能游50米，这样，山本就没有别的对手了。

04 动词：能愿动词：会（一级）VS 能（一级）

一、听一听，判断对错。

马上就要运动会了，班里派大卫参加跑步比赛，他一分钟能跑400米。山本也想参加，但是他腿受伤了，不能参加跑步比赛，他准备参加唱歌比赛，他很会唱歌，唱得比明星都好听。班里其他的同学在学习太极拳，准备参加太极拳比赛，虽然大家都很努力，但是现在只有玛丽会打太极拳。

05 动词：动词重叠（二级）

一、听一听，选择正确答案。

1. 玛丽，我的笔坏了。你能借我用用你的笔吗？

2. 马上到周末了。我周末会听听音乐，洗洗衣服。

3. 女：你在家打了三天游戏了，出门打打篮球吧。
   男：我不想打篮球。我想出去跑跑步。

4. 女：这个问题很难，我们要问问老师吗？
   男：先不要找老师。我们先和其他同学商量商量吧。

08 数词：半（一级）

一、听一听，选择正确答案。

1. 他吃了半个苹果。
2. 我来北京一个半月了。
3. 我还有半年就要毕业了。
4. 她女儿两岁半了。

09 量词：个、本、杯（一级）

一、听一听，选一选。

1. 我家有三个苹果。
2. 我有五本红色的书。
3. 我喝了一杯牛奶。
4. 这里有五个人。

11 量词：把、架（三级）

一、听一听，选择正确答案。

今天我和朋友一起出去玩了。我们带了两架相机，拍了很多照片。天气太热了，所以我们带了四把伞。我们午饭吃了几个三明治和一把香蕉。

13 量词：量词重叠（三级）

一、听一听，选一选。

1. 我们班每个同学都很聪明。
2. 这些资料太多了，我需要一个一个地去读。
3. 这里的风景处处都很美丽。
4. 草地上跑着一匹匹马。
5. 水里游着很多鸭子。
6. 只要一点儿一点儿地努力，最后就会获得成功。

14 副词：不（一级）VS 没（一级）

一、听一听，选择正确答案。

1. 你吃汉堡吗？
2. 你昨天写作业了吗？
3. 你胖了吗？
4. 他高吗？
5. 他明天去长城吗？

17　副词：正、在、正在（一级）

一、听一听，连一连。

我们班一共有10个学生，下课的时候，我们的教室很热闹。你看，玛丽正在听音乐。托尼在唱歌呢。老师正在看书。安娜和她的朋友正在聊天呢。大卫在玩游戏。看，我们的中国朋友李明正在打电话呢！

18　副词：常常（一级）

一、听一听，连一连。

我们班一共有5个学生，大家有很多爱好。安娜很喜欢运动，她常常跑步。大卫喜欢在家，常常玩手机。丽莎也喜欢在家，她常常看书。玛丽常常和朋友一起看电影。托尼也喜欢运动，他常常打球。

19　副词：再（一级）

一、听一听，选择正确答案。

1. 电影票卖完了，我们明天再来吧！
2. 颐和园很有意思，放假我想再来一次。
3. 这条裙子很漂亮，我明天再去买一条送给姐姐。

20　副词：再（一级）VS 又（二级）

一、听一听，选择正确答案。

1. 今天的乒乓球比赛，小宋又赢了吗？
2. 这部电影很有意思，明天我想再看一遍。
3. 我明天再去买一本。

21　副词：还（二级）

一、听一听，选择正确答案。

1. 20年过去了，张华还喜欢足球。
2. 一直到现在，王丽还不喜欢足球。
3. 大卫现在还喜欢吃西瓜。

22　副词：有（一）点儿（二级）

一、听一听，判断对错。

我有个朋友叫大雄，他很聪明，也很善良，就是有点儿不认真。有一次他要坐火车去上海，但是那天早上起床有点儿晚。他赶到车站的时候，火车已经开走了。他没有生气，只是说：“要是我起床早一点儿就好了，可是火车为什么不晚一点儿开走呢？”我们在一起的时候，他总是说我太认真了，而我总是说："你要是认真点儿就好了！"

23 副词：刚（二级）

一、听一听，选择正确答案。

1. 我们刚认识。
2. 他刚知道这件事。
3. 妈妈刚才生气了。

30 副词：本来（三级）

一、听一听，选择正确答案。

1. 他们本来是无话不说的好朋友，现在像敌人。
2. 我们本来都很喜欢他，但他后来的表现实在让人失望。
3. 我本来不打算来的，后来你们都来了，我就改变主意了。

32 副词：始终（三级）

一、听一听，判断对错。

1. 大卫小时候喜欢吃苹果，但长大后不喜欢了。
2. 在商场里，妈妈去付钱了，她叫儿子坐在那儿别动，妈妈付完钱回来发现儿子不见了。
3. 丽丽钢琴弹得很好，她努力练习了10年。

33 副词：从来（三级）

一、听一听，选一选。

1. 女：今天我上午11点才起床，又起晚了。
   男：我从来没有睡过懒觉。

2. 男：我从来不会说谎。
   女：我从来不相信男人说的话。

3. 女：我从来都相信教练能帮助球队获胜。
   男：我也是，他是一个很好的教练。

4. 女：我们从来没有一起做过饭。
   男：是的，工作太忙了。
   女：这个周末一起吗？
   男：没问题。

36 副词：到底（三级）

一、听一听，为问句选择最恰当的回答。

1. 你哥哥到底来不来？
2. 那儿到底好玩不好玩？
3. 他到底喜欢谁？
4. 你到底怎么来的？
5. 他们到底什么时候出发？

38 副词：简直（三级）

一、听一听，判断对错。

李明去上海旅游了。他在上海待了四天，每天都在下雨，简直太不方便了。李明没学过上海话，他觉得上海话简直难死了。但是上海的小吃让他简直不想回北京！他最爱生煎，每天早上都要吃生煎。

40 介词：从（一级）VS 离（二级）

一、听一听，补全句子。

1. 从学校到机场，可以坐地铁。
2. 我的家乡离北京很远。
3. 他们一起看电影，从十点看到十二点。
4. 我很喜欢睡午觉，常常从十二点半睡到一点。
5. 从学校到王府井，可以坐公交车。
6. 北京离天津很近。

41 动态助词：了（一级）

一、听一听，选择正确答案。

昨天是周末，我去图书馆借书，我借了一本小说，还借了一本散文集。从图书馆出来以后，我就去了咖啡店，我买了两杯咖啡，下午一边喝咖啡一边看书。咖啡店旁边有个水果店，我还买了一些水果。

42 动态助词：过（二级）

一、听一听，完成表格，并写出完整的句子。

大卫：安娜，我上周去北京了，你去过北京吗？

安娜：我去过北京。我去过故宫、长城和圆明园。

大卫：真巧，我也去了故宫和长城，但是我没有去圆明园。我去了颐和园，那儿有很多人打太极拳。你会打太极拳吗？

安娜：我以前学过打太极拳，但是不经常打。你呢？

大卫：我没学过太极拳。

安娜：你在北京吃北京烤鸭了吗？

大卫：当然，我去了全聚德，那儿的烤鸭真好吃。

安娜：我吃过烤鸭，但是没去过全聚德。
大卫：下次我们可以一起去试试。我这次去还看了升旗仪式，人特别多。
安娜：我没有看过升旗仪式，真想看一次呀。我还想听一听京剧。
大卫：我也没有听过京剧，玛丽有光盘，我们可以借来看一看。
安娜：那太好了。

43　动态助词：着1（动作的持续）（二级）

一、听一听，选一选。

1. 男：你们现在有空吗？一起去游泳吧！大卫不会游泳，我教他。
   女：我们正看着电视呢。有一个非常有意思的节目，大卫特别想看。看完之后，时间就很晚了。
   男：没关系，那明天呢？
   女：明天我们要写作业，也没有时间。

2. 男：早上好！现在去公园散步吗？
   女：对不起，我现在写着作业呢。
   男：下午呢？
   女：下午我想扫扫地，听听音乐。
   男：明天早上怎么样？
   女：我看看……今天是星期四。明天没有事情，可以一起散步。

3. 安迪：比伯，你现在能来我家吗？
   比伯：怎么了？
   安迪：我新买了一个游戏，正在玩呢。
   比伯：对不起安迪。我正跑着步呢。晚上可以吗？
   安迪：可以，你晚上来我们能一起吃饭。

4. 女1：现在要不要去商场逛街？
   女2：我洗着衣服呢。但是，马上就洗完了。你等等我，我洗完衣服去找你。
   女1：那你晚上的课怎么办？
   女2：没关系，那是明天的课。

44　动态助词：着2（状态的持续）（二级）

一、听一听，选择正确答案。

1. 周莹穿着一条红色的裙子，手里拿着一把扇子。
2. 动物园里有两只大熊猫。一只坐着吃竹子。一只趴着睡觉呢。
3. 茶碗空着呢。

45 语气词：了（一级）

一、听一听，选择正确答案。

1. 马上就到春天了，天气越来越暖和了。
2. 秋天到了，远远望去，树叶黄了。
3. 写了一整天，作业终于写完了。
4. 这个孩子最近长高了，也长胖了。
5. 讨论了这么久，我们终于决定了。

句子成分

01 定语：名词、形容词、数量短语作定语（一级）

一、听一听，选择正确答案。

1. 一个红色的苹果。
2. 两件白色的衣服。
3. 大卫的书。

02 方式状语：形容词作状语（一级）

一、听一听，连一连。

李华教乔治汉语。李华布置作业，乔治认真地完成，李华会仔细地检查乔治交的作业，然后耐心地回答乔治的问题。乔治喜欢写汉字，但是还不熟练，所以他会慢慢地写。

03 时间状语：时间名词（一级）

一、听一听，连一连。

我6月2号过生日，大卫给我唱《生日快乐歌》。我们7月1号考试，7月8号放假。大卫7月20号回国，我7月23号回国。我们9月1号开学，我8月20号回学校，大卫8月24号回学校。大卫9月5号过生日，我给他唱《生日快乐歌》。

04 处所状语1：在 + 处所 + V（一级）

一、听一听，连一连，说一说。

我叫玛丽，我的妹妹叫安娜。我是医生，我在医院工作，安娜是老师，她在学校工作。我们的习惯不一样。我喜欢在家学习，安娜喜欢在图书馆学习；我喜欢在饭店吃饭，安娜却喜欢在家自己做饭；我喜欢在家看电影，安娜却喜欢在电影院看电影。

05 处所状语2：从+处所+V（一级）

一、听一听，回答问题。

王老师告诉同学们学校要举行活动，明天大家一起去公园。从学校到公园大概需要20分钟。同学们要在图书馆门口集合，从图书馆出发。

07 结果补语1：V+完/对/错/干净（二级）

一、听一听，选择正确答案。

1. 你的汉字写得很好，但是这个汉字你写错了。
2. 这件衣服没洗干净，还需要再洗一下。
3. 那道题很难，我没有答对。

08 结果补语2：V+懂/好/见/清楚（二级）

一、听一听，选择正确答案。

1. 我还没想好明天吃饺子还是面条。
2. 那首歌我听了，但没有听懂。
3. 我只是看见有人进了教室，但是没看清楚是谁。

09 结果补语3：V+住/走（三级）

一、听一听，判断对错。

王华和杨林是好朋友。王华最近搬家，杨林帮王华搬家。王华搬走了三个箱子，杨林搬走了一台电脑。他们要去吃饭，王华在饭店买走了一只烤鸭，杨林买走了一份麻婆豆腐。

10 结果补语4：V+到（三级）

一、听一听，判断对错。

王华和杨林是好朋友。这几天杨林一直找不到王华，因为王华要考试了，所以每天学习到半夜，昨天终于考完了，王华直接睡到了现在。

11 趋向补语1：简单趋向补语的基本用法（二级）

一、听一听，判断说话人在什么地方。

1. 你在哪儿？快回来吃饭。
2. 你快进来吧，要上课了。
3. 你等我一下，我马上下去。
4. 我的手机在二楼，你上去帮我拿下来。
5. 你先进去吧，我一会儿就进去。

12 趋向补语2：复合趋向补语的基本用法（三级）

一、听一听，选择正确答案。

1. 大卫把那张桌子搬出去了。
2. 小狗跑进房间来了。
3. 爸爸走上二楼去了。
4. 小明刚刚走出去了。

13 状态补语1：V + 得 + Adj（二级）

一、听一听，判断对错。

娜塔莎有个好朋友，叫索菲亚，她长得又高又瘦，特别漂亮。索菲亚唱歌唱得特别好。她汉语说得也很流利，但是有时候她汉语说得像唱歌一样。她汉字写得不太好，像刚上学的孩子，英语写得也不好。她虽然刚开始学习打太极拳，但打得很好，她说回国后想当太极拳老师。娜塔莎说："你还是先教会我吧。"

14 动量补语1：V + Num + 动量词（二级）

一、听一听，连一连，然后根据自己的连线说一说。

我叫李华。这周末我和朋友们出去玩了。我们一起去吃了烤鸭。烤鸭我吃过两回，大卫居然吃过四回，他特别喜欢烤鸭。吃完烤鸭我们步行去电影院，路上听到一首好听的歌，这首歌麦克听过一遍，玛丽居然听过十遍，这是她最喜欢的中文歌。我们一起看了老师推荐的电影，这个电影我看过一遍，凯特看过两遍。电影结束之后，我们一起去逛了超市，这家超市大卫去过三次，凯特去过两次。

15 动量补语2：动量补语和宾语共现（三级）

一、听一听，连一连，然后根据自己的连线说一说。

这个星期我们全家都特别忙。我爸爸去了两趟上海，开了三次会，还看了一次病。我姐姐去了一趟书店，游了两次泳，和朋友聊了几次天。我呢，读了一本书，这本书很有意思，我读了两遍，昨天我和朋友打了两场球，今天滑了一回雪。

16 时量补语1：动作持续的时间（三级）

一、听一听，选择正确答案。

1. 我在北京生活了不到十年。
2. 我每天学习七个小时。
3. 汉语她学了两年多了。

18 可能补语1：V + 不 / 得 + V/Adj（三级）

一、听一听，选择正确答案。

  1. 这个西瓜太大了，我们三个人吃不完。

  2. 我刚才喝了一杯咖啡，睡不着觉。

  3. 经理，对不起，明天的会议我参加不了。

19 可能补语2：V + 不 / 得 + 了（三级）

一、听一听，判断对错。

  （在家）

  王刚：快看，下雪了！好漂亮啊！

  张丽：是啊。哎呀！可是我们不是打算去游乐园吗？

  王刚：没关系，我们下周再去。今天我带你去吃火锅吧。

  张丽：好吧。

  （在饭馆）

  张丽：别点太辣的东西，我吃不了。

  王刚：好的，喝冰可乐吗？

  张丽：天气太冷了，我不想喝冰的。

  （回家）

  王刚：车怎么开不了了？

  张丽：是不是没油了？

  王刚：啊！我忘了！